金融サービスにおける消費者保護

P. カートライト 編

茶野　努・伊藤　祐 訳

九州大学出版会

Consumer Protection in Financial Services
edited by Peter Cartwright
Copyright © 1999 by Kluwer Law International
Japanese translation rights arranged with Kluwer Law International
through Japan UNI Agency, Inc.
Japanese edition copyright © 2002
by Kyushu University Press

訳者はしがき

　本書は，銀行，証券，保険，消費者信用など幅広い分野の金融サービスにおける消費者保護に関して，主に英国の現状と今後のあり方を論じた *Consumer Protection in Financial Services* を翻訳したものである。原著編者のPeter Cartwright 氏はノッティンガム大学法学部講師で，消費者法や銀行法に関して幅広く論文を発表している。また，各論文の執筆者は法学者が中心であるが，経済学者やジャーナリストが加わることで内容を多様なものとしている。

　わが国でも，金融商品の同質化が進展するなど金融サービス業の構造変化が激しくなっていくことが予想されるなかで，機関別規制は機能しにくくなり機能別規制へと方向を転換すべきとの議論が盛んである。すなわち，従来型の縦割り法制を組み替え，幅広い金融サービスに対して整合的に対応しうる法的枠組み「金融サービス法」を制定しようとの動きがある。平成13年4月からは，その嚆矢として「金融商品の販売等に関する法律」が施行されている。この法律は，金融商品販売業者の顧客への説明義務，説明しないことにより生じた損害の賠償責任を民法の特例として定めるなどの措置を講じたものである。しかし，英国のオンブズマン制度のような簡便な（裁判所外の）紛争解決手段が導入されたわけではなく，わが国の金融サービス業における消費者保護は一歩前進をしたとはいえ，未だ必ずしも十分とは言えない状況にある。

　本書は，「金融商品の販売等に関する法律」のような取引法のアプローチではなく，横断的な業法である「金融サービス法」を制定すべきとの問題意識をもつ伊藤祐，茶野努の両名が，範とすべき英国において，どのように消費者保護が図られているかを調査するために訳出したものである。本書は，

「金融サービス法」，とくに金融サービスにおける消費者保護のあり方を考える上で大きな指針を与えてくれるであろう。

翻訳の分担作業に関しては，伊藤が証券と消費者信用関連の論文（具体的には 1，6，7，11，12 章）を，茶野が銀行と保険関連の論文（具体的には序章，2，3，4，5，8，9，10 章）を担当し，用語の統一等最後のとりまとめは茶野が責任を以って行った。茶野の担当部分については，九州大学経済学部大学院の河野博文君がほとんどの下訳を行ってくれたが，彼の共訳者に値する貢献に対してこの場を借りて感謝を申し上げたい。また，住友生命総合研究所の小西修副主任研究員には有益なコメントを頂いた。

なお，原著が出版されたのが 1999 年であるため，2000 年 6 月に成立した金融サービス市場法（Financial Services and Market Act）の内容を十分に反映できていない面は否めなかった。そこで，われわれはその狭間を埋めることを目的として，「英国の金融システム改革」を書き下ろし巻末に付け加えることで読者の利便を図ったつもりである。

最後に，本書の出版を九州大学出版会にご推薦頂いた九州大学大学院経済学研究院の川波洋一先生，久留米大学商学部の西土純一先生にお礼を申し上げたい。また，九州大学出版会の藤木雅幸編集長，永山俊二さんには今回の出版について大変お世話になった。訳出には十分注意を払ったつもりであるが，なおも間違いが残されているかもしれない。読者のご叱正を仰ぎたい。

　　2001 年 12 月

　　　　　　　　　　　　　　　　　　　　　　　　　　　　訳　　者

はしがき

　1960年代には，誤解を招く表示や供給者が瑕疵の責任を免除されるような契約条項に対して，適切な安全基準や保護を確保する必要性を伴いながら，消費者保護の本質的な関心が，消費者による財やサービスの購入に対して寄せられることになった。金融サービスは，与信取引が売買取引を助けるために必要な限りにおいてのみ，一般的には分割払い購入契約においてのみ考慮された。

　一般には，既存の法律を検証し改正の提案を行うために政府が設立した諸委員会に対して，シニカルである理由はいくつかあるけれども，1962年に報告書を出したMolony委員会は，その勧告が1960年代後半および1970年代の代々の政府により実施に移されたという意味で，かなりの成功を収めたことはほとんど疑いない。

　複雑な電気機器を含め，財を購入する一般人の権利への関心は，ますます豊かになる社会において，保険やその他の金融サービスだけでなく，修理や維持のための肉体的なサービスなど，あらゆる種類のサービスを購入する人々に拡大され始めた。分割払い購入契約よりもずっと多様的な形で出現し始めた与信取引の利用者に関して，消費者信用に関するCrowther委員会は，非常に優れた詳細な1974年消費者信用法を早期に導入させたが，同法律がどのように運営されるかに関しては，付属規定で定められた実際例がいままでになく利用されるようになった。

　しかしながら，消費者は借り入れを行い，信用で財やサービス，住宅を購入するだけではなく，貯蓄や投資をするために金融サービスを利用し，銀行，住宅金融組合，証券取引所，ユニット・トラストのような集合投資スキーム，および，かなり多岐にわたるアドバイザー，ブローカー，金融機関との重要

な短期的および長期的関係をますます形作るようになった。企業年金および個人年金制度の成長と（Maxwell事件のような）年金基金の悪用の危険性，および，年金の不正販売は，新しい繁栄の驚くべき特徴であった。MolonyとCrowtherは，Jack委員会による銀行法と銀行業の実務慣行の調査およびL. C. B. Gower教授単独による特筆すべき投資家保護の調査へと繋がり，その後年金法に関するGoode委員会へと引きつがれた。多くの家庭用の財と違って，金融サービスの購入は相対的に頻繁に行われ，業者と消費者間の知識の不均衡はより明白であるので，この分野の保護の特別な重要性が強調される。

　この論文集は，金融サービスの提供における消費者および投資家保護の非常に多くの問題を取り扱っており，価値があり時宜を得たものである。また，グローバルゼーションの進展を考えて，欧州共同体の影響を適切に概観し，世界その他における消費者および投資家保護に関する実例や模範について調べている。英国では，金融サービス市場法（Financial Services and Market Act）による金融サービス機構（Financial Services Authority）の保護のもとで，新しい文化へと移行しつつある。

　1986年金融サービス法のもとで設立された，夥しい数の規制団体と自主規制団体——異なる規制当局の夥しい「略語」——に関して，非常に不安定で一過性のものが存在した。新しい規制構造が磐石に築かれると考えるのは愚かであろう。確かに，急速に変化する国内および国際的な背景のもとで，柔軟性をもって適合していくことが必要であろう。また，理解可能な包括的な情報，刑法および民法の両方を利用する柔軟な権力をもった規制機構，第三者の介入，調停，オンブズマンおよび仲裁という発展しつつある制度から最も適切な手続きを採用する消費者救済の可能性など，消費者保護のすべての領域を利用することも必要であろう。それは時代とともに発展しなければならないであろうが，法律は過度に規範的であってはならない。時間における大きな間隙なく，進化する企業の実務慣行に法律が追いつくことができるかが重要である。

Gordon Borrie

編者序文

　本書の編集にあたって多くの人々にお世話になったことに感謝したい。まず，私の調査アシスタントのYvonne Williamsはこのプロジェクトに大きく貢献してくれた。Yvonneの本書への貢献は，どのような感謝の言葉でも言い尽くせない。彼女の技能がなかったら，本書を完成することはもっと困難であっただろう。次に，本書の各章への直接的な参加以外の様々な形で我々を助け，励ましてくれた，Ross Cranston, Marise Cremona, Stephen Edell, Cowan Ervine, Michael James, Alan Page, Deborah Parry, Udo Reifner, Steve Weatherillほか，多くの方々に感謝したい。本書中の一部の試論は，Queen's College Cambridgeで私が組織した「金融サービスと消費者」と題したコンファレンスに提出されたものから始まっている。このコンファレンスは，全学法学教員協会（Society of Public Teachers of Law）消費者法部会のために組織された。このコンファレンスの成功をもたらしたFrancis Rose, John Tileyにも感謝の念を表したい。また，本書発行にあたりKluwer Law International社，特にSelma Hoedt, Sarah King, Lukas Claerhoutには大変お世話になった。

　最後に，精神的に支えてくれた妻のSue Arrowsmith，仕事の気晴らしをさせてくれた娘のEmma Roseにも感謝の言葉を捧げたい。

1998年8月

Peter Cartwright

執筆者一覧（ABC順）

編・著者

ピーター・カートライト（Peter Cartwright）
Nottingham University, School of Law 講師。前 University of Wales（Aberystwyth）講師（法学）。消費者法・銀行法に関する多くの著作がある。現在、全学法学教員協会（Society of Public Teachers of Law）消費者法部会の委員長。

著者

ジョン・バーズ（John Birds）
University of Sheffield 教授（商法）、前法学部長（1987-99）。多くの著作があるが、代表的著書に *Modern Insurance Law* (4th edn, 1997)、共編著として *MacGillvray on Insurance Law* (9th edn, 1997)。

リチャード J. ブラッグ（Richard J. Bragg）
University of Manchester 助教授（法学）、Centre of Law and Business 所長。商法・消費者法に関する 2 冊の著書と多くの論文がある。

アンドリュー・キャンベル（Andrew Campbell）
University of Wales（Aberystwyth）講師（法学）。銀行法および企業倒産法を担当。主な研究領域は（特に銀行との関係における）企業倒産法、会社更生手続、銀行・消費者の機密保持、預金者保護、マネー・ロンダリング規制。これらのテーマについて多くの論文、コンファレンス・ペーパーを執筆。教歴の前には、英国およびカナダで銀行に勤務。英国およびウェールズの最高裁判所事務弁護士。

シャロン・チン（Sharon Chin）
London School of Economics および Cambridge University 卒。現在、London の Linklaters and Paines の事務弁護士。

デビッド O. ハリス（David O. Harris）
世界各国で年金制度の規制・評価業務に従事。1990 年代には Australian Public Service, British Civil Service, 1996 年には AMP Churchill Fellow として勤務。事業や銀行経営の資格をもち、現在は Watson Wyatt Worldwide（Washington DC）で、人口高齢化に関する書籍を共同執筆中。

ノーマ・ハード（Norma Hird）
広告業界勤務を経て，University of Sheffield 講師（法学）。*Journal of Business Law* の定期執筆者。保険法が専門。

ゲライン・ハウエルズ（Geraint Howells）
Institute for Commercial Law Studies, University of Sheffield 講師（法学）。消費者法に関する多くの著作がある。*Consumer Law Journal* 編集委員。

スーザン P. ジョーンズ（Susan P. Jones）
前任は，新聞ジャーナリスト。20 年にわたり，政府・報道関係に従事。Leeds University, Public Communications 修士課程在籍中。

ギャビン・リトル（Gavin Little）
University of Stirling 講師（会社法）。主な研究領域はスコットランド公法および環境責任。

エヴァ・ロムニカ（Eva Lomnicka）
Kings College, London University 教授（法学）。Cambridge University 卒・大学院修了，英国法廷弁護士協会の現役会員。主な研究領域は証券規制，消費者信用規制。*Encyclopedia of Financial Service Law* 編者（*Palmers Company Law* の関連部分でも編者を務める）。この領域で多くの著作があり，*Journal of Business Law*，*Company Lowyer* など多くの法学雑誌の編集委員を務める。

アンナ・メルナー（Anna Mörner）
International Financial Law Unit of Queen Mary, Westfield College, University of London 講師（法学）。University of Lund および University of London で LLM 学位取得。専門分野は国際金融法，特に地域統合・地域開発問題。

フィリップ・モリス（Philip Morris）
University of Stirling 助教授（会社法）。British and Irish Ombudsman Association 准会員。金融サービス業界におけるオンブズマンの役割について広範な著作活動を行う。

イアイン・ラムゼイ（Iain Ramsay）
Osgoode Hall Law School, York University（カナダ・トロント）教授（法学）。現在の研究領域は，個人破産，金融サービス規制，情報資本主義における消費者保護。

クリス・ウィレット（Chris Willett）
前任は Oxford Polytechnic and Brunel University，現在は University of Warwick 助教授。世界各国における消費者契約法コンファレンスの講師を務める。著書に *Scottish Business Law, Aspects of Fairness in Contract, Public Sector Reform and the Citizen's Charter.*

トニ・ウィリアムズ（Toni Williams）
Osgoode Hall Law School（カナダ・トロント）准教授。研究領域は刑事裁判の執行，契約法，平等と法と立法。

目　　次

訳者はしがき …………………………………………………… i
は し が き ……………………………………………………… iii
編 者 序 文 ……………………………………………………… v
執筆者一覧 ……………………………………………………… vii

序　章　金融サービスにおける消費者保護：法律の文脈から … *1*
　1．はじめに ………………………………………………… *1*
　2．消費者，投資家および市民 …………………………… *2*
　3．金融サービスにおける消費者保護の法律と理論 …… *6*
　4．消費者と情報 …………………………………………… *10*
　5．消費者と非市場的目標 ………………………………… *13*
　6．消費者法，規制および執行 …………………………… *17*
　7．本書の範囲と内容 ……………………………………… *19*

第 1 部　金融サービスのテーマとトレンド

第 1 章　欧州連合（EU），金融サービスと消費者 …………… *27*
　1．はじめに ………………………………………………… *27*
　2．欧州連合における消費者 ……………………………… *29*
　　2.1　初　　期
　　2.2　新しいアプローチ

3．金融サービス ……………………………………………… *33*
3.1 金融サービスにおける域内市場の創出
3.1.1 国境を越えたサービス提供への自由
3.1.2 残余規制権限（Residual regulatory powers）
3.1.3 購入の自由
3.2 消費者向けの特定の手段
3.2.1 国境を越える銀行口座振替
3.2.2 消費者信用
3.2.3 通信販売
4．結　　論 ……………………………………………………… *44*

第2章　オンブズマンと消費者保護 …………………………… *45*
1．背景：オンブズマンの増加とオンブズマンによる処理方法の
成長により課せられた問題 ……………………………………… *45*
2．銀行オンブズマン制度 ………………………………………… *48*
3．住宅金融組合オンブズマン制度 ……………………………… *58*
4．IMRO 投資オンブズマン制度 ………………………………… *70*
5．結　　論 ……………………………………………………… *77*
6．補　　足 ……………………………………………………… *79*

第2部　銀　行　業

第3章　英国における銀行の秘密保持と消費者 ……………… *85*
1．はじめに ……………………………………………………… *85*
2．コモン・ロー上の義務 ………………………………………… *89*
3．検討委員会報告と政府の反応 ………………………………… *91*
4．実 務 規 範 ……………………………………………………… *94*
5．守秘義務に対する四つの適格性の条件 ……………………… *98*
5.1 法律による強制
5.2 公衆への開示義務

5.3　銀行の利益によって情報開示が必要となる場合
　　5.4　顧客の明示的あるいは暗黙的な同意により情報開示が行われる場合
　6．守秘義務が適用されるのはどんな情報か ……………………………… *103*
　7．ブラック情報 ………………………………………………………………… *104*
　8．守秘義務不履行の補償 …………………………………………………… *106*
　9．結　　論 ……………………………………………………………………… *106*

第4章　銀行契約における一方的変更：'不公正条項' か ……… *109*

　1．はじめに ……………………………………………………………………… *109*
　2．一方的変更に関する一般論 ……………………………………………… *110*
　3．消費者契約の不公正条項規制 …………………………………………… *119*
　　3.1　グレイ・リストからの除外
　　　3.1.1　一　般　論
　　　3.1.2　付属規定3の1項(j)および1項(k)
　　　3.1.3　「正当な理由」
　　　3.1.4　「契約のなかで特段定める」
　　3.2　例　外　規　定
　　　3.2.1　一　般　論
　　　3.2.2　付属規定3の2項(b)：1番目の例外規定
　　　　3.2.2.1　範　　囲
　　　　3.2.2.2　但し書き
　　　3.2.3　付属規定3の2項(b)：2番目の例外規定
　4．現在の実務慣行 …………………………………………………………… *139*

第5章　預金保証と銀行の個人顧客 ……………………………………… *141*

　1．はじめに ……………………………………………………………………… *141*
　2．預金保証：制度の定義とタイプ ………………………………………… *141*
　3．預金保証と消費者保護 …………………………………………………… *144*
　4．預金保証，銀行の安全性およびモラル・ハザード ………………… *147*
　5．預金者保護と共同保険：欧州のアプローチ ………………………… *151*

6．預金保証と情報を熟知した消費者 ……………………………………… *152*
　7．預金者保護の将来 ……………………………………………………… *153*
　8．結　　論 ……………………………………………………………… *155*

第3部　金融サービスと投資

第6章　金融サービス規制：
　　　　歴史が我々に教えてくれるものはあるか ……………… *159*

1．はじめに……………………………………………………………… *159*
2．簡単な歴史 …………………………………………………………… *161*
　2.1　協調組合主義的な規制システム
　2.2　協調組合主義システムの消滅した理由
　2.3　ビッグ・バン
　2.4　Gower 委員会
3．1986年金融サービス法 ……………………………………………… *167*
　3.1　規制構造
　3.2　1986年金融サービス法の範囲
　3.3　投資会社の規制
　3.4　1986年金融サービス法の問題点
4．将来への道 …………………………………………………………… *174*
　4.1　金融サービス機構：背景と範囲
　4.2　政策的配慮
5．結　　論 ……………………………………………………………… *181*

第7章　年金と消費者：海外からの教訓………………………… *183*

1．はじめに……………………………………………………………… *183*
2．規　　制 ……………………………………………………………… *186*
3．販　　売 ……………………………………………………………… *189*
4．商品設計……………………………………………………………… *194*

5．	補　　償 ……………………………………………………	*196*
6．	情 報 開 示 …………………………………………………	*198*
7．	公衆の教育 …………………………………………………	*201*

第8章　生命保険の販売に関する消費者問題 …………… *207*

1．保険の範囲 ………………………………………………… *207*
2．消費者問題 ………………………………………………… *210*
3．独立金融アドバイザーと専属代理人 …………………… *210*
　3.1　金融サービス法と規制
　3.2　独立金融アドバイザー
　3.3　専属代理人
4．IMRO の失敗と保険業界の反応 ………………………… *215*
5．保険会社はいかにすれば問題を回避できるか ………… *216*
6．制　　裁 …………………………………………………… *217*
7．結　　論 …………………………………………………… *218*

第 4 部　保　　険

第9章　消費者利益のための保険法改正：
　　　　　オーストラリアからの教訓 ………………………… *221*

1．はじめに …………………………………………………… *221*
2．法律改正の必要性 ………………………………………… *223*
3．オーストラリアにおける改正の過程 …………………… *225*
4．オーストラリアの法律における消費者保護規定 ……… *226*
　4.1　仲　介　人
　4.2　不告知と不実表示
　4.3　最　大　信　義
　4.4　成立の問題
　4.5　契約条項の禁止

4.6　保険会社の請求取消し権に関する一般的制限

　　4.7　標 準 保 障

　　4.8　規定されない契約における保護

　　4.9　オーストラリアにおけるその他の改正

　5．オーストラリアの法律制定への反応 ………………………… 236

　6．オーストラリアにおける自主規制 ……………………………… 238

　7．オーストラリアからの教訓 …………………………………… 239

第10章　保険契約における消費者保護 ……………………… 243

　1．は じ め に…………………………………………………… 243

　2．コモン・ロー ………………………………………………… 244

　　2.1　リスクや価格の条項，手続きに関する条項や自由裁量を与える条項

　　2.2　ワランティ（Warranty）

　　2.3　原　　　則

　3．公正性に対する法律上のアプローチ ………………………… 253

　4．自 主 規 制………………………………………………… 256

　　4.1　実務の指針

　　　4.1.1　ワランティ（Warranty）

　　　4.1.2　告 知 義 務

　　4.2　保険オンブズマン

　5．将来の方向性 ………………………………………………… 261

第5部　消費者信用

第11章　信用市場における低所得層の消費者のための
　　　　　社会的正義を求めて ……………………………………… 265

　1．は じ め に…………………………………………………… 265

　2．低所得層の消費者と市場 ……………………………………… 266

　3．低所得層の消費者向け信用市場に特徴的な問題 …………… 267

4．戸別訪問貸金業者 …………………………………………… *270*
　5．高金利と消費者保護 …………………………………………… *272*
　6．現在の市場の価値観に対する挑戦的仮定 ………………… *275*
　7．介入の正当性 …………………………………………………… *277*
　　7.1　競　　争
　　7.2　市 場 再 編
　　7.3　代替的金融機関
　8．解　　決 ………………………………………………………… *281*
　　8.1　競　　争
　　8.2　慎重な貸し手
　　8.3　上限金利規制
　　8.4　代替的金融機関
　　　8.4.1　信 用 組 合
　　　8.4.2　生活保護助成基金
　9．消費者向け法律家の仕事 ……………………………………… *296*

第12章　金融サービス市場における
　　　　　人種・ジェンダーの平等性 ……………………………… *297*
　1．はじめに ………………………………………………………… *297*
　2．契約からの自由：排除と搾取 ………………………………… *301*
　3．信用と資本へのアクセスにおける人種差別への答え：人権法 … *303*
　4．融資・保険契約差し止め地域指定 …………………………… *306*
　5．地域再投資とそれを超えて …………………………………… *308*
　6．結　　論 ………………………………………………………… *311*

補　論　英国の金融システム改革 …………… 茶野　努・伊藤　祐　*313*
　1．1986年金融サービス法のもとでの金融システム ………………… *313*
　　1.1　改革前の金融システムの概要
　　1.2　改革前の金融システムの問題点

2. 2000年金融サービス市場法の制定 …………………………………… *316*
　2.1　法案成立までの経緯
　2.2　金融サービス市場法の構成と内容
　　2.2.1　金融サービス機構の位置づけと目的および権限
　　2.2.2　規制対象範囲と認可
　　2.2.3　金融サービス機構のコーポレート・ガバナンス
3. 新しい金融システムにおける消費者保護 ………………………… *323*
　3.1　消費者に対する啓蒙活動
　3.2　オンブズマン制度
　3.3　補償制度
4. 結　　論 …………………………………………………………… *328*

法律に関する表 ………………………………………………………… *329*
判例に関する表 ………………………………………………………… *333*
索　　引 ………………………………………………………………… *335*

序　章

金融サービスにおける消費者保護：法律の文脈から

ピーター・カートライト

1. はじめに

　消費者は何世紀にもわたり法律で保護されてきた。ローマ法には，商品販売における潜在的な瑕疵に対する暗黙の保証が存在した[1]。マグナ・カルタはワイン，エール，とうもろこし，および布の尺度の統一について規定しており，消費者の繁栄や経済的利益を保護するための法律と長い間見なされてきた[2]。金融取引は，複雑な金融取引でさえも長い歴史を有しており[3]，信用供与はいまや現代社会の本質的な部分である。Galbraithの言葉によれば，「債務を負うように人に説得する過程や，そうするように根回しすることは，商品を製造して欲求を充足させることと同じくらいに現代の生産の一部分である」[4]。

　金融サービスの消費者に何らかの形で法律の保護が必要であることは疑いない。金融サービスの消費者は，以下で議論するように様々な理由のためにとくに弱い立場にある。しかしながら，そのような消費者がいかに保護され

---

1. G. Hadfield, R. Howse and M. Trebilcock, 'Information-Based Principles for Rethinking Consumer Protection Policy' (1998) 22 JCP 131 を参照。
2. B. W. Harvey and D. L. Parry, The Law of Consumer Protection and Fair Trading, 第5版（Butterworths, 1996）の p. 6 を参照。
3. Swanは，紀元前1700年ごろにまで遡って先物契約のあった証拠を見いだしている。B. Rider編, *The Corporate Dimension*（Jordans, 1998）所収のE. J. Swan, 'The Legal Regulation of Derivative Instruments in Ancient Greece and Rome'.
4. J. K. Galbraith, The Affluent Society, 第4版（Andre Deutsch, 1984）の p. 148.

るべきかについては議論の余地がある。金融サービスは，当座借越から年金に至るまで様々の異なる形態をとっている。同様に，消費者も，裕福で情報に精通している投資家から，貧乏で情報に精通しない当座勘定の保有者まで様々である。消費者を保護するための法律的なメカニズムは，情報開示義務や自主規制から，業者の事前承認や誤った情報提供に対する刑罰の適用まで数多い。どの分野の金融サービスにおける，どのタイプの消費者を保護するために，どのようなメカニズムを利用すべきかを決定するのが政府の仕事である。そのような仕事は，決して容易ではない。

本書では，金融サービスの消費者保護における法律の役割を検証する。本書は，当該分野の網羅的な検証を意図するものではない。そのような論文は執筆できるであろうが，皮相的でないものにするのは極めて難しいであろう。その代わりに，本書は，法律がどのように定められていて，金融サービスを購入する際に消費者を保護するために法律をどう利用できるかを検証することを目的とする。

本書は，以下で説明するように，「消費者」と「金融サービス」という用語を広い意味で解釈しているが，それはこれらの用語が一般に理解されている意味を反映する形となっている。

2．消費者，投資家および市民

手始めに，いくつかの定義について考えることが重要である。第一に，本書の趣旨に照らして，「消費者」と言及されているのは誰なのかである。数多くの法律がそれぞれの趣旨に応じて定義づけしようと試みているけれども，この用語に関して一つの合意の得られた定義が存在しないことが，われわれが直面する一つの問題である[5]。消費者とは財やサービスの購入者とするのが一つの方法である。この定義には購入を行う業者を含むであろうが，多くの場合，業者が消費者として扱われないことは明白である[6]。別の言い方と

---

5. 例えば，ある者が「消費者として取引を行う」場合を定義する 1977 年不公正契約条項法の 12 条，および「消費者」を定義する 1987 年消費者保護法の 20 条(6)項を参照。

しては，消費者とは営利企業と契約を結ぶ私人であるということもできるが，しかし，このような定義はいくつかの意味で非常に狭い定義である。そのような定義は，友人に商品をもらった最終的な消費者のような，財やサービスを購入しなかった利用者を排除するであろう[7]。さらには，国民健康保険の利用者のような，非営利の国家機関からサービスを受けている私人は，消費者として表現されることが多い[8]。Kennedy が述べたように，「消費者主義というのは財と同じようにサービスの供給にも関係している。消費者は，顧客になったり，患者になったり，買い物客以上のものになる」[9]。

適切な定義を求める際には，米国の消費者主権の活動家である Ralfh Nader を引用して，「消費者」を「市民」と同等と見なすことさえ可能であろう[10]。英国の消費者保護法の多くが基礎を置いている Molony 報告書の時代以降，消費者主義の概念が拡大してきたことは疑いない[11]。1979年から1980年当時，消費者協会はその「年次報告書」で，消費者主義が「個人と

---

6. 例えば，1987年消費者保護法の20条(6)項を参照。それは，「私的な使用，すなわち，消費のために」供給される商品へのニーズ，「事業目的以外で」供給されるサービスへのニーズ，および適切に価格規制が適用され「事業目的以外で」利用される貸借へのニーズを強調する。これに対して，いくつかのいわゆる「消費者保護」法，たとえば，1968年商品表示法（Trade Descriptions 1968）は業者間の取引に適用される。
7. ドイツ人は，そのような消費者を「endverbraucher」と呼ぶ。
8. I. Ramsay, *Consumer Protection : Text and Materials* (Weidenfeld & Nicolson, 1989) の p. 11 を参照。
9. I. Kennedy, *The Unmasking of Medicine* (The 1980 Reith Lectures) (Allen & Unwin, 1981) の p. 117.
10. R. Cranston, *Consumers and the Law*, 第2版 (Weidenfeld & Nicolson, 1984) の pp. 7-8 を参照。
11. Molony 委員会は，「法律のどのような変更が，仮にあるとすれば，他のどのような手段が，消費を行う大衆をさらに保護するために望ましいのか」を考慮し報告するために，1959年に設立された。同委員会は消費者を，私的な使用のため，すなわち消費のために財を購入する人と定義したけれども，サービスを私的に消費する人も消費者と定義され得ることを認めた（Board of Trade, *Financial Report of the Committee on Consumer Protection* (Molony Committee) Cmnd 1781/1962, 2節)。それは，ある時点で「常にすべての人が……消費者である」と言われるまでになったけれども，これは消費者の効果的な定義を示すものではなかった（16節）。

社会の関係」という考え方を反映するようにと提案した。そのような幅のある定義自身が困難を生じさせるが，個人が適切に消費者と見なされるような数多くの状況を例証してもいる。たとえ不完全でも，実用的な定義づけを行う必要があり，われわれの趣旨では，「消費者」という言葉は，財やサービスを業者から得るような取引を結ぶ市民を意味することになろう。この定義は，消費者と記すことができるある種の個人を排除するけれども，通常は消費者と見なされている人々を表しており，本書で検討している個人を包含すると考えられる。

金融サービスの消費者について言及する際には，定義に関する更なる問題に直面する。第一に，誰かがサービスを「消費する」ことができるという際に，いくつかの困難を見いだすことになろう。個人はサービスの利用者または受け手であり，また，財の消費者と見なすのがおそらくは良いだろう。しかしながら，日常の会話では，サービスの「消費者」というのが普通であって，サービスを購入する際に個人を保護する規定は「消費者保護」の手段とされることが多い[12]。第二に，当該取引における個人の明確な役割を検証する際にも困難に直面する。銀行に資金を預ける人，あるいは，自分の家に保険をかけるために保険会社と契約を結ぶ人を，消費者として記述する際にはほとんど困難が生じないかもしれない。消費者としての投資家の役割を考える際に，より大きな困難が生じる。まず，第一に，「投資家」に関する合意に達した定義を見いだすことは難しい。*Inland Revenue Commissioners v Rolls Royce Ltd* において，「『投資を行う』という動詞の意味は，いくつかの種類の財産を獲得するために資金を使うことである」と判示された[13]。

多くの判例で，裁判所は，「投資」という意味を非常に一般的なものとすることに関心をもってきた。*Inland Revenue Commissioners v Desoutter Bros* において，投資は「芸術の言葉ではなく，広く知られている意味で解釈されるべきである」と Greene 裁判官は述べている[14]。

---

12. 例えば，サービスに関する虚偽説明を扱う 1968 年商品表示法（Trade Descriptions 1968）の 14 条，および商品やサービスに関して誤解を生じさせるような価格指標に適用される 1987 年消費者保護法の第 3 部に注意。
13. [1994] 2 All ER 340 *per* Macnaghten J.

一般に投資といわれていることを，その用語の意味のなかに含めることによって，このことは有用となる。しかしながら，このような方法はあまりにいい加減であると見なすことも可能である。たとえば，Re Price のなかで，銀行預金は投資ではないが，「投資の準備資金である」と Farwell は述べている[15]。そのような投資の定義はあまりにも厳し過ぎると考える人も多い。投資を行う過程を「それから利子や利益が期待されるような資金を利用すること」と見なすのがおそらく最善の方法であろう。これは Fisher と Bewsey によって支持されており，われわれの趣旨にも適っている[16]。

このことは，投資家が消費者であるのかないのかという問題に，われわれを立ち返らせる。投資家は，経済的な過程において消費者とは異なる役割を演じており，投資は消費と異なる法律関係を意味するとの議論も可能であろう[17]。たとえば，Harvey と Parry は，投資家と消費者には類似点もあるけれども，投資家は「消費者というよりもむしろ生産者としての機能を部分的にもっている」との議論を行っている[18]。しかしながら，投資家は消費者でないとの議論は，消費者概念について非常に狭い解釈を採用する必要があると考えられる。投資家と消費者の類似性は長い間認識されてきた。司法省は，1992年の報告書のなかで，「現代の金融世界における小規模投資家は，国内の電気器具市場の消費者と異ならない」との意見を述べている[19]。

Page と Ferguson は，消費者と投資家を直接的に同等と見なすことによってさらに先に進んでいる。彼らは以下のように述べている。

---

14. [1946] 1 All ER 58.
15. [1905] 2 Ch. 55.
16. J. Fisher and J. Bewsey, *The Law of Investor Protection* (Sweet & Maxwell, 1977) の p. 5.
17. A. C. Page and R. B. Ferguson, *Investor Protection* (Weidenfeld & Nicolson, 1992) の p. 11 を参照。投資家の概念には，債権者と債務者，受益者と受託者，株主と企業を包含するような多様な法律上の関係を含むことを，彼らは指摘する。しかしながら，以下で見るように，彼らは，投資家と消費者を同等とみなす可能性がある。
18. 脚注2の Harvey and Parry 前掲書の p. 57.
19. Justice, *The Protection of the Small Investor* (Justice, 1992) の p. 9.

投資が繰り延べられた消費であるとすれば,投資家保護を消費者保護から見てコインのもう一方の裏側と見なしたくなる。しかしながら,この考え方に沿って線引きを行おうとする試みは,誤解を与えることになろう。われわれが関心を持っている投資家は,……金融サービスの消費者,具体的にはアドバイザーやブローカー,ディーラー,マネージャーなどのサービスの消費者でもある[20]。

われわれの趣旨からは,投資家は消費者として記述されるほうがよいと考えられる。

注意を払うべき第二の点は,「金融サービス」の定義である。本書では,この用語は,1986年金融サービス法よりも広い意味で使用されている[21]。本書は,金融サービスをより広い意味で取り扱っている。したがって,とりわけ,銀行や住宅金融組合の預金,年金,保険契約および貸付を含む。本書で使用される定義は,「金融サービス」の一般的な理解を反映しており,公正取引庁もこの用語に関して同じように幅広い解釈を採用していることに注意すべきである。したがって,この幅広いアプローチの方が優れている[22]。

3. 金融サービスにおける消費者保護の法律と理論

消費者保護における法律の役割に関しては多くのことが書かれてきた。金融サービスの消費者を保護する際の法律の役割を理解するためには,消費者を保護するために法律がなぜ,どのようにして市場に介入するかについて少し述べる必要がある。第一に,法律は,いくつかの形で,消費者を保護する役割を演じているという一般的な合意が存在することに注意すべきである。自由市場の最も熱烈な支持者でさえ,当事者間で合意された自由市場の基礎固めをする際に,(多くの場合その一方が消費者であるが)私法(civil law)

---

20. 脚注17のHarvey and Parry 前掲書のp. 14.
21. 同法律は,第1部の付属規定1で定義する「投資」に関するものである。
22. 立場の弱い消費者と金融サービスへの調査において,公正取引庁は,「金融サービス」の幅広い対象に含まれるものとして銀行,クレジット,保険および貯金をあげている。公正取引庁,1997年12月16日のプレス・リリース60/97を参照。

が役割を果たす必要性を認めている。公開市場を維持し，財産権を確立し，いわゆる「隣人効果（neighborhood effect）」から第三者を保護し，「ゲームのルール」がしっかりと根づくうえで，法律が重要な役割を果たしていることを Milton Friedman は理解している[23]。Friedman の言葉によれば，「政府は，本質的に，『ゲームのルール』を決めるためのフォーラム，および決定されたルールを解釈し執行するための審判の両方である」[24]。

Friedman は，規制が正当化されることに同意した。しかしながら，彼が唱えた経済的自由は，政府に規制を正当化することを求めている。すなわち，その前提は自由市場を支持するものであろう[25]。1960 年代以降すべての政府が消費者保護法を提案してきたが，英国の規制政策の形成においては以上のような考え方が影響を与えてきた。公然と親自由市場を標榜した 1979 年から 1997 年の保守党政権でさえも，幅広い規制緩和を支持し推進するときには消費者を擁護する法案を提出した[26]。自由市場主義は，しばしば政治的便宜主義や御都合主義によって緩和されるであろう。

自由市場への支持は，おおいに消費者保護政策の礎となってきた。確かに，かなりの論文が，完全市場が万能薬であると述べている[27]。消費者を保護するために市場に介入することの正当性を検証する際に，多くの学者は，いわゆる完全市場が実際に存在するのか怪しく思っていても，完全市場をその出発点とする[28]。消費者保護のための介入の理由を検証した主要な業績の一つ

---

23. M. Friedman, *Capitalism and Freedom* (University of Chicago Press, 1962). Friedman は，一般大衆に秩序と防衛手段を与える法律の役割も強調する。
24. 同上。
25. Friedman の批判に関しては，脚注 4 の Galbraith 前掲書を参照。消費者擁護の弁護士のなかには，自由市場の観念を消費者法に適用してきた方法に関して非常に批判的な人もいた。A. J. Duggann and L. W. Darvall 編, *Consumer Protection Law and Theory* (Law Book, 1980) 所収の R. Cranston, 'Consumer Protection and Economic Theory' を参照。Cranston は自由市場主義者を「砂上に楼閣を建てる愚かな人間」になぞらえる。
26. 例えば，刑法の力による裏付けで，商品への一般的な安全要件を導入した 1987 年消費者保護法の第 2 部，および，不動産仲介者や不動産開発業者と取引するための厳格と思われる方法を導入した 1991 年財産の不実表示に関する法律（Property Misdescriptions Act 1991）を参照。
27. これは，一般にシカゴ学派と呼ばれる。

が，Ramsey の *Rationales for Intervention in the Consumer Market Place* である[29]。Ramsey は，市場の失敗を市場における政府規制の経済的合理性の中心と見なしている。完全市場は，ある特徴が成立すれば存在する。Ramsey は，その特徴を以下のように明らかにしている。

(1) 市場には多数の買い手と売り手が存在し，各々の経済的行為者の行動が市場の生産量や価格に最低限の影響しか及ぼさないこと。
(2) 市場への自由な参入および退出。
(3) 市場で売られている製品が同質的であること。すなわち，本質的に同じ製品が，特定の市場において各々の売り手によって販売されていること。
(4) 市場におけるすべての経済的行為者が，取引されている製品の質や価値について完全な情報を有していること。
(5) 製品を生産するすべての費用が生産者によって負担され，製品のすべての便益が消費者に生じること。すなわち，外部性が存在しないこと[30]。

完全市場は経済学の教科書にしか存在しないという議論があろうけれども，このことは完全市場について議論することが無駄であることを意味しない。法律の一つの役割は，可能な限り完全市場の状態を作り上げようと努力することであろう。たとえば，私法は，第三者の費用が「内在化」されるように発展するであろう[31]。このアプローチ方法は，市場制度と整合的である[32]。しかしながら，現実には，私法は消費者保護のために適切な基盤を形成できないと広く受け止められている。市場と私法の両方が，生まれながらの限界に晒されている。Ogus の言葉によれば，「『市場の失敗』が『私法の失敗』を伴うときには……，公共の利益に対する規制上の介入に関して一見して有

---

28. Howells と Weatherill は，それが「非現実的なくらいに人をそそのかす」と述べている（G. G. Howells and S. Weatherill, *Consumer Protection Law* (Darthmouth, 1995) の p. 1）。
29. I. Ramsay, *Rationales for Intervention in the Consumer Market Place* (Office of Fair Trading, 1984).
30. 同上，3.3 節。
31. A. Ogus, *Regulation : Legal Form and Economic Theory* (Clarendon Press, 1994) の pp. 18-22.
32. 同上。

利な理由が存在する」[33]。

完全市場が現実には失敗するような多くの状態が存在する。多数の買い手と売り手が存在する代わりに，独占が存在するかもしれない。市場への自由な参入と市場からの自由な退出の代わりに，業者に対する免許制が存在するかもしれない。同質的な製品の代わりに，人為的な製品差別化が存在するかもしれない。製品に関する完全情報はほとんど存在しないであろうし，取引参加者は当該取引のすべての便益と負担を負わないことが多いだろう。規制が介入しなければならないのは，まさにこの点である。

規制の正当性を明らかにすることと，どのような形の規制が利用されるべきかを決定するのは別の問題である。多くの異なる規制手法が存在する。たとえば，規制には伝統的な形態の「命令と支配」が存在し，要件に従わせるために失敗に対して制裁（通常は刑事罰）を加える[34]。このことは，ある程度，金融サービス分野にも見られる。たとえば，1986年金融サービス法の47条(1)項は次のように述べている。

(a) 誤解を与えること，虚偽であること，詐欺であること，あるいは，不正に重要な事実を隠蔽することと知って，発言や約束，予測を行う人。あるいは，不注意にも，誤解を与えるような虚偽，あるいは，詐欺である発言や約束，予測を（不正にしろ，そうでないにしろ）行う人は，(1)何人も不法行為の罪に値する。仮に，彼が勧誘のために発言や約束，あるいは予測を行い，事実を隠蔽しても不法行為の罪に値する。あるいは，他人に（その人に対して発言や約束，予測が行われているかどうか，あるいは，その人から事実が隠蔽されているかどうかは別にして）投資契約を締結するように仕向けること，締結することを申し出るように仕向けること，あるいは，締結しないように仕向けること，また，投資によって授与された権利を行使するよう仕向けること，あるいは権利を行使しないように仕向けることに関して，彼が不注意であっても不法行為の罪に値する[35]。

---

33. 同上のp. 30.
34. 英国の消費者保護法の多く，例えば，1968年商品表示法（Trade Descriptions 1968），1987年消費者保護法（第2部および第3部），1990年食品安全法，1991年財産の不実表示に関する法律（Property Misdescriptions Act 1991）はこの方法を用いている。

もう一つの規制の形態は，事前承認から自主規制までのすべてを含んでいる。金融サービスにおける消費者保護の検証は，保護を担保するために様々な規制手法が利用されていることを明らかにする。いくつかの場合，同じ法律のなかで様々な手法が結合されて使用されているであろう。1974年消費者信用法はこのことを例証している。たとえば，21条は，消費者信用事業を行うすべての事業者は，契約が規制の対象である場合には，免許を必要とすることを求めている。137条(1)項は，当事者間の公平を期するために法外な与信契約を裁判所が再交渉できることを認めている。49条(1)項は，取引の事前取り決めを無効とするような債権・債務者間の契約を求めることを違法としている。債務者保護の規定は，実際に多くの自主規制の規定にも見られる。金融サービスにおける消費者保護は，多種多様な法律的構造によって達成されることを忘れるべきではない。

4．消費者と情報

上述のように，完全市場の特徴の一つは，消費者を含む経済的行為者が取引されている製品の質や価値について「完全情報」を有していることである。消費者が直面する問題の一つが，製品に関する情報を獲得し利用することに関係があり，消費者保護政策の主な要素はこれらの情報不足を補償しようとする努力であった[36]。実際に，情報の重要性を強調することは「初期の消費者保護法のための主な分析的基礎を形作ることになった」と言われてきた[37]。金融サービスにおける情報の問題は，多くの理由のためにとくに重大である[38]。第一に，金融サービスの消費者が購入前に製品の特徴を知るのは極め

---

35. 47条(2)項は，詐欺または間違った印象を与えることに関連した罪に適用される。
36. これは，国内および欧州で生じてきた。S. Weatherill, 'The Role of the Informed Consumer in European Community Law and Policy' (1994) 2 *Consumer Law Journal* 49 を参照。また，W. Whitford, 'The Functions of Disclosure Regulation in Consumer Transactions' (1973) *Wisconsin Law Review 400* を参照。彼は，製品に関する情報を業者に公表させることの効能を調査している。
37. 脚注1のHadfield他前掲書のp. 134.
38. Office of Fair Trading（公正取引庁），*Consumer Detriment under Conditions*

て困難である。第二に，金融サービスは技術的に複雑となる傾向があり，たとえ消費者が購入前に正確で詳細な情報を入手しても，消費者がその情報を理解することは非常に難しいであろう。第三に，（年金がよい例であるが）金融商品の効果は将来までわからないことが多い。いくつかのこれらの困難は他の市場でも存在するが，金融サービスに関する場合にとくに深刻である。消費者は「限定合理性」に苦しむといわれる。これは，「蓄積されたものを受け入れ，情報を処理する個人の能力には限界がある」ことを意味する[39]。上述の理由によって，このことはとくに金融サービスに関する場合に当てはまる。また，それは，立場の弱い消費者に関する場合にも当てはまる。最近，公正取引庁長官は「立場の弱い消費者」のことを「年齢，疾患，あるいはその他の不利によって，必要とする情報を獲得し理解するのが困難な人々」と記している[40]。このことは，立場の弱い消費者の問題を解く鍵が，情報を処理する際の困難さにあるとの長官の見方をよく示している。

　情報上の救済策の限界は，政策立案者にとっても困難を引き起こす。消費者問題の明白な解決策は，消費者に情報提供することを業者に求め，それによって消費者が製品に関して合理的選択を行うことができるようにすることである。そのようなアプローチ方法では，消費者が製品の分析，その利点や不利な点を分析して，選択を行う。その場合の消費者の選択は望ましいものである[41]。情報の流れにより，費用の削減や質の改善が消費者に伝達されることが分かっているので，生産者に費用の削減や質の改善を行うインセンティブを与えるという利点がある。また，情報開示規制は，より伝統的な形態の支配を通じた過剰規制の危険性をおそれる人々によっても支持されてき

---

　　　 of Imperfect Information, Research Paper 11, August 1997 を参照。
39. 脚注31のOgus前掲書のp. 41. また，H. Simon, *Models of Bounded Rationality*（MIT Press, 1982）も参照。
40. J. Bridgeman, 'A Speech to the Year Ahead Symposium', 28 January 1998.
41. もっとも，消費者が，実際に，合理的な決定を行うのに，どの程度情報を活用するかには幾分疑問がある。R. L. Jordan and W. D. Warren, 'Disclosure of Finance Charges: A Rationale' (1996) 64 *Michigan Law Review* 1285, 1320-2 を参照。Molony委員会は，消費者がしばしば「必ずしも合理的な思考過程ではなく，本能的に」決定を行うことを認めた。脚注11の前掲書の891節。

た[42]。

　情報開示規制は，金融サービスの分野で重要であった。たとえば，1974年消費者信用法は，貸出金利を数多くの異なる段階で開示するよう求めている。これに関しては，経済学的な正当性がある。Ramseyの言葉を借りれば，それは「金利に関する政府規制に依存することを不要にし，貸出金利を管理するために市場のインセンティブを利用する試みである」[43]。

　貸出金利を1年あたりのパーセント表示で開示することには多くの利点があるであろうと，Crowther委員会は考えた。それによって，他の貸金業者との比較や消費者が貯蓄から受け取る利子との比較が可能となり，貸し手にはその手数料が他の貸金業者とどのような関係にあるかを自覚させる[44]。そして，消費者は確実に「信用能力に関する間違った情報やその軽率な利用によって，その金銭的な資力を大幅に超えて借り入れを行うこと」がなくなるであろう[45]。

　業者に対して消費者への情報開示を求める法律は価値があるのかという疑念をもつ論者もいた。Cranstonは次のような議論を行っている。

　　開示規制に関する主要な問題は，事業者の法令遵守を確保することにあるのではなく，消費者が開示された情報に気づかず，その重要性を評価せず，あるいは，市場で提供される情報を単に利用しないことである[46]。

　例えば，さらに，情報は，低所得層の消費者が直面する困難には役に立たないかもしれない。Trebilcockは，情報が提供されても，貧者は他の人ほど自分自身を守ることができないかもしれないことを示す，貧者の心理的特徴に関する研究成果を発表している[47]。最近の経済学的研究は，情報が幅広

---

42. たとえば，S. Breyer, *Regulation and its Reform* (Harvard University Press, 1982) のp. 184を参照。
43. 脚注8のRamsay前掲書のp. 329. *Report of the Committee on Consumer Credit* (Crowther Committee), Cmnd 4596/1971.
44. 同上の3.8.3節。
45. 同上の3.8.13節。
46. 脚注10のCranston前掲書のp. 304.
47. M. J. Trebilcock, 'Consumer Protection in the Affluent Society' (1970) 16

い意味で市場に影響を与えることを示唆している。とくに，取引について知識を得るときに，消費者が直面する費用を強調する[48]。情報は，消費者保護を提供する際にのみ効果があるのかもしれない。

以上の問題にもかかわらず，消費者保護において情報が重要な役割を演じており，情報が提供されることを確保するのに開示規制が重要な手段であることはほとんど疑いない。開示規制の主要な研究では，規制の支持者，とくに貸出における信義を唱える者は，自分たちの立場を過大表現してきたが，開示規制に関しては語るべきことが多くあるとWhitfordは述べている。より介入主義者的な規制手法と比較する場合に，このことはとくに当てはまる。Leffの言葉によれば，「政府がより質の高い情報を企画するのは，より質の高い財を企画するよりもずっと安価であり，質の高い人々を企画しようとするよりずっとよいことである」[49]。

5．消費者と非市場的目標

市場の失敗が規制のための唯一の理由でないことを忘れてはならない。介入を正当化するために利用される非市場的な目標がある。Ogusは，それを分配の公平性，温情主義（paternalism）および共同体の価値とする[50]。社会の最も弱い人たちが特別な保護を与えられるのを担保することが，英国の消費者保護政策の一部をなすことが多かったので，分配の公平性がとくに興味深い問題である。資源は，経済的効率性よりもむしろ正義に基づいて分配されるであろう。分配の公平性と市場の効率性との間の均衡をいかに達成すべきかとの問題は，イデオロギーに基づいてのみ答えを出すことができると，Ogusは述べている[51]。彼は，自由主義論者の基盤であるリベラルと社会主義者の思想との相違を強調し，これらがどのように分配の問題と関係がある

McGill Law Journal 263.
48．脚注1のHadfield他，前掲書のpp. 141-5.
49．A. A. Leff, 'The Pontiac Prospectus' (1974) 25 *Consumer Journal* 35.
50．脚注31のOgus前掲書のpp. 46-54.
51．同上。

かを説明する。明らかに，分配の問題は，英国における消費者政策の立案者にとって関心事であった。Crowther 委員会は，その報告書が1974年消費者信用法の嚆矢となったわけであるが，信用市場における介入を正当化する様々な要因を強調した。この要因のいくつかは，不適切な情報や誤った情報のような市場の失敗に関するものであるが，一方で，それ以外の要因は，与信を求めることが多いような社会的状況に対する委員会の関心を示していた。彼らは，「行動力（energy）と自らの責任ある決断（initiative）の欠如」によって消費者が補償を得ることの困難さと，「予算を立てる，すなわち，収入を管理する能力を欠く」ような人々に関する問題について言及している。彼らは，また，最も貧しい消費者が「厳しく過酷な」条件に対してとくに弱い立場にあることも認めている[52]。1974年消費者信用法は，債務者が直面するいくつかの問題を救済しようとする際に，分配の公平性の問題に注意を払っている。たとえば，同法律の137条(1)項は，与信契約が法外であることが分かった場合，当事者に公平を期すためにこの契約について裁判所が再交渉することを認めている。現在の公正取引庁長官は，また，分配の公平性が公正取引庁の政策における要因となっていると表明した。彼は，最近，資源をどこに配分すべきかを決定する際に公正取引庁が直面する困難について説明し，そのアプローチを「社会的な分配という要素をもつ費用便益分析」であると述べている[53]。分配の公平性は公正取引庁の政策において重要な要素となっているように思われる。

　温情主義は，介入に関する非経済的な理由のもう一つの例である。Dworkin は，温情主義を「支配されている人間の富，財，幸福，欲求，利益あるいは価値だけを考慮する理由によって正当化される，人間の活動の自由への干渉である」と述べている[54]。

　したがって，個人の要望にかかわらず法が発動されるが，個人の選択が中心となる市場メカニズムと温情主義を相反するものと位置づけているのはま

---

52. 脚注43の Crowther Committee 前掲書。
53. 脚注40の Bridgeman 前掲書。
54. R. Wasserstrom 編, *Morality and the Law*（Wadsworth, 1971）所収の R. Dworkin, 'Paternalism' の p. 108.

さにこの点である。英国が 1960 年代や 1970 年代に経験してきた多くの法律的手段の背景に温情主義があると，Ramsey は述べている。とくに，彼は，温情主義に関する J. S. Mill の考え方に批判的な Hart の次の文を引用する。

> 結果の適切な反映あるいは評価を行わずに，また，単に一時的な要望を満たすために，また，判断が混乱しがちな様々な窮地において，また，内部心理の錯乱において，また，非常に明敏であるので法廷での証拠として疑うことのできない類の他人による圧力のもとで，選択が行われ同意が与えられるかもしれない[55]。

消費者に自分自身を守るために，当面の欲望を抑制することを国家と合意するように消費者に説くことで，温情主義を自由選択の考え方と調和させようと試みることによって，温情主義に関する論文はおそらく複雑なものとなるのであろう[56]。正当化の根拠がなんであれ，温情主義はなんらかの形で消費者保護法制に影響を与えてきた。このことは，金融取引が抱える，とくにより貧しい消費者にとっての困難という主たる理由のために，金融の分野にとくに当てはまってきた。1974 年消費者信用法との対比で温情主義を考察することは興味深いことである。同法は，温情主義と見なせるであろういくつかの内容を含んでいる。たとえば，口頭により取引の事前取り決めが破棄された場合，規制された消費者信用契約を無効にする権利を，同法は消費者に与えている。この「クーリング・オフ期間」は，消費者を高圧的な販売手法から保護し，締結した契約に関して再考する時間を消費者に与えるように意図されている。消費者と業者の間で形成された契約であるにもかかわらず，あるいは，合意時点での消費者の意志にかかわらず適用されるという意味で，これらの規定は温情主義的である。同法がかつてほどには温情主義ではないような点もある。たとえば，Crowther 委員会は，固定的な上限金利規制を運営するのは柔軟性がなく困難であると考え，その規制を使用することさえしていない[57]。しかしながら，既に述べたように，同法は 137 条(1)項のもと

---

55. H. L. A. Hart, *Law Liberty and Morality* (Stanford University Press, 1963) の pp. 32-3.
56. B. Barry, *Political Argument* (New York Humanities Press, 1965) の pp. 226-7.
57. 本書の第 11 章を参照。

で法外な与信契約を裁判所が再交渉できることを認めている。この規定は批判を受けてきたけれども，その行為が緩やかな意味において合意されているかどうかにかかわらず，不公正な行為は強制執行されるべきではないとの考えをよく表している。Kennedy の言葉によれば，「与信の受け手のなかで最も貧しい階層を搾取しつづけるように意図された消費者契約を，機会が生じたときにいつでも破棄しようとする裁判所の決定のなかに，真の崇高さの本領のみならず真の価値がある」[58]。

英国の公正取引庁が，最近の調査で，市場および実務慣行を明らかにするために使用している指標について，簡単に考察することは興味深いことである。指標とは以下のものである。

・製品あるいはサービスが複雑な場合。
・財あるいはサービスが頻繁には購入されない場合。
・製品あるいはサービスについてほとんど，あるいは全く知識をもっていない個人の消費者によって，購入が行われる場合。および，
・情報を獲得し加工することにとくに困難を有する人々の集団による購入の場合[59]。

このリストは，われわれに興味深い二つの事実を明らかにする。第一に，金融サービスにおける消費者保護が，なぜ重要な調査分野であるかをそれは示している。公正取引庁長官が，「金融サービスにおける立場の弱い消費者に対する調査をもとに，どのような決定を行ってきたかを理解するのは難しくはない」と述べているように[60]。第二に，上記のリストは，消費者を保護する際に情報が極めて重要であることを示している。たとえば，情報不足による市場の不完全性を補償することに，公正取引庁の関心があることは明らかである。情報にもとづく選択を行うことができるような情報を獲得する際のみならず，その情報を加工する際にも困難に直面する特定の集団が存在することを，公正取引庁は認めているようにも思われる。情報の供給を促すだ

---

58. D. Kennedy, 'Form and Substance in Private Law Adjudication' (1976) 89 *Harvard Law Review* 1685, 1777.
59. J. Bridgeman, 'Giving the Consumer a Fair Deal' (http://www.oft.gov.uk.)
60. 同上。公正取引庁の報告書は 1998 年の夏に出されている。

けでは十分ではなく，分配の問題が評価される必要があるだろう。

本書執筆中には明らかではないが，調査の結果には興味がもたれる。おそらく，調査報告書が，近い将来，金融サービスの消費者保護における公正取引庁の行動の礎となるように思われる。

6．消費者法，規制および執行

注意すべき最後の点は，執行（enforcement）に関係している。執行が効果的でなければ，消費者法も効果的ではないであろう。私法を消費者保護の手段とすることの主たる批判の一つが，その執行を個人に頼るという点である。このことに関心がもたれるのには，数多くの理由がある。第一に，消費者は自分の権利について無知であろう。金融商品の複雑さは，消費者が訴因があるかを理解することをとくに難しくしている。第二に，消費者は訴訟を起こすことができる資力を欠いているか，あるいは，争う価値がないと感じているかもしれない。訴訟は費用がかかり，消費者が訴訟を起こすこと，とくに比較的少額の資金に関して訴訟を起こすことに価値はないかもしれない。消費者が訴訟を起こすには「遺恨」が必要なことが多いと言われてきた。これは重要な問題である。私法のもとでは請求権に強制力をもたせる取引費用のために，消費者が自分に帰属する権利に強制力をもたせることができないことが多い[61]。

取引費用とそれによって生じる私法の失敗の問題に対する明確なアプローチ方法は，消費者の権利が第三者によって実効性をもつように規定されることである。ある程度は，刑法のもとでの公的規制がこれを確実なものとする。取引基準監督官（Trading Standards Officer）は，たとえば，消費者信用法のもとで虚偽の宣伝を理由に不正業者を排除できるし，被害は裁判所の補償命令によって償われるであろう。しかし，刑事罰が消費者保護を担保する最も効率的方法ではないかもしれないとの考え方もある。それらは，過度に包括的であり[62]，首尾一貫して施行されておらず，「逮捕される」責任を有す

61．脚注10のCranston前掲書のp. 25.

る代理人によって施行されているとの議論があった[63]。しかしながら，過剰規制への恐怖が数多くの自主規制を生むことにつながった。金融サービス分野における消費者の苦情を確実に補償する場合に関しては，最も重要ないくつかの発展が自主規制の領域で生じてきた[64]。これらのなかで最も顕著な発展が，本書の Morris と Little による論文で検証されている金融サービス・オンブズマンであったが，自主規制はその他の点でも重要である。金融サービス法は，法律的な枠組みのなかで自主規制の概念にもとづき制定され[65]，その実務規範は多くの金融サービス分野において共通のものとなった[66]。これがかなりの変化を経験しつつある領域であることに注目するのは興味深いことである。金融サービス機構（FSA）が金融サービスの監督責任を引き継ぎ，このことが既存の金融サービス・オンブズマンの再編へとつながっている[67]。この新しい当局は金融サービス業をより効果的に支配するであろうと思われるし，消費者に対するよりよい補償が期待される[68]。公正取引庁は実務規範の役割を見直しており，承認されてきた規範は基準によって置き換えられるよう提案している。英国が「天国のようなもの」[69]としてきた自主規制は，少なくとも再検証を迫られるであろう。

---

62. 脚注31の Ogus 前掲書の p. 96.
63. M. A. Bernstein, *Regulating Business by Independent Commission* (Princeton University Press, 1955).
64. 「適切に自主規制と呼ぶことのできる制度的合意は多様的で，……すべてに同様の欠点があるとするのは間違いである」ので，「自主規制」の概念に関しては問題が存在する（Ogus, 'Rethinking Self Regulation' (1995) 15 OJLS 97, 99）.
65. 本書の第6章を参照。
66. 例えば，Campbell によって議論された銀行の実務規範（本書の第3章）を参照。
67. 新制度は，*Consumer Complaints : The New Financial Services Ombudsman Scheme*（FSA, August 1998）に概観が描かれている。制度の会員資格は FSA により認可された企業に強制され，単一の金融サービス・オンブズマン制度が金融サービス分野を包括する既存の八つの制度に取って代わるであろう。
68. しかしながら，新しい当局はシステミック・リスクを処理するのに適切でないかもしれないとの懸念がある。C. Goodhart and D. Llewellyn, 'A Blurred Outlook', *Financial Times*, 30 May 1997. を参照。
69. R. Baggott, 'Regulatory Reform in Britain : The Changing Face of Self-Regulation' (1989) 67 *Public Administration* 435, 438.

7．本書の範囲と内容

　本書は，金融サービスにおける消費者保護のすべての領域に関する有意義な二つの話題を検証することから始める。まず，Anna Mörner は，金融サービスにおける著作を通して，消費者保護を改善するための EU の役割について考察している。合理的で情報に精通した消費者は，単一市場のもとで幅広い金融商品やサービスを享有するようになり，時宜を得たいくつかの方法で保護されると筆者は結論づけている。しかしながら，彼女は，また，立場の弱い消費者の欲求を考慮しようとする努力の欠如についても，とくに関心を示している。次に，Philip Morris と Gavin Little は，英国の金融サービス部門において消費者保護を確保する際のオンブズマンの役割を検証している。オンブズマンは，金融サービスの消費者に補償の仕組みを提供することの中心をなしてきた。筆者が述べているように，金融サービス業には九つのオンブズマン制度が存在する。その制度は，金融サービス業に対する一つの包括的なオンブズマンに間もなく代わるであろうけれども，様々なオンブズマンとそのスタッフが発展させてきた専門的技術は，おそらく新しい制度においても上手く利用されるであろう[70]。

　本書の第2部では，銀行業における消費者保護について考察している。銀行業が近年革命を経験してきたことはよく知られている。住宅金融組合が株式会社化され，英国の成人の約83％が当座勘定をもつようになって，銀行はかつてよりもより大きな役割を消費者生活において果たしている[71]。それにもかかわらず，銀行顧客の保護における法律の役割を取り扱った論文は比較的少ない。「英国内の個人顧客あるいは事業者顧客に対する銀行サービス提供に関連した制定法や判例法を検証すること」をその調査分野とした，Jack 委員会報告でさえ学会からの論評をほとんど受けていない[72]。本書の

70．脚注67の前掲書 *Consumer Complaints* を参照。主席オンブズマンとオンブズマンのパネルが1999年3月に指名されるであろう。新制度はFSA認可の企業に強制されるので，オンブズマンの役割はますます重要になるであろう。

71．支払決済サービス協会（APACS：Association for Payment Clearing Services）からの数字の引用であり，脚注40の Bridgeman 前掲書を参照。

72．*Banking Services : Law and Practice. Report by the Review Committee*（Jack

第2部における3論文は，銀行顧客にとってかなり話題性のある重要な問題について考察している。第一に，Andrew Campbell の論文は，Jack 委員会報告によって「銀行員と顧客間の関係の中心」と述べられた信義則について検証している[73]。法律の現在の状態は，満足の行くものではなく，かつ守秘義務が開示義務によって効果的に代替されてきたかもしれないと問うた際の Jack の関心を反映したままであると，Campbell は結論づけている。Eva Lomnicka によって書かれた二番目の論文は，銀行法を消費者契約における不公正条項規制との関連で検証している。より専門的にいえば，筆者は，小口顧客との与信契約に対して銀行が一方的に変更を加えることが可能な条項に関して検証を行っている。条項が不公正と見なされる場合に関しては，銀行のアドバイザー間で合意がなく，規制上の規定は，公正な一方的変更条項を考案する助けにはならなかったと彼女は結論づけている。第2部の最後の論文は，銀行が支払不能になったときに銀行顧客に生じる問題に関するものである。預金者保証制度は，EU やその他の地域で銀行業界の中核的部分となっている。本制度は，銀行制度の安定性を確保してシステミック・リスクを回避するうえで重要な役割を果たしているが，多くの点で，その「直接的な合理性」は消費者保護の合理性のなかにある。この問題を扱う本論は，預金保証制度の背後にある思想において重要な「モラル・ハザード」の概念について考察し，英国の制度は，銀行によって負わされたリスクを評価しようとする際に預金者が直面する困難を考慮していないと結論づけている。預金者，とくに立場の最も弱い預金者が適切に保護されるには，本制度の改革が必要であると議論している。

　狭い意味での投資は，本書の第3部で扱っている。3論文が掲載されているが，これらは消費者の観点から見て重要な問題に関心がもたれている。第一に，Sharon Chin は英国における投資規制について概観している。彼女は金融サービス業の規制について歴史的に考察し，過去から学ぶことができる教訓について論じている。とくに，筆者は，増大するグローバル・マーケッ

　　　　Committee Report) Cm 622 (HMSO, 1969).
　73．同上の 5.26 節。

トにおいて規制者が直面する問題を強調している。金融サービスの規制権限を近く設立される金融サービス機構（FSA）に移管するという英国政府の決定は、この論文をとくに時宜を得たものとしている。「法律は市場や実務慣行と同様に、急速に発展することを決して期待できない」との筆者の結論は、新しい規制当局が直面するであろう問題を映し出している。第3部の第2論文は、David O. Harris と Susan P. Jones による「年金と消費者：海外からの教訓」である。年金制度は、多くの理由から消費者にとってとくに関心がある問題である。第一に、それが、消費者が莫大な金銭的利害関係を有する領域であること。住宅購入後、年金は、一般の消費者にとって最大の金銭的関心事である。第二に、その領域は、伝統的に見て比較的ほとんど規制が存在しなかったとの理由でも関心がもたれている。司法省の報告書[74]は、この分野に規制が欠如していることに関する Gower の所見を認めたうえで、彼の所見以降重要な発展もあったけれども、関心事はそのままの状態であることも認めている。最後に、Richard J. Bragg が、「生命保険の販売に関する消費者問題」について書いている。この論文は、生命保険商品の販売者と取引する際に消費者が直面するいくつかの問題点を検証している。消費者が金融商品に関して情報に通じる必要性に気づくようになってきている一方で、社会にはいまなお無知が蔓延していると、筆者は結論づけている。筆者の見方によれば、刑罰に裏打ちされた法律だけが、いわゆる「避けがたい過度に熱狂的な販売人」を効果的に制御できる。

　本書の第4部は、保険業における消費者保護に関するものである。最近、多くの重要な発展が見られたという理由で、とくに興味深い領域である。全英消費者協議会の報告書である *Insurance Law Reform* は1997年に出された。また、*Pan Atlantic Insurance Co. Ltd v Pine Top Insurance Co. Ltd*[75] のような判例は、混乱している重要な分野を明確化した。しかしながら、保険法はいまも不確実性に苦しんでおり、重大な改革が必要であると広く受け止められている。最初の論文のなかで、John Birds は、1984年保険

---

74. 同上の4.30節。
75. [1995] 1 AC 501.

契約法および1984年保険法が成立した，オーストラリアにおける保険法改正の経験を検証している。筆者はオーストラリアのアプローチ方法の大規模な導入は唱えていないけれども，オーストラリアの法律からいくつかの考え方を導入することを支持している。オーストラリアの経験は，全面的な改正が全関係者に合理的な満足を与えることができ，オーストラリア・モデルは「われわれに進むべき道を示す」ことができると，彼は結論づけている。つぎに，「保険契約における消費者保護」のなかで，Chris Willett と Norman Hird は保険会社と消費者間の契約関係における不公正さの側面について調査している。判例法における発展，自主規制分野における変化，契約法の欧州における統合は，保険会社と顧客との関係に関する重要な問題を派生させてきた。消費者の十分な保護を確保するために最も適切な方法は，ワランティ（warranties）および情報開示規制を健全な法律基盤のうえに据えることであろうと彼らは結論づけている。彼らが好むモデルはオーストラリアにおいて見られ，先の論文で John Birds によって提唱されたものである。

　本書の第5部においては，消費者信用について検証している。これは，本書の中で，過去において，とくに消費者問題の弁護士によって多くのことが書かれてきた話題である。消費者信用法は，かつては消費者保護法制のなかでも最も野心的な部分のひとつであり，当初からかなりの批判を受け，学者からの注目を浴びつづけてきた。しかしながら，これらの注目点について語るべきものがほとんど残っていないとは考えるべきではない。本書におけるこの話題に関する二つの論文は，十分にこの点を例証している。まず，Geraint Howells は「信用市場における低所得層の消費者のための社会的正義を求めて」に関して論文を書いている。この論文の中で，筆者は，与信を受ける際の低所得者が直面する特別な問題を検証している。消費者問題の弁護士が果たすべき重要な役割の一つは，「不利に扱われることへの問題に敏感になることを，債権者に対して求める社会的正義の原則にもとづく」競争的な自由市場をもつことの実現可能性を示すことにあると，彼は論じている。最後に，Iain Ramsey と Toni Williams は，多くの重要性と話題性のある問題，すなわち，金融サービス市場における人種的および性差別について検証している。市場メカニズムは，差別問題を処理する能力に限界があると論

じつつも，筆者は，人権法，地域再投資政策，信用や資本の利用機会における制度的変化など差別行為に対抗する手段について考察している。金融サービスに関する場合，すべての消費者の欲求が満たされるには，サービス提供におけるずっと大規模な実験が必要であると彼らは結論づけている。

　消費者利益の観点から金融サービスをいかに規制すべきかは，かつては話題性のある問題ではなかった。以上述べてきたように，英国政府は金融サービス業の規制手法を改革する過程にあり，公正取引庁は金融市場における立場の弱い消費者の保護について調査中である。同時に，金融サービス業の構造が変化しつつあり，法律が変化と平仄を合わす必要性が，かつてないほど高まっている。本書は，これらの問題のいくつかに貢献しようとするねらいをもっている。本書が決定的な成果ではないことに疑いはないけれども，思索のための材料を提供することを期待している。

第 1 部

金融サービスのテーマとトレンド

第1章*

欧州連合(EU)，金融サービスと消費者

アンナ・メルナー

1．はじめに

　欧州共同体計画の基礎には，それを始めることで多くの消費者の状況が改善するであろうという考え方があった。より効率的な市場にすることで，競争性が高まり，製品やサービスについてより多くの選択肢とより低価格が実現するというものである。けれども，ローマ条約（Treaty of Rome）の最初のバージョンでは，消費者について明示的な四つの例が言及されたのみであり[1]，究極的な消費者政策をまとめようとする明確な試みはない。これは，何がこの分野でのECとしての躊躇と見なされているかを示しているといえるだろう。というのは，一方でECの成功自体が，消費者の満足を促しすべての人々を包括する社会，すなわち「人民の欧州」を創造することに依存している。しかし一方で，消費者保護と国内の消費者立法への見方は国によって異なり，その違いは国境を越えた取引に従事しようとするサービスや財の供給者に困難をもたらすことになる。

　ECは，特にヨーロッパ共同体裁判所（European Court of Justice）の法体系を通じて，国内の消費者法のような貿易障壁を取り除くことにより，単一市場を創造するべく，何年もの間，努力しているが，消費者政策の領域における国内法に代わる法令を制定するための特別の法的権限はなかった。消費

---
* 本章の基礎となった原稿に対してMarise Cremonaから貴重な助言をいただいたことに感謝する。本章に含まれる誤りは筆者の責任である。
1. 39条，40条は，消費者の地位についての共同農業政策および技術に関する規定である。86条とそのリストは，EC競争法を適用するうえで消費者はどのように考慮されるべきかを例示している。

者の重要性については長らく認識されてきたが，法的手段を通じて一貫した消費者政策を EC レベルでつくりあげていくことは困難な仕事であった。しかし，「多くが規制緩和の過程にある EC の枠組みの中で，公平な競争市場 (the level playing field) をつくりたいとの願望」と，「消費者保護を確実にするための再規制の必要性」との間の葛藤に対して，この複雑な領域での議論をなくしていこうとするのは無益なことであろう。ある評論家がいうように，「発展する欧州市場の中で要求される最適な規制はどの程度強くあるべきかを判断するには，議論を『規制者間競争』対『単一競争市場』の議論に集約してしまうことは危険で単純過ぎる」[2]。しかしながら，この初歩的な緊張こそ，消費者に対する EC の態度を理解するうえでの基本的要素であり，本章の議論の背景となっている。

こうしたジレンマは，おそらく特に金融サービスの事例において顕著であろう。金融サービス[3]では単一市場に向けた障壁はほぼ完全に取り除かれており，サービスは国境を超えて比較的自由に提供されているようである。同様に，EC の法的手段は，直接的[4]であれ，たとえば情報[5]に関する規定を通じてであれ，消費者保護という単独の目的に向けて制定されてきた。しかし，金融サービスにおける単一市場が消費者の期待を満たしているかどうかは決して明らかではない。

「すべての利害関係者との広範囲の議論を刺激する」ために，委員会 (Commission) は最近，Green Paper[6] を発行した。これには金融サービスの領域における消費者の状況の大要が含まれている。本章は，金融サービスの

---

2. S. Weatherill, *EC Consumer Law and Policy*, (Longman, 1997), p. 4.
3. ある評論家がいうように，「単一市場の創設」というより「障壁を取り除く」という文脈で議論するほうが適切である。なぜなら，法的手段の採用はそれ自体何も達成せず，せいぜい態度に影響を与える可能性をもつにすぎないためである。E. Lomnicka, "The Internal Financial Market and Investment Services" (M. Andenas and S. Kenyon-Slade 編, *EC Financial Market Regulations and Company Law* (Sweet & Maxwell, 1993) 所収), p. 81.
4. 預金保護に関する指令はこのよい例である。本書の第 5 章を参照。
5. このように，情報に関する規定は，たとえば，第 3 節で後述する消費者信用に関する指令の重要な特徴である。
6. 1996 年 5 月 22 日 COM (96) 209 final, Financial Services: Meeting Consumers' Expectations.

領域における消費者保護に関連した EC の努力を概説しようと試みるものである。本論では関係のある法的手段の概要が示され，EC の Green Paper で提起されたポイントに沿って，適宜説明を行う予定である。

2．欧州連合における消費者

2.1　初　　期

　1975 年に公表された理事会（Council）決議は，序文に消費者保護と情報政策[7]（information policy）に関する綱領が含まれており，長年にわたって消費者政策に与えてきたその原則の重要性を明示している。消費者の基本的な五つの権利[8]が示されており，この綱領は EC の消費者政策の起源となっている。しかしまた，消費者政策が，消費者の地位[9]に影響することになる多くの法律を漸近させるだけでなく，社会・環境政策のような特定の EC の政策における決議によって拡大するであろうということを，この文書は認めている。さらに，ハーモナイゼーションが，消費者の状態を改善することを目的とした政策の中で重要なものの一つになるであろう。

　長年の間，ハーモナイゼーションについての法的基礎は，1957 年の EEC 条約の 100 条にあり，そこでは，共同市場（common market）を設立し機能させることに直接影響する国内法を漸近させるための指令を定める権限を理事会に与えている。この規定では，理事会に対して全会一致を求めており，何かを達成することは不可能でないにしても困難であることが多い。そのかわり，ヨーロッパ共同体裁判所の法体系が，貿易障壁を取り除く手段となってきた。その結果生じたのは，ネガティブ・ハーモナイゼーションと名づけられるであろうものであった。すなわち，完全な正当性のある目標や価値のある利益の保護を追求しているかも知れないけれども，EC 域内の貿易を阻

7．[1975] OJ C92/1.
8．健康と安全を守る権利，経済的利益を守る権利，補償の権利，情報と教育の権利，陳情する権利（聞いてもらう権利）。
9．Weatherill，脚注 2 の前掲書の p.11 を参照。

害していることがわかった国内法を取り除くことから成るというものである。理事会で全会一致の決定を行うことが困難なこともあり，どのような EC レベルの保護であっても，同じ水準の保護を提供するのが困難であることが明らかになったことも多い。こうしたジレンマは，消費者政策にも影響を与え，非常に優れた方針がしばしば提示されるにもかかわらず，その具体化に失敗することが多い。

　消費者保護と情報政策[10]を目指した第二段階の綱領の中で，EC は，一定の範囲内で法令に代わって自主的解決が採用可能となるような，柔軟な法的手段 (soft law measure) を提唱した。進展がないようにみられたこの領域に取りかかった委員会は，1981 年に理事会に対して「消費者保護政策への新しい刺激」と題する内部文書を作成した。この文書の中では，これまで成功がもたらされなかった理由として，採用されるべき手段が全会一致で決定されなければなかったことが他の要因とともに批判の対象となった[11]。

2.2　新しいアプローチ

　上記の「新しい刺激」が効率的な消費者政策を確実なものにするだけでなく，共同市場の元々の思想を守るためにも重要であることは明らかであった。この脈絡で新しいアプローチが考えられた。裁判所の法体系における細かな手段に基づかない，新しいアプローチの基本原則の一つが相互承認 (mutual recognition) である。国内法の不均衡から生じる EC 域内の移動への障害は，ある法律上の要件を満たすために必要であると認められる限りにおいてのみ容認されなければならない。そうでないときには相互承認が優先する。新しいアプローチのもう一つの特徴は，健康や安全という本質的な要件を規定する EC レベルでの標準的ルール，すなわち，最低限のハーモナイゼーションを採用することである。

　さらに，1986 年の単一ヨーロッパ議定書 (Single European Act) は，域内市場を確立し機能させることを目的とする手段の採用に，別の法的根拠を与

　10.　[1981] OJ C133/1.
　11.　G. Howells and T. Wilhelmsson, *EC Consumer Law* (Ashgate, 1997) p. 10 参照。

えた。この法律の100条a項では、理事会の全員一致を必要とせず多数決で決定可能としている。要するに、ネガティブ・ハーモナイゼーションは、EC全体の最低基準を規定する積極的な法的手段によって補完されることになった。

この時期、消費者政策の領域では、特定の法的手段[12]は柔軟な法（soft law）によって補完されていた[13]。適切な場合には可能な限り、ECが消費者保護のための法的手段を立法化し、その法的手段は勧告や理事会決議のような柔軟な法によって補完されることを示すような、一定のパターンが現れていた。しばしば、透明性と情報が強調されるが、その特徴は、消費者がサービスや製品の間の選択において十分な情報を得ることができ、それによって、共同市場の便益を享受できるようになるということにある。このように、消費者政策に関する行政委員会が1990年[14]、1993年[15]に発表した二つの3ヵ年行動計画では、消費者の情報の必要性が強調されている。すなわち、製品の表示、教育手段ならびに、消費者の陳情のような発議権、消費者政策を他の政策と統合する必要性である。

この時期に現れた消費者政策は、消費者が自らの利益を合理的に求めることができることを強調したメッセージを伝えているようである。ある意味で、ECは最大限の透明性を保証することを自らの役割と考え、その後は消費者が合理的決定を下すことを期待している。「少なくとも今日のECで認められる形では、透明性戦略を強調していることから、ヨーロッパ共同体法の中で支配的な消費者イメージとは、合理的に情報を追求する消費者であることを追認しているように思われる」ことがわかる[16]。

消費者政策の領域でさらに重要な概念は、補完原理（subsidiarity）である[17]。マーストリヒト条約の中に挿入されたその原理[18]の本質は次のような

---

12. 例えば、製造物責任や製造物安全、不公正契約条項に関する指令。
13. 例えば、消費者保護政策に再び乗り出すことへの将来の優先度に関する理事会決議。Howells and Wilhelmsson、脚注11の前掲書のp.11を参照。
14. COM (90) 98.
15. COM (93) 378.
16. Howells and Wilhelmsson、脚注11の前掲書、p.18.
17. 補完原理のより詳細な説明については、N.Emiliou, 'Subsidiarity : an Effective

ものである。

　　排他的な法的権限の及ばない領域では，提案された決議の目的が加盟国によって十分に達成できず，それゆえ提案された決議の規模あるいは効果という理由から，EC による決議の方がよりよい結果をもたらすことになるときに初めて，またそうしたときに限って，EC は補完原理に基づき決議を採択する。

　上でみたように，EC の立法過程は，加盟国が個々で決議すべきか EC レベルで決議すべきかという，長く続いた論争の影響を絶えず受けてきた。この関係からいえば，補完原理の効果が，EC の法的権限を削減するのでなく，効率的な行政を確立するものであることは評価されるべきである。そのことは，消費者政策の領域での活動が欠如している理由と考えるべきではなく，EC 議会で強調されてきたように，政策立案やその発効および施行への民主的関与を保証するための方法と考えるべきことが重要であろう[19]。EC 議会はその決議において，EC レベルで最低限ハーモナイズ化された基準が弱まることに結びつくような加盟国レベルでの消費者政策の形成は，単一市場に直接的に害を与えると強調している。

　補完原則は消費者政策において重要であるかも知れないけれども，マーストリヒト条約に付け加えられた最も重要な点は，消費者保護に関連する手段の特別な法的根拠となる規定，新しい 129 条 a 項であるのは明らかである。

　1．EC は次の手段を通じて高水準の消費者保護を達成することに貢献する。(a)域内市場の完成に関連する 100 条 a 項に準じて採用された手段，(b)消費者の健康，安全，経済的利益を保護し，消費者に適当な情報を提供するために，加盟国によって実行される政策を支持し補う特定の決議。2．協議会は，189 条 b 項に関連した手続きに従って行動し経済社会委員会に諮問した後，1 項(b)に関連した特定の決議を採択する。3．2 項に準じた行動は，加盟国がより厳しい保護的手段を維持あるいは新規導入することを妨げない。こうした手段は本条約と両立可能でなければならない。委員会はこれらを通知することになっている。

　　　　Barrier against the "Enterprises of Ambition'" (1992) 17 *English Law Review* 383 を参照。
18.　3 条 b 項。
19.　環境および消費者保護政策への補完原則の適用決議，[1993] OJ C42/40.

この規定では消費者政策を域内市場政策の一要素と考えるべきことを確認しているけれども，消費者保護分野で立法化する独立の法的権限も設けている。表面的には，この規定は EC における消費者政策の地位を大いに高めているようにみえる。しかしながら，100 条 a 項(4)と 129 条 a 項(3)の間の選択において正確な法的根拠を確立しようとすると困難が生じることがわかっている。129 条 a 項(3)は最低限のハーモナイゼーションの方式に従っており，100 条 a 項(4)よりも国家の行為に寛大であるので，この問題は重要である[20]。

　法的根拠の問題は消費者政策における新しい規定の適用をより困難にしているけれども，一方でこの問題は，消費者政策が依然として EC の議事日程にしっかりと入っており，かつ域内市場を完成させる過程でとられた行動を知らしめるという事実を例証している。このように，消費者政策の優先課題に関する最新の書信（communication）[21] の中で，委員会は「ここ 6 年間の消費者政策は域内市場の完成という EC の主要目標の達成に貢献している」と指摘する[22]。これは後でみるように，金融サービスの領域において特に重要性をもつ。

3．金融サービス

　「域内市場完成に関する委員会白書」[23] で述べられた，金融サービスにおける域内市場の創設という目標は，様々な法的手段を採用することで達成されてきた。それらは基本的に金融部門を対象としていたが，不可避的に消費者の権利と利益にも影響をもたらした。委員会は単一市場の確立が消費者に利益をもたらすことを確信しており，最近次のように述べている。

　　金融サービス提供者はより広範な市場へのアクセスを可能にしつつあり，同時に国内ではより厳しい競争に晒されるようになっている。金融サービスの購入者は価格と金融商品の選択肢拡大の両面で，競争激化から恩恵を受けている[24]。

20．Weatherill，脚注 2 の前掲書，p. 27.
21．COM (95) 519 final.
22．p. 3.
23．COM (85) 310 final，域内市場の補完。

このお馴染みの前提が，かなりの程度，金融サービスの領域でのECの活動や，金融機関の活動に焦点を合わせた域内市場完成へ向けた努力の基礎となっている。章の分量に制約があるため，これらの手段について詳述することは不可能であるけれども，消費者の地位への効果について概観することが適切であろう[25]。ECはすべての消費者政策へのアプローチに関してそうであったように，消費者の地位を改善するために特別に設計された手段も採用した。保護という手段が用いられることもあったが，より重要なのは，透明性と情報を保証するために設計された手段を通じてであった。まず最初に，主として金融サービス部門を対象とする指令について消費者からみた特徴を概観し，次に，消費者を特に志向した手段についてより詳細に検証しよう。

3.1 金融サービスにおける域内市場の創出

3.1.1 国境を越えたサービス提供への自由

白書により生み出された刺激によって，金融サービス部門におけるECの爆発的な法律制定と呼ばれるような状態がもたらされた[26]。保険，銀行，投資サービス部門において，同じアプローチに従った指令が採用された[27]。最低限のハーモナイゼーションと結びついた，今やお馴染みの相互承認というアプローチに基づき，この領域での指令は，「母国（home state）」と「受入

---

24. Financial Services: Meeting Consumers' Expectations, 脚注6の前掲書のp. 1.
25. この問題は，Marise Cremona, 'Freedom of Movement of Financial Services', (Caiger and M. A. Floudas 編, *1996 Onwards: Lowering the Barriers Further* (Wiley, 1996)所収) p. 65, および R. Cranston and C. Hadjiemmanuil, "Banking Integration in the European Community: The European Community's Unfinished Agenda", (J. J. Norton, M. Andenas and M. Footer 編, *The Changing World of International Law in the Twenty-first Century: A Tribute to the Late Kenneth R. Simmonds,* (Kluwer Law International, 1998) 所収), p. 341 で詳しく論じられている。
26. J. A. Usher, 'The Implications of the Single European Market for Banking and Finance: an Overview' (R. Cranston 編, *The Single Market and the Law of Banking* (LLP, 1995)所収), p. 1.
27. 第二次銀行指令（89/646 [1989] OJ L 386/1），直販生命保険に関する第三次指令（92/96 [1992] OJ L 360/1），投資サービス指令（93/22 [1993] OJ L 141/27）。三つの指令は同様に機能している。簡潔にするため，以下では第二次銀行指令（2BCD）と投資サービス指令（ISD）のみ参照している。

国(host state)」の責任を区別することに大きく依拠する。この思想は、EC全体を通じた単一免許の承認を可能にし、かつ加盟国は母国による健全性監督原則の適用を保証されるものである[28]。認可は、指令に基づく最低条件に従って、母国の法的権限を有する当局によって与えられる[29]。免許を付与された企業は、国境を越えたサービスの提供、または支店開設によって、他のEC加盟国でサービスを提供できる。この目的は、加盟各国における別々の免許の必要性をなくし、それによって貿易障壁を撤廃することにある。加盟国は、他の加盟国で認可された金融機関の子会社に免許を与える前に、互いに協議を行わなければならない[30]。認可条件は資本[31]、株主や経営者の身元や、投資会社の場合には実質的に経営を行っている人物の身元と関連があり、継続的性質をもつものである[32]。金融機関の資本についての細かなルールは別々の指令で定められている[33]。プルーデンシャル・ルールを確実に遵守するだけでなく、継続性基準に基づき監督を行い、これらの条件が満たされていることを保証するのは母国の責任である。

いったん認可が与えられると、他のEC加盟国で地元(local)の免許を受けた金融機関が、その国内の規制によってこれらのサービスのなかであるサービスの提供が認められていないとしても、当該金融機関は免許の適用される活動をいかなる加盟国でも行うことが認められている[34]。長期的には、加盟国が自国内の金融機関に対してより厳しい要求を行うことは考えにくい。なぜなら、こうした厳しい要求は、金融機関の流出につながるマイナス効果をもたらすと考えられるからである。

加盟国が、自国内で免許を受けた金融機関に対してだけでなく、他の加盟

---

28. 2BCD, 脚注 27 の前掲書, rec. 4.
29. ISD 3 条, 2BCD 4 条。
30. ISD 6 条, 2BCD 7 条, cf. 2BCD rec. 8.
31. ISD 3 条：3, 2BCD 4 条。
32. ISD 8 条, 2BCD 10 条。
33. ソルベンシー比率指令([1989] OJ L 386/14, 89/647/EEC), 自己資本指令([1989] OJ L 1224/16, 89/299/EEC), 資本適正性指令(OJ 1993 L 141/1, 93/ 6 /EC)。
34. 最初の免許要件が関係する限り、逆差別も有り得る。Cf. 2BCD 4 条：1 *e contrario*.

国において免許を受けた事業に対してもある程度の規制上の権力を保持している場合がある。たとえば,加盟国がどの程度まで自国の消費者の利益を保護することが認められるのかという問題が,消費者問題との関連で多くの論争を生んできたのは,加盟国が自国の消費者利益の効果的な保護を可能にするためには,地元で免許を受けた金融機関の事業のみならず,自国領土内で行われるすべての事業を規制する必要があるからである。これは,貿易障壁を取り除くための相互承認原則の目的と対立することになる。すなわち,消費者を保護するために,各加盟国が別々のルールを規定することを認める必然的な結果として,競争市場の歪みが生じるのである。

3.1.2 残余規制権限 (Residual regulatory powers)

この問題は,「一般財 (general good)」の規定として知られるようになった規定によって悪化した。受入側の加盟国は,一般財の利益のために採用された法規制に反する自国内での違法行為を防止したり罰するために,適切な手段をとることができると規定されているが[35],この規定は,加盟国がどこまで規制上の決定を行ってよいかについても,こうした決定によって守られるべき利益についても言及していない。ヨーロッパ共同体裁判所は,一般財の概念が適用されるその他の領域の中でのサービス受益者[36]および消費者[37]の保護と同様に,国内の金融サービス部門[38]の高い評判の維持を目的とする専門的ルールを認めてきた。さらに,ヨーロッパ共同体裁判所は一般財に関する判例法の中で,加盟国が尊重しなければならない一定の原則を確立してきた。

・制限は,行為に関する専門的ルールの遵守を保証する必要がある,あるいは他人の利益を保護するというように,公共の利益に関連して緊急性を有する理由によって正当化されなければならない。

---

35. 2BCD 21 条 5 項。ISD の対応する規定はさらに,これらのルールを強制すべき原則を詳述している。ISD 11 条。
36. Joined Cases 110/78 および 11/78 *Van Wesemael* [1979] ECR 35.
37. Case 205/84 *Commission v Germany* [1986] ECR 35.
38. Case C-384/93 *Alpine Investments* BV [1995] ECR.

・この利益が，母国の監督により既に適切な保護を受けていない。
・より制限の緩い手段によっては，同じ結果が達成できない。かつ，
・受入国のルールは，受入国におけるすべての事業者に差別なく適用されなければならない[39]。

　この文脈では，均整に関する評価が事業形態次第で異なることに注意が必要である。したがって，委員会が指摘するように[40]，事業者が一時的にではなく，永続的に加盟国内で活動する場合には，その制限は均整が取れているとみなされやすい。

　ある評論家が指摘するように，たとえば国内の消費者信用法の規定は，EC指令よりも高水準の保護を提供しており，自由移動の原則に違反しているとは考えにくい[41]。しかしながら，この領域が問題なのは，それが銀行契約へ適用される法律の問題と密接に関連しているからである。第二次銀行指令では，契約上の義務に適用される法律を決定するための特定のルールがなく，このため契約上の義務に適用される法律に関してはローマ協定（Rome Convention）を参照しなければならない。もしローマ協定の規定を適用することが，受入国の法律のなかで消費者と締結された契約にも適用される結果をもたらすのであれば，この法律は相互承認原則と矛盾しないときに初めて，また一般財の利益であるときに初めて適用されるべきだと，委員会は主張する[42]。これに代わるアプローチは，Howells and Wilhelmssonによって提案されているが，そこでは，第二次銀行指令の主たる関心事である公法上の監督権と，消費者信用指令の領域である有効契約（the resulting contract）を支配する法律とを明確に区別しており，後者は受入国側の規制の問題とすべきと主張している。彼らが論じているように，この提案は，同じ国で契約を行うすべての消費者は，国内金融機関と取引しようと他国の金融機関と取引しようと同じ保護を保証されることになる[43]。

　委員会の実施した調査によると，この領域で採用された指令は，全体で見

---

39. *Commission v Germany*，脚注37の引用文。
40. [1995] OJ C 291/7, p. 18.
41. Howells and Wilhelmsson，脚注11の前掲書の p. 192.
42. C 291/7，脚注40の引用文，at 19.
43. Howells and Wilhelmsson，脚注11の前掲書の p. 193.

ると銀行のリテールマーケットをより競争的にし，消費者はより多様な商品やサービスを選択することができるようになった[44]。委員会の見方では，「開かれた競争は……消費者にとって最良の友である」。消費者満足度の評価の中で，委員会は，金融サービス部門に向けられたすべての手段は信頼できる産業の創出という目標に貢献していると述べている。これに関連して，経営陣と主要株主に関する最低基準を定める規定の重要性が強調されている。

3.1.3 購入の自由

金融サービスにおける単一市場の完成は近いというイメージがある。「単一市場に向けた欧州消費者ガイド」[45]の中で，委員会は大胆にも「原則として消費者は預けたいところに預けることができ，送金したいところに送金でき，自分に最も合ったところからお金を借りることができる」[46]と述べている。これは Green Paper における記述と対照的である。

> 消費者の中には他の加盟国において，その国の居住者や国民でないことを理由に金融サービスを拒否されてきたものもある。……別の加盟国では，金融機関の中には，税務上の理由などにより，非居住者に対する一定の銀行サービス（当座勘定，クレジット・カードなど）の提供を拒否するものもある[47]。

実際のところ，最初にみたように[48]，法的手段は金融サービスの単一市場を創出することはできず，貿易障壁を取り除くのみであり，あるいはせいぜい行動に影響するのみである。数年前には，委員会は，金融機関が国境を超えてサービスを提供する自由に焦点を合わせていたが，コインの反対側である，「消費者の買う自由」については無視していた[49]。「いまや4番目の自由，

---

44. 銀行・保険における単一市場の影響：COM (97) 309 final 付属文書。
45. 欧州共同体（Office for Official Publication of the European Communities, 1995）。
46. 前掲書，p. 171.
47. Green Paper，脚注6の前掲書，p. 8.
48. Lomnicka，脚注3の前掲書。
49. J. Mitchell, *Banker's Racket or Consumer Benefit? A Consumer's View of the Single European Market for Financial Services* (Policy Studies Institute, 1991).

すなわち消費者が国籍・居住地によって差別されず金融サービスを購入できる自由を，委員会が戦略に組み込む段階にある」[50] という見方に同調するのは簡単であるけれども，現実的に何が実行できるかは明らかでない。契約の自由は契約法における基本的原理であり，ヨーロッパ共同体法では，金融機関に自国民や外国人の顧客の受け入れを強制することはできない[51]。

3.2 消費者向けの特定の手段

第1節で議論したように，ECの消費者政策は，活発で素養のある消費者に情報を提供し，透明性を保証することにより，情報に基づく決定を行えるようにすることを，おもに目指しているようである。金融サービスの単一市場への障壁の撤廃は概ね完了したが，消費者にとっては，情報提供は不充分と見られている領域の一つである。たとえば，銀行に関する消費者の不満は，価格や条件の情報不足，専門家のアドバイスの欠如，様々なサービスや商品を比較する困難さ[52]に関するものが多い。情報不足は競争を妨害し，これが，委員会が消費者の不安と特に呼んで関心をもっている領域である。状況を改善するために当事者が，自主的手段に基づき同意する機会を与えられるべきであることを考慮したうえで，委員会は最近，金融業界団体と消費者代表との「建設的対話」を呼びかけた[53]。こうした対話が行為規範（code of conduct）のような解決を促進することが期待される。

3.2.1 国境を越える銀行口座振替

第2節で説明したように，消費者保護の領域において，委員会は次のようなアプローチを好む傾向にある。最初に柔軟な法的手段が公表され，目標が設定され，加盟国や当事者に目標を達成するための行動をとることが奨励される。これが望ましい結果をもたらさないと見られる場合には，厳格な法的

---

50. 前掲書，p. 148.
51. 脚注6の前掲書，Green Paper の p. 8.
52. 前掲書，p.10.
53. COM (97) 309 final, Financial Services: Enhancing Consumer Confidence, p. 7.

手段（hard law measure）があとに続くことになる。国民的議論を刺激することに加えて，加盟国にこの領域での行動を促すことによる柔軟な法的手段はハーモナイゼーションを促進し，その結果，厳格な法的手段への道が敷かれ，望ましい結果の実現には失敗することが予想されるかも知れない。この文脈からは，委員会がこれを「アメとムチ」として利用しているようで興味深い。たとえば情報不足については次のような言葉で述べている。

> それゆえ，委員会は業界からは明確な関与を，消費者には情報提供における自主的な改善に同意することを求める。……もし十分な進展が自主的に行われないならば，委員会は法令を含むさらなる発議を提案するであろう[54]。

国境を越える銀行口座振替（cross-border credit transfers）の領域で続いた出来事は，このアプローチをよく説明している。委員会勧告[55]では，透明性の改善を目的とした六つの原則が設定されているが，それに引き続き委員会はこの問題についていくつか報告書を公表した。この自主規制アプローチは適当でないものとみなされ，結局は指令が提示された。最終的に1997年1月に採用された，国境を越える銀行口座振替に関する指令（Directive on Cross-Border Credit Transfers）[56]は，国境を越えた取引を希望する消費者に対する情報提供を改善することを主目的として規定されている。透明性を保証するためには，消費者に振替取引執行後と同様，執行前にも適切な情報を与えるべきである[57]。

情報要件には，苦情や補償手続きの表示が含まれる[58]。取引完了までに必要な時間や，手数料や料金の計算方法のような，契約前の情報が提供される一方で，顧客が振替取引や元の振替金額，支払う手数料や料金を確認できる照会（reference）のような振替に引き続く情報も，消費者が明示的に受け取

---

54. 前掲書のp.7は，金融サービス領域での情報不足についての認識に注意を向けている。
55. 国境を越える金融取引に関連する銀行の状況の透明性についての委員会勧告 (90/109/EEC)，[1990] OJ L 67/39.
56. [1997] OJ L43/25, 97/5/EC.
57. 3条および4条。
58. 3条のp.5.

りを拒否した場合を除いて提供されることになる[59]。ここでも，ECは，少なくともこの種の情報をなしで済ませることはなさそうな活発で素養のある消費者を好んで対象としている。

情報要件に加えて，金融機関には振替取引の時間に関連した義務が課される。合意された期限が守られなかったり，期限の合意がなかった場合には，資金振替注文の日から5営業日目の終わりに，もし資金が被仕向け銀行についていないならば，仕向け銀行は送金人に対して補償を行う[60]。また，被仕向け銀行が取引執行に失敗した場合には，被仕向け銀行が補償責任を負うことになる[61]。送金の遅延が送金人または受取人の責任であることが立証されたならば全く補償は行われない[62]。

明らかに，国境を越える口座振替に関連して規定された最低義務は，この領域における情報要件をハーモナイズすることに役立つであろう。しかしながら，厳格な法的手段の採用が決定されたからといって，柔軟な法的手段が常に不十分であると結論づけるべきではない。自主規制手段は果たすべき重要な役割を有しており，業界も消費者も，委員会からの行動要求に留意することが期待されており[63]，それによって，さらにECが法制化を図る必要性は限定されるのである。

3.2.2 消費者信用

上で述べたECの透明性への偏向と歩調を合わせ，消費者信用の領域における政策でも，情報提供におもに焦点が当てられてきた。というわけで，消費者信用指令[64]では，消費者が借入コストを認識することを確実にすることが目標とされている。この指令の適用は，200～20,000 ECUの金額の取引に限定され，これより少額の取引も多額の取引も同様に適用除外となる[65]。

---

59. 4条。
60. 6条のp.1.
61. 6条のp.2.
62. 6条のp.3.
63. COM (97) 309 final.
64. 87/102/EEC [1987] OJ L42/48，同じく 90/88/EEC [1990] OJ L61/14による修正。

また，土地や既存および工事計画中のビルの不動産所有権を得たり保有することを主な目的とする契約も除外される[66]。このようにして，不動産担保貸付の領域にはECの法制はなく，この問題は消費者グループに懸念を生じさせてきた[67]。情報不足は意味のある比較を困難にし，この領域における各国国内法が大きく異なることは問題を厄介にしている。委員会はこの問題に気づいてはいるけれども，ECの行動は距離を置いているようにみえる[68]。

一般に，消費者信用に関連して，消費者に情報を利用した選択を可能とする広く認められた道具として，年率パーセンテージレート（APR）が知られている。指令はAPRの計算そのものの一般式を規定する方向に長い時間をかけてきた。異なる計算式を既に用いている加盟国は，国内で一つの計算式を用いる限りにおいて，そのままの利用を許されている[69]。完全にハーモナイズ化されたシステムが消費者にさらに力を与えることになるのは容易に予想され，また，最近この領域では新しい法令が採用された[70]。

消費者を不公正な契約条項から保護することを目的にしているのと同時に[71]，指令の主な目的は，情報をもった消費者が利用可能な最良の借入を選べるようにすることである。消費者信用領域におけるECの努力の中では，消費者グループの懸念する過重債務問題への取り組みが大きく立ち遅れている。この点について，委員会は，消費者情報と教育を改善することを目的とした「パイロット・プログラム」の実施に合意したのみである。この問題は，「信用の無責任で過剰な宣伝」[72]の問題ではなく，情報不足と不適切な教育の問題として認識されている。

---

65. この背景にある根拠は，「非常に巨額の信用供与取引は，通常の消費者信用供与取引とは異なる傾向にある」ことと，「この指令の規定を非常に少額のものに適用することは，消費者や信用供与者双方に不必要な実務上の負担をかけることになり得る」ということである。前掲書のrec. 4.
66. 2条(1)項(a).
67. COM (97) 309 final, p. 10.
68. 前掲書のp. 10.
69. 1条(a)項(5).
70. 指令98/7/EC, OJ 1998 L 101/17.
71. Rec. 5.
72. Howells and Wilhelmsson，脚注11の前掲書のp. 194と比較。

3.2.3 通信販売

　通信販売（distant selling）は，郵便注文のカタログや個人向けダイレクトメールのような伝統的手段や，現代的なオーディオ・ビジュアル技術，たとえば電話による販売や，パソコンの普及によるバーチャル銀行によっても行われる。通信販売は，快適な自宅から国境を越えた取引を行うことを顧客に認め，それによって比較的簡単に単一市場に活発に参加することを可能にした一方で，通信販売における懸念も高まってきた。販売者についての知識不足と衝動的購入のリスクは，おそらく強引な販売方法の結果であろうが，これらすべてがこの領域での消費者保護の根拠となっている。

　金融サービスが通信販売で売られることはますます一般化してきており，消費者にとって，保険と同様，あるいはより複雑な金融サービスのような問題に関連した重要な意思決定を伴うこともある[73]。通信販売契約に関する指令[74]から金融サービスを除外することは，消費者にとって大きな懸念となっている。特に，損害保険契約にクーリングオフ期間が存在しないことには不満が続いてきた[75]。このため，委員会では，消費者保護におけるこの欠陥に注意を向ける提案を行うことで合意した。委員会は，「この提案は，金融サービスにおける通信販売契約と，その他の通信販売契約との違いを確認する」と述べており，たとえば金融商品の価格が金融市況によって左右されるならば，あるいは契約が既に発効していれば（それは，自動車保険に関連して起こりうる），適切でない契約を解約する権利についての提案を行っている[76]。

---

73. 脚注 38 の引用文，*Alpine Investments* を参照。
74. 通信販売契約に関する消費者保護についての指令 97/7/EC［1997］OJ L 144/19.
75. Commission Communication Priorities for Consumer Policy 1996-1998 COM (95) 519 final.
76. COM (97) 309 final, p. 6.

4. 結　論

　各節で概観したように，域内市場への障壁撤廃は，十分進んでいると結論づけられよう。この市場では，十分に情報のある合理的な消費者は，商品やサービスの幅広い選択の恩恵にあずかることができ，多くの場合時宜を得た手段によって保護されるであろう。さらに，消費者保護の手段を保つために，国家も限定的な権限を保持してきた。しかし，たとえば販売拒否に関連するような，もっと弱い消費者のニーズを考慮する努力が協力して払われていないことは少し問題である。

　委員会は，銀行口座を電気や電話のような生命の基本的ニーズの一つと認識しているけれども[77]，国家レベルでの努力を支える以上の準備はしていない。これは補完原則と一致しているとの議論もあり得るけれども，補完原則は消費者政策の領域での活動不足の理由と見なされるべきでないことを思い起こすべきである[78]。しかしながら，もしこの領域では，国家レベルでの行動の方がより適していると認められるのであれば，それは高い意識のもとで情報がよく開示されたうえで行われなければならない。

77.　前掲書の p. 8.
78.　前掲書の 2 項(b)節。

第2章

オンブズマンと消費者保護

フィリップ・モリス＆ギャビン・リトル

1．背景：オンブズマンの増加とオンブズマンによる処理方法の成長により課せられた問題

　当時の公正取引庁長官 Gordon Borrie 卿は，1989年の論文のなかで，オンブズマンは「この10年の流行」であり，「オンブズマンという概念の行進曲を止めるもの」は存在しないように思えると述べた[1]。オンブズマンによる処理方法の華々しい成長の結果として，英国とアイルランドに22の公認オンブズマン制度ができたが，そのうち九つは金融サービス業における制度であった[2]。批評家のなかには，このような「信じがたいほどの成長」[3]を，代替的な紛争解決の動きの影響が大きくなっていることの単なる証拠に過ぎないと見なす人がいる一方で[4]，われわれの見方が正しければ，その他の人たちはより根本的な状況のなかにオンブズマン制度の成長を見ている。すなわち，「私的」権力の行使を説明責任という手段に委ねるための，伝統的な公法概念の創造的順応と見なしている[5]。近代国家では公的部門と私的部門

---

1. G. Borrie, 'The Regulation of Public and Private Power' (1989) *Public Law* 552, 564.
2. British and Irish Ombudsman Association, *Directory of Ombudsmen* (March, 1995).
3. R. Gregory 他編, *Practice and Prospects of the Ombudsmen in the United Kingdom* (The Edwin Mellin Press, 1995) 所収の P. Birkinshaw, *Grievances, Remedies and the State*, 第2版 (Sweet & Maxwell, 1994) の p. 242.
4. 例えば，C. M. Schmitthoff, 'Extra-judicial Dispute Settlement', *Forum Internationale* (May 1985), および，C. Harlow, 'The Issues' を参照。
5. 脚注3の Birkinshaw 前掲書の p. 243. また，W. Finnie, C. M. G. Himsworth

の分離が曖昧になり，(銀行，住宅金融組合および保険会社のような）多くの金融機関によって行使される強力な商権（およびその消費者への影響）が，国家機関により行使される行政権と対等であり得るという事実と考えあわせれば，そのような順応は全く適切といえる。実体上の消費者保護法における費用，遅延，不適切な形式主義および欠陥のために，多くの個人消費者にとって訴訟が現実的な選択肢でないとの大きな理由によって，商権が効果的に法律上の制約から開放されて行使されてきたというのが特徴である。消費者補償制度としての裁判所の相対的な近寄りがたさは，オンブズマンが，「唯一実用的な」消費者のための補償手段として，「代替的な」補償形態というよりもむしろ「事実上存在する」補償形態であることを意味している。多くの消費者の請求権の金銭価値が小さいために，訴訟が実行するに値しない選択肢となるような金融サービスにおいては，特にそうである[6]。

したがって，消費者補償の制度としてのオンブズマンの出現は，理論的に有効であり，かつ単に必要性によるものであるけれども，注目に値するその発展によって課せられた問題には，とくに二つの問題がある。第一は，「オンブズマン」という雛型の利用に関する，法律的支配関係の明白な欠如である。このような事実を所与として，また，私的部門でのオンブズマンによる処理方法の急速な拡大という観点からは，

> 職務の概念や品位が，不適切かつ任意の属性によって希薄化される危険がある。現在のオンブズマンの傾向は，情報の提供者，些細な迷惑事の選別者，事業の顧客関係機能の拡張といった程度にしか見られず，また，憤慨した消費者の不平を満足させるよりもむしろ，それを外らす手段と見なされる危険性がある[7]。

---

and N. Walker 編, *Edinburgh Essays in Public Law* (Edinburgh University Press, 1991) 所収の A. R. Mowbray, 'Ombudsmen : the Private Sector Dimension'.

6. P. Rawlings and C. Willett, 'Ombudsman Schemes in the United Kingdom's Financial Sector : the insurance Ombudsman, the Banking Ombudsman, and the Building Societies Ombudsman' (1994) *17 Journal of Consumer Policy 307,* 325.

7. United Kingdom Ombudsman Conference（1991年10月17〜18日）の *Con-*

以下の三つの事例研究で見るように，少なくとも金融サービス業では，これらの心配はおそらく誇張されたものである。しかしながら，法的規制の欠如が，オンブズマン資格の評価を損なう真の危険が存在することを意味するという事実はいまだ残ったままである。このような認識から，既存のオンブズマンたちが英国・アイルランド・オンブズマン協会を設立したが，同協会は自主規制に基づき独立性，効率性，公正性および公的な説明責任というベンチマークを満たすオンブズマン制度に認可を与えている[8]。第二の問題は，金融サービス業におけるオンブズマン制度のその場しのぎで無秩序な成長が権限の重複を生じさせ，その結果，「利用可能な機構を恩恵的に選択するよりもむしろ，消費者は異なる制度の多様性によって混乱し当惑するかもしれない」[9]ことである。これまでの対応は実用主義的ではあるが，なかなか満足のいくものではなかった。すなわち，オンブズマンが権限を享受することに関して明瞭性が欠如する場合には，特定の問題に関する権限がある特定のオンブズマンに割り振られるように，個々のオンブズマンが互いに協定を結んできた。けれども，以上の問題，および，過少評価の問題の両面に関して，唯一受け入れられる長期的な解決策は，恒久的な制定法によるオンブズマン委員会[10]の設立にあるとわれわれは感じている。オンブズマン委員会は，オンブズマン資格の認証を厳格に規制し，権限の配分に関する明確なルールを定め，苦情が適切なオンブズマン制度に迅速に変更されるような協定を定め

---

ference Report における M. Hayes, 'Emerging Issues for Ombudsmen' の p. 8.

8. British and Irish Ombudsman Association（英国・アイルランド・オンブズマン協会），*Rules and Criteria* (June, 1997).
9. R. Thomas, 'Alternative Dispute Resolution : Consumer Disputes' (1988) 7 *Civil Justice Quarterly* 206, 213.
10. British and Irish Ombudsman Association Annual Lecture（1995年5月9日）における P. Birkinshaw, 'The Ombudsman : What Next?' の p. 9, および，脚注4の Gregory 他前掲書に所収の J. Farrand, 'Ombudsman and the Consumer' を参照。しかしながら，British and Irish Ombudsman Association（英国・アイルランド・オンブズマン協会），*Memorandum*（1995年4月11日）を参照すれば，そのような改正が，オンブズマンのための評決型形態の組織にもとづく評議会の設置を拒絶しており，その拒絶はおそらく提案されているオンブズマン委員会にも適用されるであろうから，オンブズマンによって支持されないのは明白である。

ることによって,現在のぞんざいな「制度」に合理性を与えることになる。

　われわれは,現在,金融サービス業におけるオンブズマンによる処理方法の効用に目を向けている。現在業界ですべてのオンブズマン制度がどう運営されているか(必然的に簡単な)説明を行うというよりもむしろ[11],その代わりに,異なる法律的基盤,制度的枠組や運営経験をもつ三つの異なる制度(具体的には,銀行,住宅金融組合,投資オンブズマン)の批判的評価を行うこととしたい。苦情処理手続きに関する効用の適切な尺度と位置づけられてきた独立性,公開性,利用可能性,公正性および効率性といった公法原理にもとづいて,われわれの議論は行われるであろう[12]。これらの線に沿った選択的だが合理的で深遠な研究は,金融サービス業における消費者保護の水準を改善するうえで,オンブズマンが行い得る貢献を理解するための有益な出発点を提供することになるとわれわれは感じている。三つの事例研究の後に,各々のオンブズマンがそれぞれの分野で消費者保護の水準を,どの程度引き上げてきたかを考察して結論を述べるとともに,将来の課題を明らかにする。

2．銀行オンブズマン制度[13]

　本節において,われわれは制度創設の理由に関して簡単に考察し,その鍵

---

11. 必要であれば他の文献を参照できる。例えば,McGee, *The Financial Services Ombudsmen* (Fourmat Publishing, 1992), R. W. Hodgin, 'Ombudsman and Other Complaints Procedures in the Financial Services Sector in the United Kingdom' (1992) 21 *Anglo-American Law Review* 1, および,R. James, *Private Ombudsmen and Public Law* (Dartmouth, 1997) を参照。
12. J. Birds and C. Graham, 'Complaints Mechanisms in the Financial Services Industry' (1988) 7 *Civil Justice Quarterly* 312, および,K. J. Mackie編, *A Handbook of Dispute Resolution*: ADR in Action (Croom Helm, 1991) の第9章として所収の J. Birds and C. Graham, 'Alternative Dispute Resolution: Financial Services'.
13. この点に関しては,P. E. Morris, 'The Banking Ombudsman: Ⅰ and Ⅱ' (1987) *Journal of Business Law* 131, 199, P. E. Morris, 'The Banking Ombudsman: Five Years On' (1992) *Lloyd's Maritime and Commercial Law Quarterly* 227, および,脚注11の McGee 前掲書の第3章における,やや古い説明を参照。

となる本質的特徴について簡単な素描を提示する。一般大衆向けの銀行が次のような二つの理由から 1986 年に自主規制によるオンブズマン制度を創設したことが，現在一般によく知られている。第一は，法定の苦情手続きは歓迎されないとの見方を回避するためであり，第二は，個人向け金融サービスの激烈な競争的市場における競争相手——もっとも顕著なのは住宅金融組合——との「市場の境界」を設けるためである[14]。

法律的基盤および制度的構造の観点から，本制度は，スポンサーである銀行によって資金が提供される保証有限会社という法律上のビィークルを利用しており，その制度的な設立は 1981 年の保険オンブズマン局により先鞭がつけられた三者間の定款合意を意識したモデルとなっている。したがって，取締役は，完全に銀行業界からの代表者で構成され，以下のような三つの主要な機能を有している。すなわち，第一の機能は制度運営に必要な資金を調達すること，第二はオンブズマンの年間予算を承認すること，第三は制度の権限に対する変更を承認することである。これに対して，評議会 (the Council) の方は 5 人の第三者と 3 人の銀行代表者から構成される[15]。その主たる役割は「緩衝材」として行動すること，すなわち，制度の創設者や資金提供者によってもたらされる不適切な圧力に対してオンブズマンを擁護することである[16]。より専門的に言えば，評議会はオンブズマンの任命（および任命の更新）を行い，取締役に対してその権限の変更を提案し，オンブズマンの年次報告書を受け取り定期的にオンブズマンと密接な連絡を取り合う。最後に，オンブズマンの二つの使命は，自分の権限内の苦情を受けて調査し解決すること，リテール銀行業界における適正な実務慣行の採用（およびその遵守）を促すことである。

Jack 報告書[17]における勧告，および，当該制度が法律的基盤の上に位置

---

14. 脚注 13 の Morris 前掲書 (1987) の 131, 134, および (1992) の 227, 228-229.
15. The Office of the Banking Ombudsman（銀行オンブズマン局），*The Banking Ombudsman Scheme : Terms of Reference* (May 1995),（以下，TR と略す）の p. 1.
16. The Office of the Banking Ombudsman（銀行オンブズマン局），*The Banking Ombudsman Scheme : Annual Report 1985-86* (Chair of the Council, Dame Mary Donaldson) の p. 13.

づけられるためには公正性の理想や独立性の認知が必要だとする労働党の最近の発表[18]にもかかわらず，実際には，本制度が自主規制的特徴を保持するための説得力のある理由が存在する[19]。第一に，（個人の法律上の権利に関する決定のために，裁判所を利用するという個人の権利を法律は排除すべきではないとの所謂「憲法上の原則」ゆえに），法律にもとづく制度はオンブズマンの強制的な救済能力の喪失を必然的に含むことになるが，そのような救済執行能力は，和解の過程でオンブズマンの提案に積極的に対応するように銀行を説得する際に極めて重要なものである。第二に，オンブズマンの権限規定を即座に変更する能力に関して，自主規制制度は柔軟性という重要な特典をもたらすが，柔軟性というのは素早く変化する現代のリテール銀行業務において重要な資質である。第三に，銀行が現在のオンブズマンを支持する立場を捨て，その代わりに提訴権や法令審査の適用に頻繁に頼ることにより，法律万能主義的なやり方でオンブズマンの裁定に対応するという危険性を，法律の枠にはめられた制度は生じさせることになる。

　当該制度の管轄権と適用範囲は，おそらく，最も印象的な特徴のなかのひとつであろう。それは50余りの加盟銀行とその指定協会を配下におき，個々の個人口座の99％を対象にしていると推測される[20]。苦情は「銀行

---

17. 調査委員会（座長，R. B. Jack 博士）による報告書，*Banking Services : Law and Practice* (February 1989), Cm 622 の第15章。報告書の決定は「良い決定」であると評価されたけれども，報告書の提案は政府によって拒否された（*Banking Services : Law and Practice* (March 1990), Cm 1026, 付論3の16, 17および37節）。
18. The Labour Finance and Industry Group（1995年5月1日）に配布されたGordon Brown 下院議員のスピーチのp. 7.
19. 脚注17の前掲書，*Banking Services : Law and Practice* (1990) の付論3, および, The Office of the Banking Ombudsman（銀行オンブズマン局），*The Banking Ombudsman Scheme : Annual Report 1988-89* (Chair of the Council, Dame Mary Donaldson) の pp. 3-4.
20. The Office of the Banking Ombudsman（銀行オンブズマン局），*Banks and Complaints in the Scheme* (April 1996), および, The Office of the Banking Ombudsman（銀行オンブズマン局），*The Banking Ombudsman Scheme : Annual Report 1991-92* (Chair of the Council, Dame Mary Donaldson) の p. 2.

サービス」に関するものが考慮に入れられるが、「銀行サービス」とは「銀行が個人に対して通常業務で提供するすべての銀行サービスと、銀行によるクレジットカード・サービス、遺言およびトラスティ・サービス、税金や保険・投資に関する助言およびサービスの提供」と拡大的に定義されている[21]。個人には、私人のみならずパートナーシップ、法人格のない社団および、前年の会計年度で売上高が100万ポンドを超えない企業として定義される「小企業」を含む[22]。オンブズマン・サービスの本質は個人のために紛争を解決する準司法的な手段を提供することであり、責務が限定されるという恩恵を得てきた組織が享受すべき利便さではないという理由から、1993年の小企業に対する制度の拡大は、オンブズマン[23]と政府[24]の双方によって当初反対された。しかしながら、1990年代初頭の深刻な経済不況期に申し立てられた、銀行による不公正な取扱いに苦しむ小企業界の組織的活動に直面して、オンブズマンと政府の双方の姿勢が和らいだ。

　一目見ただけで、多くの例外が莫大なこの権限のなかに入り込んでいる。第一に、貸付や担保に関する決定が不法行為によって悪い影響を受けていないならば、オンブズマンは、その決定に関する銀行の判断について調査できないのが最も重要な点であり[25]、第二には、苦情は銀行の一般的な金利に関する経営方針については考慮されないことである[26]。前者は、完全に有益な例外である。すなわち、商業貸付の決定に関する実質的な事柄本来の理非について調査を行うことは、オンブズマンの機能では全くない。金利に関する経営方針とは「唯一の真の制限が市場力の制限であるような場合には、商業上の判断の問題」であることを後者の例外は強調しており[27]、かつ、小企業

---

21. TRの29条(a)項(ii)。
22. TRの29条(a)項(iii)。
23. 脚注4のGregory他前掲書所収のL. Shurman, 'Remit and Process: a Private Sector View'のp. 104を参照。脚注19の前掲書、*Annual Report 1988-89*のp. 43でのオンブズマン評議会による支持の立場。
24. 脚注17の前掲書、*Banking Services: Law and Practice* (1990)の付論3の38節。
25. TRの16条(a)項、29条(a)項(iv)。
26. TRの16条(b)項。
27. 脚注11のMcGee前掲書のp. 22。

の方から見れば，後者の例外が，銀行が貸付や当座借越に賞罰的な金利を課しているると常に批判してきた「小企業」の原告の間に，心理的葛藤を生じさせるのは当然である。

　オンブズマンの手続き上のやり口 (*modus operandi*) に目を向ければ，それは本質的には，和解・調停の促進に強力に重点をおいた文書に基づく調査である[28]。しかしながら，このような方法が始められる以前には，苦情は「デッド・ロック」に乗り上げなければならなかった。つまり，和解が可能かを検証せずに，苦情は上級の経営者レベルで考慮がなされてきた[29]。銀行が内部苦情手続きを確立し適正に公開すべきであるとのこの要件は，銀行実務規範[30]における責務とあいまって，消費者の増大する苦情については地域ごとにかつ非公式な形で和解がなされる形で，銀行内部の苦情手続きの様式化と厳格化を生じさせてきたのは明らかである。注目すべき別の手続き上の問題点が，いわゆる「先例的事件の手続き (test case procedure)」である[31]。この手続きのもとでは，もし，その苦情が銀行あるいは一般の銀行の事業に重大な結果を及ぼす，または，その苦情が法律の崇高なあるいは重要な問題点を提起すると銀行が感じれば，銀行はオンブズマンの同意を得て，苦情の法律上の費用を支払うことに合意したそれ以前の裁定に関して，裁判所に異議を申し立てることができる。したがって，制度が運営されてきた十年間にその手続きは一度だけしか実施されなかったけれども[32]，この手続きがもつ

---

28. 脚注23のSchrman前掲書，および，一般的には脚注19の前掲書，*Annual Report* 1988-89のpp. 9-10を参照。
29. TRの19条(c)項および19条(d)項。
30. BBA, BSA and APACS, *The Banking Code* (3rd end, 1997) の5条5項-5条6項。規範に関する一般の有益な批判，および消費者保護手段としてのその有用性に関しては，さらに，A. Campbell, 'Banking and the Consumer in the United Kingdom: An Examination of Some Recent Developments in Consumer Protection' (1993) *Consumer Law Journal*, 81, P. E. Morris, 'Banking Practices Revised: the Code of Banking Practice' (1992) *Lloyd's Maritime and Commercial Law Quarterly* 474, および，L. Shurman, 'A Fair Banking Code?' (Chartered Institute of Bankers, Ernest Sykes Memorial Lecture, 1991) を参照。
31. TRの22節および21節。
32. *Sutherland v The Royal Bank of Scotland* (Scottish Court Session, 4 Decem-

価値は，実質的な銀行法の発展にとって潜在的に実りの多い機構であるというよりもむしろ制度の独立性を象徴的に是認することである。

　いったん和解に携われば，オンブズマンは当事者間の合意における最低の一般基準を決定し承認することだけに関心があるのではない。むしろ，オンブズマンは，提案された和解が客観的にみて公正であるかに納得しなければならない。オンブズマンが，銀行による補償の支払いを含むような，非公式な和解を進めるときあるいは勧告を行うと決心するときには，「原告がその提案を，苦情の主要な問題に対する完全で最終的な和解として受け入れて初めて」，その提案は原告による承認に向けて利用可能なものとなる[33]。形式的な表現をすれば，オンブズマンは加盟銀行に10万ポンドまで補償金を支払わせる強制的な救済権限を有する[34]。実際には，オンブズマンにより提案された非公式の和解あるいは公式の勧告を，銀行が常に受け入れてきたので，そのような権限は全く利用されたことがない。

　もちろん，本質的な問題は，紛争解決過程でオンブズマンが適用する原理である。オンブズマンの何よりも大切な責務は，「状況に応じて公正な」ことを行うことである[35]。とくに，オンブズマンは，(i)適用可能な法律上の規則あるいは適切な司法当局に注意を払い，(ii)適正な銀行実務の一般原理と適切な実務規範を考慮し，(iii)不法行為あるいは不公平な取扱いを銀行が負うべき義務の不履行と見なすことを義務づけられている[36]。公正性は二つの異なる側面を有すると，オンブズマンは考えている。すなわち，それらの側面とは，評価されるべき紛争当事者双方の行為を認める非常に主観的な超法規的特徴，および，最近立法化された消費者契約の不公正条項規制を通じての法

---

ber 1995, unreported). この判例で，小切手が勘定に払い込まれる際の実際の銀行法の問題点に関して，オンブズマンとは異なる見解をとるように裁判所に説得することに原告は成功した。Sutherland における先例的事件の手続きや判決に関する完全な議論については，P. E. Morris and G. F. M. Little, 'Banks, the Ombudsman and the Courts' (1997) *Journal of Business* Law 80 をさらに参照。

33．TR の 11 条。
34．TR の 12 条および 13 条。
35．TR の 20 条。
36．TR の 21 条。

律的基盤である[37]。過去，適正な銀行の実務慣行という考え方は，分かりにくく論争的なものとされてきた。とくに，そのような実務慣行は，銀行の独占的な特権に関する問題であるのか，あるいはオンブズマンによる革新的発展に対して門戸が開かれているのかとの疑念が存在する。一般的な銀行サービスやカード利用に関連して銀行・顧客関係に関する多くの原理を定めた銀行実務規範が出されたことによって，この論争はおおいに最高潮に達した。さらに，実務規範がおよばない狭間が存在する場合には，必ずしも銀行業界の全般的な承認を得られないような実務基準を策定する権力を，オンブズマンが行使しているように思われる。専門的に言えば，実務規範は，「幻の引出し（phantom withdrawal）」紛争（たとえば，ATM での顧客勘定からの明らかに説明できない引出しなど）の厳格さを緩和することで，オンブズマンをかなり支持してきた。顧客が詐欺的，あるいは重過失の行動をとったことを銀行が証明できなければ，そのようなケースでの損失に対する顧客の責任は，現在50ポンドに制限されている[38]。オンブズマンは，顧客が重過失であるかを評価する際のガイドラインを提示してきたけれども，すべてのケースで事実問題が重大だと強調することで，オンブズマンはこの点に関する裁量権を保持することに熱心であった[39]。その結果，以前には，オンブズマンに対する年間の苦情「比較一覧表」で常に首位を飾っていた ATM の紛争は現在その重要性が低下しており，「比較一覧表」から消えていることに驚くべきではない。

実務規範のもう一つの重要な側面は，効果的かつ適正に公開される内部苦情手続きを作成し，オンブズマンの住所と電話番号を記載したチラシ，支店の掲示およびパンフレット類のような手段により，その制度を適切に周知さ

---

37. SI 1994/3159，一般的には G. Howells, *Consumer Contract Legislation* (Blackstone Press, 1995) の第4章を参照。オンブズマンのケース・ワークへの規制の効果に関する見解は，銀行オンブズマン局の *The Banking Ombudsman Scheme : Annual Report 1993-94* の p.14 に見ることができる。
38. 脚注30の前掲書，*The Banking Code* の20条4項および20条5項。
39. 上記の18.2節，脚注20の前掲書 *Annual Report 1991-92* の p.25，および，The Office of the Banking Ombudsman（銀行オンブズマン局），*The Banking Ombudsman Scheme : Annual Report 1994-95* の p.32。

表2.1 銀行オンブズマン制度：苦情の統計

年	受理された苦情件数
1985-86	782
1986-87	1,748
1987-88	2,089
1988-89	2,706
1989-90	3,915
1990-91	6,327
1991-92	10,109
1992-93	10,231
1993-94	8,691
1994-95	7,424
1995-96	8,044
1996-97	8,818

（出所）銀行オンブズマン局，「年次報告書」

せるという銀行に課せられた責務にある[40]。制度を周知させる際の銀行の記録実績は不統一であり[41]，実務規範のこの側面が単なる抱負というよりもむしろ実質的な責任でなければならないならば，その周知努力を定期的にモニタリングすることが重要であろう。銀行の実績が改善しなければ，周知に関する最低限の要件を詳細に定める，あるいは，銀行が常に周知義務を果たさない場合には制度からの除名という威嚇のような急進的な行動がとられるべきである。

　制度に関して周知させるべき適正な水準についてのこれらの危惧にもかかわらず，実務規範，とくに銀行が内部の苦情手続きを運営するという要件の採用，および，適正な銀行の実務慣行に関する以前には曖昧であったがますます発展しつつある考え方の説明によって，オンブズマンの仕事量が削減されるという望ましい効果をもつことになる。

　結論としては，オンブズマンの基本的機能に関する考察は価値がある。オンブズマンの年次報告書を熟読すれば，オンブズマンは，銀行による不法，

---

40. 同上の7条4項。
41. この点に関して，C. Graham, M. Seneviratne and R, James, 'Publishing the Bank and Building Societies Ombudsman Schemes' (1993) 3 *Consumer Policy Review* 85 をさらに参照。

不正あるいは無資格の行為の最終的受け手である個人が補償を得ることに関心をもつような，単なる「苦情処理人」ではないことが非常に明確に示されている。さらに，オンブズマンは，個々の苦情を銀行サービスの引渡しにおける制度的欠点を明らかにし改めるための手段として使用するような，戦略的「品質管理」機能を果たしている。わずかな例をあげれば，オンブズマンは以下のような提案を行ってきた。

- カードおよびその PINS の安全性を改善する一連の手段[42]。
- 新しい勘定や既存の勘定の金利低下について顧客に通知するより良い方法[43]。
- 住宅ローンの残高不足を防ぐための定期的な報告[44]。
- 事業貸付の申込みに関連して銀行が行った助言が合理的に適切なこと[45]。
- 信用保証保険において，銀行は特に重要な事項の概要と重要な例外を顧客に提示すべきこと[46]。
- ロス・インシュアランス（loss insurance）が有効なときにより適正，かつ明確な情報が顧客に与えられるべきこと[47]。
- 銀行の手数料の水準，計算方法およびサービスの形態に関するより高い透明性[48]。
- 銀行の公表金利が適切に適用されてきたかどうかを精査するという意志表示だけでなく，金利に関する透明性[49]。

実務規範が出来ても，銀行との取引に関連して生じる，考え得るすべての

---

42. 脚注 19 の前掲書，*Annual Report 1988-89* の pp.21-5，脚注 37 の前掲書，*Annual Report 1993-94* の p. 26，および，The Office of the Banking Ombudsman（銀行オンブズマン局），*The Banking Ombudsman Scheme : Annual Report 1989-90* の pp. 17-9.
43. The Office of the Banking Ombudsman（銀行オンブズマン局），*The Banking Ombudsman Scheme : Annual Report 1992-93* の p. 25.
44. 脚注 39 の前掲書，*Annual Report 1994-95* の p. 15.
45. 同上の p. 18.
46. 同上の p. 19.
47. 脚注 43 の前掲書，*Annual Report 1992-93*, p. 23.
48. 脚注 20 の前掲書，*Annual Report 1991-92* の p. 16，および，脚注 39 の前掲書，*Annual Report 1994-95* の p. 22.
49. 例えば，脚注 37 の前掲書，*Annual Report 1993-94* の p. 16.

顧客の苦情を実務規範が扱うことを期待できないならば，これらの品質管理活動は継続するであろう。

　オンブズマン制度の最も失望させられる点は，銀行顧客に不公正さを生じさせるような経営問題への実質的な取り組みに，実務規範や代々のオンブズマンが失敗することであろう。オンブズマンは，銀行・顧客関係における透明性を高め，公表基準を銀行が遵守しているかを調査するが，しかし，顧客に苦難や苦痛を引き起こす銀行の経営方針を精査し批判する責任を最終的には避けるような公正な手続きに明確に焦点を当ててきた。この二つの際立った例が，銀行の手数料と金利である。これらは顧客に明確に伝達されなければならないし，個々のケースにおいて適切に適用されているか注意深く調べられるであろう。しかし，銀行の手数料と金利の水準は（実務規範や制度の権限規定と合致し，公正であれば），オンブズマンにより彼の監督権限を越えた経営上の問題とみなされる（リテール銀行部門で「実際上」，実質的競争が存在するかは全く明らかではないけれども）。これらの問題は，市場と自由競争の間の相互作用に委ねられており，別の言い方をすれば，オンブズマンのような裁判所外の紛争処理機関というよりもむしろ規制機関に関する問題であろう。このような規制機関が出現し，銀行の不正な営業方針に対する保護を顧客に提供するまでは，オンブズマンが銀行顧客にとって唯一の望みである。オンブズマンの今日までの実績，および，最近のいくつかの期待がもてる暗示があるにもかかわらず[50]，このような望みが満たされるには，とにかく，かなりの時間がかかるであろう。

　このような（おそらく厳しい）批判にもかかわらず，この制度は，苦情処理による和解の効用を判断するわれわれの基準に基づいても，おおいに成果を残していることを認めるべきである。制度の本質的構造，銀行からの強力な支援および消費者による利用水準の高さは，オンブズマンの現実の独立性

---

50. 同上のp.19，そこで，オンブズマンは以下のように述べている。少なくとも，彼の見解では，サービスに関する銀行の条項は平易かつ公正な言葉で表現されるべきであるのみならず，実質的にも公正であるべきである。しかしながら，この見解は「実務規範」への批判のなかで示されており，オンブズマンの実務処理においては，彼が適用する基準には未だなっていないように思われる。

およひ認知されている独立性に対する懸念の根拠が乏しいことを示している。制度の権限規程の容易な利用可能性と実務規範で具体化された適正な銀行の実務慣行の公開基準を所与とすれば，公開性には問題がない。（実際に利用可能性を増進する本質的な手段である）公開性の適切な基準についての懸念はいまなお残っているけれども，「デッド・ロック」という重大な障害が克服されれば，オンブズマンは容易に利用可能であるように思える。

　手続き方法に関しては，原告双方にとって公正なヒアリングが実施され，成果について「消費者の味方」か「銀行の擁護者」かいずれかのお墨付きを貰いたいという誘惑に，オンブズマンがうまく抵抗してきたことは明らかである。すなわち，オンブズマンは，むしろ，銀行・消費者間の紛争の公平な仲裁者である。最後に，全体として，オンブズマンは，不当に苦しむ銀行の顧客に正義を施すことに効果的であるだけでなく，オンブズマンの品質管理の任務，および実務規範の作成とその継続的な発展への努力によって，銀行サービスの水準を改善することに対して価値ある貢献を行ってきた。

3．住宅金融組合オンブズマン制度

　住宅金融組合オンブズマン制度は，1987年から運営されてきた[51]。住宅金融組合，あるいはその関連団体によってとられた行動の結果として，「独立の裁定者（『オンブズマン』）が，個人から出されたある種の苦情を調査し和解させる制度」が設立された[52]。設立当初から，本制度は住宅金融組合部門からの無関心，時として完全な敵対に直面しなければならなかった。実際，住宅金融組合は，銀行とは違って熱狂的な自主規制者でないことが明らかであったので，主に1986年住宅金融組合法（以下，1986年法）の形をとった法律制定は，住宅金融組合オンブズマン制度の創設を求めていた[53]。しかし

　51．当該制度は，1987年6月5日に住宅金融組合委員会によって認められた。
　52．Building Societies Ombudsman Scheme（住宅金融組合オンブズマン制度），*Ombudsman Scheme under Part IX of Building Societies Act 1986*（July 1994）のp.4を参照。それは *The Building Societies Ombudsman Scheme*（1997年12月）として改正され，とくに断らなければ，以下のすべての説明は1997年にできた制度に関して言及したものである。

ながら，オンブズマン制度に関する1986年法の規定は，1997年住宅金融組合法（以下，1997年法）によって修正された[54]。以下で見るように，とりわけ1997年法によって，オンブズマンが考慮すべき苦情の内容が拡大され，制度を利用できる人の範囲が拡げられた。

銀行オンブズマンおよびIMRO投資オンブズマンに関するわれわれの議論から明らかなように，業界からの独立性と意思決定における公正性および公平性との相関的な問題が，民間部門のオンブズマンを評価する際の中心的要素である。独立的な意思決定者は公平であることが容易に受け入れられ，意思決定における公正で公平な裁量権の行使が，独立性の実体と認識を明確化し強化する。司法あるいは議会および地方政府のオンブズマンのことを，意思決定者は独立，公正，公平であるように努力するのみならず，独立，公正，公平であると認められる理想を体現するものと考えるならば，住宅金融組合オンブズマンは真の困難に直面することになる。

住宅金融組合オンブズマン制度の「年次報告書」において，住宅金融組合評議会の議長は，おそらく印象的に，何度もオンブズマンの独立性を強調しなければならなかった。実際に，1996-1997の年次報告書で，オンブズマン自身が説得力ある表現で自らの独立性を進んで強調した[55]。それにもかかわらず，民間部門のオンブズマン・サービスに対する1993年の全英消費者協議会（NCC）による報告書は，むしろ驚くべきことに，原告の49％がオンブズマンの裁定が非常に公正でない，あるいは全く公正でないと評価していることを見いだしていた。オンブズマンの裁定が非常に，あるいはかなり独立的であると感じているのは原告のわずか49％に過ぎない[56]。敗訴した人はオンブズマンの裁定を公正あるいは独立であると考えようとしない嫌いが

---

53. 脚注6のRawlings and Willett前掲書のpp. 321-2.
54. オンブズマン制度は，1997年住宅金融組合法によって34条から35条として修正された，1986年住宅金融組合法の第4部のもとで規定されている。制度の最近の包括的説明に関しては，上記の脚注11のJames前掲書の第4章を参照。
55. *Building Societies Ombudsman: Annual Report 1992-93* のp. 4, *Annual Report 1993-94* のp. 4, *Annual Report 1994-95* のp. 4, *Annual Report 1996-97* のpp. 7-8を参照。
56. National Consumer Council（全英消費者協議会），*Ombudsman Services* (1993) の3.6節。

あるのでこれらの事実は注意深く見るべきである，との見解をとることは問題点を見失うことになるとの主張がある[57]。司法あるいは議会および地方政府のオンブズマンの独立性と公平性は，原告および被告が求めた補償を得られないにもかかわらず，疑問をもつことなく受け入れられている。

オンブズマンや彼のスタッフが高い独立性を有すると認知されなかったことに対して責任があるとは考えられていないことが，まず最初に評価されるべきである。すなわち，オンブズマンや彼のスタッフが個人として，独立性をもち，公正で，よい資質に勝れ，適任であることは明白である。しかしながら，住宅金融組合制度という機構はいくつか満足すべき点もあるけれども，受け入れがたいほど多くの原告の間に，オンブズマンの裁定が十分に独立的で公正でないとの印象を与えてきたことが熱心に主張されている。ともかく，オンブズマンの管轄権の範囲，オンブズマンへの接触を制限する障害を設けようとする業界の傾向，および紛争処理過程での遅延等に対して，一連の厳しい批判もあった。1993年以来，オンブズマンは上記のような，また，その他の問題を取り扱うのに強固な行動をとってきたし，1997年法の規定はオンブズマンの努力を後押しするであろうけれども，それらの問題は消費者の当該制度に対する考え方にも影響を与えてきたように思える。これらの問題は以下で議論する。

1986年改正法のもとでは，法定上の規制当局としての住宅金融組合委員会は，法律の関連条項を満たす苦情解決制度を管理する独立団体を認可する権限を有している[58]。住宅金融組合オンブズマン有限会社（以下，有限会社）の取締役によって設立された住宅金融組合オンブズマン制度が，公認されてきた唯一の制度である。有限会社の取締役会は業界代表者によって構成されている。元々の制度は，オンブズマンが独立した調停者として，住宅金融組合やその関連団体に対し私人が申し立てた特定の範疇に属する苦情の調査を行い，苦情を解決すると規定していた。しかしながら，上記で示したように，

---

57. 同上，および，*Building Societies Ombudsman : Annual Report 1993-94* の p. 4 における Barnett's 卿の批評を参照。
58. 一般的には，1986年住宅金融組合法の83条，83条A項，84条および85条と，付属規定12，付属規定13および付属規定14を参照。

1997年法は本制度の利用可能性を拡大した。現在では前年の会計年度の売上高が100万ポンドを超えていなければ，パートナーシップ，会員制組織，その他の法人格のない社団，あるいは法人が，オンブズマンに対して苦情を申し立てることができる。皮肉なことに，住宅金融組合が自主規制に参加する意志がなくても，すべての住宅金融組合が制度に加入することを求めている。住宅金融組合は，制度に資金を拠出することも求められている[59]。

オンブズマン（現在はBrian Murphy）が有限会社として業界から独立しており公平であると，苦情申立人が明確に認識できるようにするために，当該制度は住宅金融組合評議会を設立した。銀行オンブズマンにおけるのと同様に，評議会は有限会社とオンブズマンとの間の「緩衝材」として機能し，とりわけ，制度の運営とオンブズマンの任命に対して責任をもつ。評議会は8人からなり，そのうちの4人は消費者あるいは公共の利益を代表する「中立」委員であり，3人は業界から任命される。また，残りの一人が評議会の議長（前任はBarnet卿，現在はBrooke卿）であり，彼は業界の代表者であってはならない。

評議会の委員は，4年間を上限として有限会社の取締役によって任命され，報酬が支払われ，再任命の権利をもつ。中立委員は，有限会社，住宅金融組合および関係する企業（たとえば，住宅金融組合の関連企業あるいは子会社），すなわち，個人が先述の企業のいずれかに財やサービスを提供すれば，委員の独立性が「実質的に弱まる」ような企業には雇用されないし，事務所を構えることも利益の機会をもつこともできない。明白な理由により，住宅金融組合側の委員にはそのような制限は存在しない。当該制度は，有限会社が評議会の委員の報酬や条件，処遇を決定し，評議会の委員（中立委員を含む）の再任命を却下できるようにしていることに注意すべきである[60]。

とにかく，表面上は，非業界委員はかなりの程度機構上の独立性を有している。さらに，評議会の機構は，委員に独立性があると合理的に認識され，

---

59. 1986年住宅金融組合法の83条および83条A項を参照。脚注52の前掲書 *Building Societies Ombudsman Scheme* の14条から15条，35条から40条，および，有益な議論に関しては，脚注6のRawlings and Willett前掲書のpp. 319-22.

60. 一般的には，脚注52の前掲書 *The Building Societies Ombudsman Scheme*，1

評議会の仕事に効果的な影響力を行使でき，業界の介入からオンブズマンの独立性を保護できるような機構である。

オンブズマンは，取締役の承認に基づいて，一定期間，評議会により任命される[61]。オンブズマンは再任される権利をもつ。1987年以来，3名のオンブズマンが任にあたった[62]。オンブズマンは，およそ12名の法律的な素養をもつ助手からなるスタッフによって支援される[63]。オンブズマンの独立性と公平性を守るために，彼は評議会の委員や有限会社の取締役にはなれないし，住宅金融組合，関連企業，また上述の団体へ財やサービスを提供する者の従業員にはなれないし，いかなる事務所を構えることも利益の機会をもつこともできない。オンブズマンは，また，有限会社，住宅金融組合および関連企業のために（彼自身あるいは彼の企業も），個人の立場で行動することは禁じられている[64]。取締役が評議会の合意を得て，制度の厳格な条件（たとえば，精神衛生法（Mental Health Act）の条項のもとでオンブズマンが入院するか，あるいは破産宣告を受けた場合）のもとでオンブズマンの職を解こうと提議すれば，オンブズマンは解任できる。オンブズマンは，また，評議会の求めに応じて取締役によって解任される[65]。

このような観点からすれば，オンブズマンが表面上は高度の独立性と地位の安全性を有していることは明らかである。にもかかわらず，上記で示したように，オンブズマンの裁定は，とくに独立性があり公正なものとは見なされてこなかった。制度機構との関連で，何がこのような認識を生じさせてきたのか。多くの可能性が議論できる。第一に，オンブズマンの職務上の地位を一定期間に限定することは，期間延長が有限会社の取締役の自由裁量に従うことになるために，機構上の観点から満足のいくものとはなっていない。

   条から10条を参照。
61. 一般的に，同上の11条(A)項を参照。
62. Stephen Edell（後のPIAオンブズマン），後任にJane WoodheadとBrian Murphy.
63. *Building Societies Ombudsman : Annual Report 1996-97* の補論Dを参照。
64. 脚注52の前掲書 *The Building Societies Ombudsman Scheme*，11条(B)項を参照。評議会は，11条(B)項(iv)のもとで例外を設けることができる。
65. 同上の11条(C)項。

オンブズマンが，既存の権限規定のもとで決まっているようにある一定期間だけサービスを行うか，あるいは，先述の制定法で定められたオンブズマン委員会による庇護のもとで決定されるように，終身の（*advitam aut culpam*）職務を遂行するのとどちらが望ましいかが議論されている。

　第二に，（報酬を含む）契約の諸条件は取締役の承認が必要との規定が，その実際上の運営にもかかわらず，オンブズマンの機構上の独立性や公平性の価値を損なっていると見られるかもしれない。取締役の役割のこのような側面が満足いくものではなく，また，制定法で定められたオンブズマン委員会の権限に従うべきであるとの議論もある。

　上述のように，すべての住宅金融組合は，住宅金融組合オンブズマン制度に加入する必要がある[66]。1986年改正法のもとでは，

・その行動が，住宅金融組合あるいはその関係する企業によって，提供された関連サービスに関係したものであり，

・苦情の理由が特定の理由であり，かつ

・その行動が原告に金銭的損失，費用または不都合を生じさせたことを，原告が主張すれば[67]，

権利を有するいかなる人も，英国において住宅金融組合あるいはその関係する企業によってとられた行動に関して，オンブズマンに苦情を申し立てることができる。

　「関連サービス」とは，83条（12）項で，通常業務において個人のために住宅金融組合が提供する種類のサービスと定義されている。1997年法以前には，オンブズマンは，1986年法の付属規定12の2部で定められた特定の行動から生じる苦情に限定されてきたので，これは歓迎すべき進展である。特定の理由とは相対的に広範で，1997年法によって改訂もなされた。すなわち，1986年法とその関係規則または契約上の合意のもとでの，住宅金融組合による義務の不履行。「関与企業（participating undertaking）」（例えば関連企業）による同様の不履行。不公正な取扱い。「商業的判断の合法的な

---

66. 脚注59を参照。
67. 1986年住宅金融組合法の83条，および，脚注52の前掲書 *The Building Societies Ombudsman Scheme* の14条を参照。

実行，またはそのような決定に繋がる行動以外において行われる」，関連サービスの提供に関する処理の錯誤または決定[68]。最後の理由は1997年法によって導入されたものであり，おそらく，不公正や処理の錯誤を調査するオンブズマンの既存の権限を完全なものとし拡張することが意図されている。しかしながら，そのことは法律で規定されてはいない。

　苦情のその他の理由は組合の「法的」義務に焦点を当てているけれども，「オンブズマンの見解によれば，あらゆる状況で何が公正であるのか」[69]を参考にしながら，また，不公正な取扱いや処理の錯誤の理由を参考にしながら裁定を行うオンブズマンの任務は，さらなる一般的な基準の発展や意思決定の際の幅広い裁量権の（潜在的な）行使を必要としてきた。例えば，契約上の紛争では，オンブズマンは1977年不公正契約条項法，1994年消費者契約の不公正条項規制，あるいは関連する判例法に注意を払うであろう。しかしながら，苦情に関する法律上の事柄本来の理非にかかわらず，公正性を根拠に原告に対して補償が与えられるかもしれない。同様に，住宅金融組合が契約上またはその他法律上の義務に違反しなかったとしても，処理の錯誤を理由に勝訴となるかもしれない。実際，現在のオンブズマンは，公表した裁定において両方の基準に沿った方法を採用してきたけれども，公正性や処理の錯誤に関する一般的な基準の発展は保守的なものであった[70]。この新しい追加的な苦情理由がどのように解釈されるかを考察するのは興味深いであろう。

　苦情が取るに足りないか偽りであれば，また，住宅金融組合の行動が法廷手続きの問題であるか，本件の理非に関する判断の問題であったならば，オンブズマンは苦情の調査をしないか，調査を継続しないだろう。1997年法によって，オンブズマンが，原告により6ヵ月以上放置されている案件を「結審」できるようにしたのは当然のことである[71]。オンブズマンは住宅金

---

68. 1986年住宅金融組合法の83条(1)項と83条(2)項，および，同上の *The Building Societies Ombudsman Scheme* の18条を参照。
69. 脚注52の前掲書 *Building Societies Ombudsman Scheme*，29条(A)項を参照。
70. オンブズマンが利用する規準の興味深い議論に関しては，例えば，*Building Societies Ombudsman : Annual Report 1995-96* の pp. 16-32，および，脚注6の Rawlings and Willett 前掲書の pp. 322-4 を参照。
71. 脚注52の前掲書 *Building Societies Ombudsman Scheme* の16条～17条，およ

融組合に対して，「補償によって，関係者が原告に（10万ポンドを超えない）額を支払うよう決定し，かつ，また命令できる手続きを採用するように，または採用を止めるように」命令できる。しかしながら，住宅金融組合は，代替的な罰則として，「オンブズマンが求めるやり方で」世間のパブリシティを受け入れることを選択できる。ますます競争的になっていく市場では，世間のパブリシティが芳しくないのは非常にダメージを与え得るし，住宅金融組合がこの規定の有意義な利用をしてこなかったのは明らかである[72]。

オンブズマン制度は無料であり，訴訟と比較すれば原告に真の利点がある一方で，苦情が比較的専門技術や資質をもつ個人によって処理されるので，多くの深刻な欠点が明らかになってきた。これらは，部分的にせよ，NCCの調査で明らかとなった比較的高い水準の民衆の不満を惹起してきたであろう。したがって，主に関心がある領域に対して考慮がなされるべきである。

主たる関心の領域は，オンブズマンの管轄権の制限範囲であったが，上述したように苦情内容が最近再定義されて，この難題はかなりの程度解決されるだろう。特に非難を受けてきた管轄権に関するひとつの特徴は，住宅ローンや保険契約が締結される前に，オンブズマンが住宅金融組合や関連団体の行動を調査できないことであった[73]。特定の問題は，住宅金融組合の調査官や評価者によって行われる締結前の不動産評価に関して申し立てられた苦情に関連して生じた[74]。実務的な観点では，締結前評価は，住宅ローンの申込みにおいて極めて重要な段階である。不動産の価値が，貸し手にとって十分な担保を提供するかどうかを決定するだけでなく，それはまた借り手にとっても非常に重要である。明らかに，もし不動産価値が見積もりに基づく総借入額よりも実質的に少なければ，借り手は不備な調査のために高い代金を支払うことになるかもしれない。過度の住宅ローン返済に加えて，不動産に払

び，1986年住宅金融組合法の83条(3)項(b)を参照。
72. 同上の *Building Societies Ombudsman Scheme* の30条および33条，および，R. James, C. Graham and M. Senerviratne, 'Building Society, Customer Complaints, and the Ombudsman' (1994) 23 *Anglo-American Law Review* 214, 237.
73. 例えば，脚注6のRawlings and Willett 前掲書のp.321からp.322を参照。
74. *Building Societies Ombudsman : Annual Report 1992-93* の5.2節。

い込まれた個人資金は，総借入額と不動産の「実質」価値がバランスされるために再販や再所有の際に失われることになる。

オンブズマンの管轄権の範囲は，*Halifax Building Society and Others v Edell and Others*[75] で明らかにされた。同判例で，原告が常連客であり，かつ調査官が社内の人間であれば，オンブズマンは，住宅ローン見積もりに関する締結前の苦情だけを調査できると判断された。初回購入者，および既存の住宅ローンを弁済し，次回購入に別の貸し手を利用した人はオンブズマンを利用できなかったので，これが納得できない判決であるのは明らかであった。結局，1994年6月30日には，原告が関係する住宅金融組合の常連客でない場合でさえも（取引が実質的に締結されていれば），社内見積もりに関する締結前の苦情を調査できるようにオンブズマンの権限が拡大された[76]。むしろ納得できないのは，1980年代の不幸な不動産ブームの最中に，いい加減な社内見積もりで影響を受けた人々に関しては，1994年6月30日より以前に行われた調査について調べることができなかったことである。

締結前の問題は，住宅担保年金制度，所有権譲渡制度やモーゲージ補償保険制度に関しても同様に解決された。もっとも，繰り返しになるが，1994年6月30日での打ち切りは，オンブズマンが1990年代初めの経済不況で最も悪い影響を受けた人々に対して，補償を提供できないことを意味した。

この種のオンブズマンにおける管轄権の拡張が，業界への反感を背景にして行われる傾向があったことは注意すべきである。Alliance and Leicester Building Societyが，投資利益率に関する苦情への「先例的事件（test case）」調査を妨げるために，オンブズマンに対して訴えを起こしたときに，このことは明白になった[77]。この場合には，同組合は案件が法廷に持ち込まれる前に提訴を止めたが，しかし，住宅金融組合による後の内部報告書はオンブズマンの管轄権の縮小について考察していた[78]。

---

75. ［1992］1 All ER 389.
76. 脚注52の前掲書 *Ombudsman Scheme under Part IV of Building Societies Act 1986* のiv, 17条(B)項を参照。その後，これは破棄されている。上記の脚注67を参照。
77. *Building Societies Ombudsman : Annual Report 1992-93* の5.1節。
78. *The Observer*, 13 February 1994，および，脚注6の Rawlings and Willett 前掲

関心のある第二の領域は、オンブズマンが調査を開始する前に、原告が住宅金融組合の内部苦情手続きを徹底して利用するという事実上の (de facto) 要件である。NCC の調査によれば、住宅金融組合の内部苦情手続きに対し、消費者には非常に強い不満があった。すなわち、56％の原告が、手続きは「完全な時間の浪費であった」と感じていた。また、61％は手続きが公正かつ公平であるかに強い反感をもち、54％は苦情が深刻に受け入れられてきたかに強く不満をもっていた[79]。

過度にシニカルでなくても、原告を諦めさせるために、住宅金融組合が内部手続きを遅らせたり、分かりにくくしようとするに違いないと考えるのは易い。内部苦情手続きが一般にうまく周知できていないとの事実は、これが少なくともいくつかの住宅金融組合により採用されてきた当然の戦略であるとの見方を支持するのに資する[80]。NCC の調査によると、原告の 50％は、苦情が住宅金融組合の事務所内で多くの人々にたらい回しにされ、内部苦情手続きを踏むのに多大な時間を要したと感じていた[81]。したがって、オンブズマンに苦情を申し立てる段階に達することは、必ずしも簡単なことではないと評価できる[82]。実際、内部苦情手続きが改定され、さらに効果的に周知されるべきこと、および、オンブズマンは一般的基準を作成する責任をもつべきであると NCC は勧告した[83]。以後、オンブズマンは、内部苦情手続きに関して明確な時間制限を設定するような任意制度に住宅金融組合を加入させる手段を講じた[84]。

書の p. 322 および p. 329.
79. 上記脚注 56 の前掲書の 2.7 節を参照。
80. 脚注 72 の James 他の pp. 223-32 を参照。筆者は、大規模な住宅金融組合と小規模な住宅金融組合間での、また、本社と支社間での顧客の苦情に対するアプローチの違いを指摘する。
81. 上記脚注 56 を参照。
82. 上記脚注 72 の前掲書の pp. 235-6 を参照。内部苦情手続き完了前に苦情を処理する裁量権を、オンブズマンが有することに注意すべきである。それは、現に行使されている。脚注 52 の前掲書 *Building Societies Ombudsman Scheme* の 17 条、および、*Building Societies Ombudsman : Annual Report 1996-97* の p. 11 を参照。
83. 上記脚注 56 の前掲書の 6 条 3 項を参照。
84. *Building Societies Ombudsman : Annual Report 1993-94* の 5.4 節。および、

第三の関心ある理由は，住宅金融組合が，顧客に対して住宅金融組合オンブズマン制度の存在を周知したがらないことである。ある組合は，オンブズマン制度を周知しないことが方針であると認めてきた[85]。NCCの調査では，33％の原告だけにしか，住宅金融組合はオンブズマンの住所を教えられておらず，これは非難の対象とすべきことである[86]。住宅金融組合の内部苦情手続きに辟易し，オンブズマンの存在を知らなかったために苦情申し立てができなかったどれほど多くの不満をもつ顧客がいたかを計るのは不可能である。しかしながら，もしオンブズマン制度を利用するかもしれない人々に，その存在が伝えられていないとすれば，いかなる紛争解決手続きも深刻なほど用をなさないのは明らかである。この関係において，住宅金融組合にオンブズマン制度を周知させることを求めている，銀行および住宅ローン貸付実務の新しい規範に住宅金融組合が従う必要があることは言に値する[87]。オンブズマンはこの点に関して，住宅金融組合の行動に不満を表明してきた。たとえ不満があるにしても，どのような行動が採られてきたかを考察することが問題として残されている[88]。

　関心ある最後の領域は，手続きと遅延との相互関係の問題である。NCCの報告書では，オンブズマンが利用する複雑で非常に長い手続きについて批判がなされている[89]。しかしながら，実質的な改善が1993年以降実施されており，非常に多くの苦情を扱う一方で，新しい簡素化された手続きは，オンブズマンが裁定に達する時間を削減し続けている。新しい手続きのもとでは，各苦情はオンブズマンの個々の法律スタッフに割り当てられている。法

　　　脚注82の前掲書，*Building Societies Ombudsman : Annual Report 1996-97*を参照。
85. 上記脚注72の前掲書のp.236を参照。さらに，興味深い議論に関しては，脚注41のGraham他前掲書を参照。
86. 上記脚注56の前掲書の2.8節を参照。
87. 脚注30の前掲書，*The Banking Code*の5条10項，および，The Council of Mortgage Lenders（抵当貸付業者協会），*The Mortgage Code* (March 1997)の9条5項を参照。
88. *Building Societies Ombudsman : Annual Report 1993-94*の5.3節，および，*Annual Report 1996-97*のp.38を参照。
89. 上記脚注56の前掲書の2.6節および5.1節。

第2章　オンブズマンと消費者保護　69

表2.2 住宅金融組合オンブズマン制度：当初申し立てられた苦情と処理されたケース

年	1	2	3	4	5	6	7	8	9	計
1987-88	114	192	57	19	–	–	–	–	38	420
1988-89	241	694	78	36	–	–	–	–	168	1,217
1989-90	586	1,044	111	42	–	–	–	–	238	2,021
1990-91	375	1,351	114	81	–	–	–	–	361	2,282
1991-92	1,426	5,208	317	–	148	98	–	–	392	7,589
1992-93	1,572	6,190	260	–	217	386	–	–	630	9,255
1993-94	1,601	6,526	280	–	354	434	–	26	589	9,810
1994-95	1,958	6,286	692	–	355	16	–	303	705	10,315
1995-96	1,168	7,147	1,116	–	–	–	532	742	670	11,375
1996-97	1,951	9,277	941	–	–	–	530	390	486	13,575

(出所) 住宅金融組合オンブズマン制度，1987年から1997年の「年次報告書」

略号一覧
1．権限外である当初申し立てられた苦情。
2．最初の苦情手続きに至らなかった苦情。
3．内部苦情手続き（ICP）すなわち和解による解決。
4．内部苦情手続き（ICP）完了後であるが，裁定前の解決。
5．内部苦情手続き（ICP）完了後であるが，暫定的評価または暫定的裁定前の解決。
6．暫定的評価による処理・解決。
7．内部苦情手続き（ICP）の完了後であるが，予備裁定前の解決。
8．予備裁定による解決。
9．裁定。

律スタッフは，当事者間の和解を勧めるという観点から苦情を調査する。もしこの時点で和解が不可能であれば，オンブズマンは和解を勧めるために，当事者双方に（完全な理由付きの）予備裁定を通知する。もし予備裁定が受け入れられなければ，オンブズマンは最終裁定を下す前に，当事者からの更なる仲裁付託の合意を検討する。この手順はかなり良い印象をもたれていることが，最近の「年次報告書」からは明らかである[90]。1987年から1996年の期間で，予備裁定（やそれ以前の暫定的評価）に至った苦情と最終裁定により解決した苦情など，受理された苦情の詳細を示す表2．2での逆の動きを示す数値は，オンブズマンの仕事量が過酷になり増加していることを明確に示している。

90．*Building Societies Ombudsman : Annual Report 1994-95* の2節，および，*Annual Report 1995-96* の pp. 8-15 参照。

結論をいうと、もし住宅金融組合やその関連団体の行動から生じた紛争において、裁判所の手続きに代わる非公式かつ無料の選択枝を消費者がもつことが、政府の決定により確実なものとならなかったならば、住宅金融組合オンブズマンはあらゆる可能性に鑑みても存在しなかっただろう。つまり、オンブズマン制度に対する業界の熱心さはいつも弱められてきたのである。

制度それ自身は、法律のもとで住宅金融組合の代表者によって設立されたが、評議会の中立委員やオンブズマン、その支援スタッフには能力があり、かつ独立性を有することが判明した点で素晴らしい成果をもたらしてきた。しかしながら、当該制度の機構や運営において、多くの深刻な欠点があった。例えば、オンブズマンは十分に公正でまた独立性を有するわけではないこと、オンブズマンの管轄権は過度に制限されていること、住宅金融組合は適切な内部苦情手続きを提供せずにオンブズマン制度の存在を周知していないこと、そして、オンブズマンの裁定手続きがあまりに複雑でかつ遅いとの感じを原告間でもたれていること等があげられる。上述のように、これらの問題の多くが、オンブズマンによって明らかにされており、近年特に、これらの問題を処理するために強固な行動がとられている。1997年法によってもたらされた変化は疑いなく歓迎すべきものであり、オンブズマンが公平な調停者として自分の役割を発展させ続けることを可能にするだろう。しかしながら、なおも議論の余地はあるが、制度に対する業界の反発や影響力によって、改革が「あまりに小規模かつ遅く」なる傾向があり、オンブズマン制度が十分に公正かつ独立ではないとの印象をなくすことは簡単な問題とはならないであろう。

4．IMRO 投資オンブズマン制度[91]

法律的基盤の観点からは、投資オンブズマン制度は自主規制でもなく、法律によって詳細に規制されているわけでもない。その代わりに、それは

---

91. これに関しては、一般に、P. E. Morris, 'The Investment Ombudsman: a Critical Review' (1996) *Journal of Business Law* 1、および、脚注11の McGee 前掲書の第6章を参照。

IMROによって作られた「ハイブリッドな」苦情処理制度であり，自主規制機関が苦情調査のための効果的な手続きを行うという1986年金融サービス法における義務に従う[92]。したがって，この制度は法的強制力によって存在するが，その主たる実質的特徴は，IMROの法的介入からの自由によって明確化されてきたという意味での自主規制にある。しかしながら，これらの自主規制の特徴は法的基盤によって支えられている。すなわち，IMROの会員企業は，契約上，当該制度の規定を遵守する義務がある[93]。さらに，制度の会員資格は強制的にIMROの会員企業に限るとの観点からは，投資運用部門において本制度により達成される保護は包括的なものとなる。

1995年5月1日より制度に対する重要な変更がなされているが，それはオンブズマンに対する独立性の認識を高め，それ自身オンブズマン制度を有しているPIAの出現を考慮することを意図したものであった[94]。オンブズマンの独立性に関して制度的保証が以前は著しく欠けていたことに対応して，IMROは，中立委員が恒久的に大多数を占める，IMROの主要取締役からなる委員会を創設し，委員会はオンブズマンの（再）任命と任命の撤回，報酬を決定する権限を委託されている[95]。「苦情の調査または裁定に関して，……IMROは，投資オンブズマンのいかなる機能の行使に際しても，投資オンブズマンに対し命令または影響を及ぼす権限を一切保持しないであろう」と明確に宣言することで，IMROはまたオンブズマンの独立性を保護することを公約してきた[96]。以上の組織改革や意思表明は，IMROや業界か

---

92. 付属規定2。本制度の法律的基盤の更なる議論に関しては，脚注91のMorris前掲書のpp. 4-5を参照。
93. The Office of the Investment Referee（投資監督官局），*The Investment Referee : Annual Report 1989-1990* のp. 1.
94. IMRO, *The Investment Ombudsman : Complaints Handling* (Consultative Document 21, January 1995)には最初の提案が含まれている。これらの提案の多くは，実際にオンブズマンの修正権限に取り入れられた。IMRO, *The Investment Ombudsman : The Ombudsman Memorandum* (March 1995)（以下，*Memorandum* と略す）。また，IMRO, *The Investment Ombudsman : Informal Guide to the Investment Ombudsman System* (March 1995)も参照。
95. *Memorandum* の4.1節および4.2節。
96. 同上の4.4節。

らのオンブズマンの独立性に関する危惧を緩和すると期待される。最近設立されたPIAに関する限り，IMROは，もし投資会社がIMROからPIAへ移った結果として「苦情業務」に大きな損失が生じれば，PIA自身のオンブズマン制度のために，投資オンブズマンの実務処理が「極端に費用がかかるもの」[97]になることを恐れていた。したがって，IMROは，IMRO苦情処理部門（および，それとともに，原告はオンブズマンへの依頼前にその苦情申し立てを部門内で徹底的に利用するとの要件）を廃止することで対応したが，その結果，オンブズマンまで達する苦情数が3倍以上になった[98]。しかしながら，原告は未だに，直接オンブズマンに訴えることを認められていない。つまり，オンブズマンが権限を行使する前に，投資会社には，原告が納得するように苦情を解決するための「合理的機会」（たとえば，2ヵ月ほど）が与えられなければならない[99]。

　苦情解決過程に話を移すと，手続きが厳格に二つの別の段階，いわゆる和解と裁定に分けられているという点で，本制度は金融サービス・オンブズマンのなかでは実際独特のものである。これらの段階を順次検証して行く前に，これまでのオンブズマンのサービス提供についてまとめておくことは価値がある。

　和解の段階では，オンブズマンは，金融サービス業における相手方のほとんどが好む文書主義に基づく糾問主義的な調査方法を使用しない。その代わりに，個人のインタビューやヒアリングが用いられることが多く[100]，それはオンブズマンが以下の点に基づき正当性を主張する方法である[101]。すなわち，(i)オンブズマンの人間らしい判断の実行を容易にし，正当な解決に至

---

97. 脚注94の前掲書，*The Investment Ombudsman : Complaints Handling* のp.7.
98. The Office of the Investment Ombudsman（投資オンブズマン局），*The Investment Ombudsman : Annual Report 1995-1996* のp.1，および，The Office of the Investment Ombudsman（投資オンブズマン局），*The Investment Ombudsman : Annual Report 1996-1997* のp.2.
99. *Memorandum* の7.2(a)節。
100. この手続き上の方法論のより十分な議論に関しては，脚注91のMorris前掲書のpp.6-8をさらに参照。
101. The Office of the Investment Ombudsman（投資オンブズマン局），*The Investment Ombudsman : Annual Report 1994-1995* のpp.10-1.

表2.3 投資オンブズマンにより受理され、
処理された苦情の要約

年	関与案件	裁定に付された案件
1989-90	63	1
1990-91	134	2
1991-92	67	-
1992-93	103	3
1993-94	73	-
1994-95	91	-
1995-96	373	1
1996-97	249	1
計	1,155	8

(出所) 投資オンブズマン局, 「投資オンブズマン：年次報告書」

る見込みを増加させる。(ii)原告との文書の交換を長引かせることの多い「文書のみ」の調査よりも，実際には安上がりとなるのが普通である。(iii)（しばしば法的には逆になるが）投資会社に比べて深刻なほど不利な立場にあるのが一般的である，明確に意見表明が出来ない原告を助ける。したがって，オンブズマンにとって，彼が担当する金融サービス部門において調査を行う際に，「ロールス・ロイス」的な調査のやり方が擁護可能でコスト効率的なものとなる。受け付けた3倍もの数の苦情に関して同様であり続けるかどうかは，かなり疑問の余地があるに違いない。

　和解自体の性格に目を向けると，「勝者がすべて勝ち取る」という裁定がもつ性格を回避し，敗訴した側が抱くであろう必然的に長引く敵意を避けるという基本に則って，オンブズマンは和解を支持する方針を公然と貫いている[102]。一方で，オンブズマンは自分の役割を，単に当事者間の合意についての最低基準を明らかにし，「烙印」を押すだけであるとはみなしていない。むしろ，提案された和解案が客観的にみて公正であるかにも納得しなければ

---

102. The Office of the Investment Referee, *The Investment Referee : Annual Report 1990-1991* の p. 2, および, The Office of the Investment Ombudsman（投資オンブズマン局），*The Investment Ombudsman : Annual Report 1992-1993* の p. 1.

ならない。

> 私は自分の任務を，単に敵意を断じるという形で和解を促進するのみならず，むしろ，あらゆる状況に関して当事者間で公正かつ適切な和解案を作成することと考えている。言い換えれば，和解とは，当事者に受け入れられるだけでなく，私自身が正義とみなす解決を意味する[103]。

和解の過程において，オンブズマンは，法的規則だけでなく公正性の要件を考慮する。もちろん，法律と公正性はいつも調和しているわけではないが，しかし，オンブズマンに要求される任務は，全力をもって当事者を和解させることである[104]。和解（とその後の裁定段階）において，当事者の一方または双方の法定代理人が，オンブズマンにより課せられた条件に従うことが現在許されており，それは当事者の一方がもう一方の法律上の費用の負担を求めることを含むであろう[105]。

和解の過程で和解案を作成できなければ，オンブズマンは裁定の選択肢を提供する，拘束力のない裁量権を行使する[106]。しかしながら，実際には，その提案は一方的なものである。すなわち，もし原告がその提案を受け入れるならば，投資会社は裁定に従うように IMRO の規則により求められている[107]。裁定は，オンブズマンにより支持された経験豊富な民間弁護士のパネルから選出された個人により下され，その裁定は法的拘束力のある調停であり，超法規的な基準の余地がない法的規則によってすべて決定される[108]。すべての調停に関して，法律上の観点からは，高等法院への上訴の権利があるが，仮に1979年仲裁法（Arbitration Act 1979）において具体化されたそのような上訴に対する制限的基準があったとすると，実際的な意味では，裁定は「原告の最後の希望」となる[109]。

---

103. 脚注93の前掲書，*Annual Report 1989-90* の p. 2.
104. 脚注11の McGee 前掲書の p. 56.
105. 脚注91の Morris 前掲書の p. 20 で議論されている，*Memorandum* の36.1節。
106. *Memorandum* の17.3節。
107. *Memorandum* の20.3節。および，*CCH Financial Services Reporter*, Vol. 3: *Rules*, pp. 213, 164-264 に再録されている，IMRO Rules の14章，'Compliance, Reporting, Records and Complaints: section 3, Complaints'.
108. *Memorandum* の18.1節。脚注11の McGee 前掲書の p. 55.

救済に関する限り，本制度は10万ポンドを上限とする補償金の支払いを認めている[110]。和解の過程で出される勧告は拘束力がないけれども，もし投資会社が勧告を受け入れれば，それはIMROの規則により即座に従うことが求められる[111]。従わなければ，ほぼ確実に，IMROによる懲戒的な反応という結果を生じさせるであろう。同じ原理が，裁定段階で出される決定に関しても適用される。つまり，いかなる場合も，そのような裁定は，裁判所制度における拘束力のある調停と同様に強制力を有する。

オンブズマンは，自分の主要な役割を，IMROにより与えられた規制上の使命を権限なしに用いるよりもむしろ，投資会社の違法または不公正な行動によって不満をもつ個人投資家のための救済を得ることと考えている[112]。しかしながら，実務処理から少しずつ集められた教訓である「年次報告書」によれば，オンブズマンは，業界との意思疎通を意味する品質管理を第二の使命と認識している。この活動の正確な描写については，以下のような選ば

---

109. 同上のp.55.
110. *Memorandum* の18.2節。もっとも，この上限は，SIB（証券投資委員会）の指針（SIB, *Pension Transfers and Opt-Outs : Review of Past Business,* Part 1 : *Statement of Policy* (October 1994)) で示されているように年金の移管者，年金の脱退者および非加入者に関する紛争には適用されない。しかしながら，この指針で，PIAオンブズマンが「この領域の大部分の紛争に関してのフォーラムになる（49節）」ことをSIBは期待すると表明している。さらに，*Annual Report of the Personal Investment Authority Ombudsman Bureau Ltd 1994-95* を参照。そこでは，個人年金保険の不正販売スキャンダルの余波が，オンブズマン局に多くの訴訟負担を生じさせるように考えられると，PIAオンブズマンは主張する (p.26)。PIAのアプローチの完全な説明は，PIA（個人投資規制機構），*Pension Transfers and Opt-Outs : Review of Past Business : Statement of PIA's Policy* (1995) に見ることができる。PIAオンブズマンの批判的な評価や保険オンブズマンとの比較に関しては，さらに，P. E. Morris and J. A. Hamilton, 'The Insurance Ombudsman and PIA Ombudsman : a Critical Comparison' (1996) 47 *Northern Ireland Legal Quarterly 119*，および，脚注11のR. James前掲書の7章を参照。PIAオンブズマン制度がかなり運営上の困難を経験し，苦情の調査前でも長期間の遅延に直面しているのは明らかである (*The Times*, 7 September 1996)。
111. 脚注107の前掲書，IMRO Rulesの規則3条1項(8).
112. The Office of the Investment Ombudsman（投資オンブズマン局），*Annual Report 1991-92* のp.2, 脚注91のMorris前掲書のp.15, および，脚注98の前掲書，*Annual Report 1995-96* のp.9.

れた一連の教訓を通して摑むことができる。

- 顧客の投資目的を発見するために，さらに正確な「事実の発見（fact finds）」がなされるべきである[113]。
- 法的義務はないが好意で行う（*ex gratia*）補償金の支払いは，企業によって弱さの象徴と見なされるべきではなく，顧客の善意を保障する手段とみなされるべきである[114]。
- 単に顧客による後々の苦情に対する防御としてだけでなく，投資助言者は顧客との打ち合わせの際に速記録を採るべきである[115]。
- 投資家は，投資助言者に自身の投資目的を明らかにするように努力すべきである[116]。
- この関係において，「投資経験が限られた，分別のある知的な投資家」が文書を理解できるかが問題となるけれども，投資家はすべての契約に関する文書を注意深く読むべきである[117]。かつ，
- ファンド・マネジャーは，投資決定を行う際にかなり注意深くなければならないが，市場が彼と反対の方に向かったという理由だけで罰せられることはない[118]。

これらの選ばれた原則から明らかなように，オンブズマンは，投資家のためにサービス水準が改善するように努力するという均整が取れたアプローチを追求しているが，しかし，投資家もまた自分自身を守る責任があるとも主張している。これらの品質管理活動に関する主たる欠点は，オンブズマンの批判が，実際に業界によって取り入れられ実行されることを保証する手段が

---

113. 脚注112の前掲書，*Annual Report 1991-92* の p. 5. オンブズマンが適正な実務と感じる例が，業界によって受け入れられている。すなわち，脚注102の前掲書，*Annual Report 1992-93* の p. 4.
114. 脚注93の前掲書，*Annual Report 1989-90* の p. 6.
115. 脚注102の前掲書，*Annual Report 1990-91* の p. 5.
116. 同上の p. 6.
117. 脚注101の前掲書，*Annual Report 1994-95* の p. 7. また，脚注102の前掲書，*Annual Report 1990-91* の p. 5 も参照。
118. The Office of the Investment Ombudsman（投資オンブズマン局），*The Investment Ombudsman : Annual Report 1993-94* の p. 3. また，脚注102の前掲書，*Annual Report 1990-91* の p. 4 も参照。

全くないように思えることである。実際に，オンブズマン事務所に来る苦情のパターンは，業界によるいくつかの対応に関する証拠（最近の二，三の例は，投資助言者による「事実の発見」の質や，顧客との打ち合わせの速記録の利用が，オンブズマンの熱心な勧告に対応して改良されたように見受けられることをオンブズマンは見いだしている）を提示する一方で，オンブズマンが，おそらくは IMRO と共同で，品質管理活動への影響を組織的に監視すべきであるとの差し迫った必要性は残ったままである。

　結論を言えば，IMRO からのオンブズマンの独立性を強調するために努力が行われてきたが，これが成功するかどうか判断するのは未だに時期尚早である（そのような判断はおそらく，オンブズマンのサービスに対する原告の経験を実証的に調査する必要があるだろう）。「年次報告書」で鍵となる原則として明示された公開性や利用可能性を，また，苦情解決のための合理的機会が最初に投資会社に与えられた後で直接オンブズマンに提訴できる新しい権利を，オンブズマンが高く評価するのは明らかである。オンブズマンの勧告や（裁定者の）裁定に従うことを担保することは，IMRO の懲戒的な権限によって裏付けられるという点で問題がないという狭義の意味において，オンブズマンは効果的である。

　しかしながら，「すべての」投資家や，十分な知識をもたず苦情を申し立てる決心をした人々の永続的な利益のために，業界における実務の改善を促すというより広い意味において，オンブズマンの「苦情処理人」としての機能を過度に強調することと制度が比較的容易に利用されてきたことを結びつけるには，オンブズマンの完全な潜在能力は未だ発揮されていないといえる。

5．結　論

　われわれは三つの事例研究により，オンブズマンの概念が，金融サービス業における価値ある消費者補償制度であることを明らかにした。オンブズマンは，（もし存在しなければ，その多くは補償を受けられないであろう）消費者の苦情に対する効果的な救済を担保するだけでなく，サービス水準の向上への有益な貢献も果たしている。「個人の救済」と「品質管理」機能に対

する相対的な優先度は，制度によって異なり，制度の法的基盤や組織的枠組みよりもむしろ，特定のオンブズマンの個人的嗜好によっているように思える。オンブズマンの品質管理活動が，彼のサービスの本質的に準司法的性質と調和が困難である規制上の役割へと，無意識のうちに道を踏み外す結果を生じさせないようにする際において，規制当局の親密な代理人として行動するオンブズマンは困難な任務に直面することになる。おそらくこの危険性によって，われわれの三つの事例研究で，なぜオンブズマンの主たる焦点が，金融サービスの価格や質および利用可能性に実質的な影響を与えてきた，各業態の経営行動における技術的変化ではなく，「手続きの」公正さに当てられてきたかとの理由が説明されるであろう。

　将来を展望すると（それは常に幾分投機的なことではあるが），金融サービス業におけるオンブズマンの将来的な発展に関する考え方を支配する二つの特別な問題が存在する。第一は，説明義務の問題である。法律的基盤をもち，行政的機能を担うという規準を満たす制度であるオンブズマンには，オンブズマン評議会に対する「内部的な」説明義務のチャネルがあるだけでなく，行政的活動に対する司法審査の原則による裁判所へのある種の「法律上の」説明義務がある一方で[119]，オンブズマンの業務上生じる政策問題に関連して，継続的な説明義務を欠いているとの心配はなおも残ったままである。オンブズマン委員会はこの点で果たすべき役割があるし，また，公的・私的な両部門で活動するオンブズマンに関する議会特別委員会によって，強力な政治的力と名声が与えられるだろう。

　第二に，金融サービス業におけるオンブズマンは，彼自身成功の犠牲者になるという危険に直面する。つまり消費者がオンブズマンの存在に気づくようになると，オンブズマンの苦情取扱い件数は増加し，それに伴う紛争解決の遅延に繋がることになる。裁判所と比較した際のオンブズマンの主たる有利さの一つが，「速やかな」形で消費者補償を提供するという事実であるこ

---

119. *R v Insurance Ombudsman Bureau, ex parte Aegon Life Assurance Ltd, The Times*, 7 January 1994. それに関しては，P. E. Morris, 'The Insurance Ombudsman Bureau and Judicial Review' (1994) *Lloyd's Maritime and Commercial Law Quarterly*, 358，および，脚注11のJames前掲書のpp. 4-13とpp. 30-2をさらに参照。

とを見れば，「当事者双方に対する公正性を守るのに必要な思慮深さを犠牲にすることなく，要する時間を劇的に縮める」ために，オンブズマンが現在，運営上の手続きの改革という挑戦的な課題に直面しているのは明らかである[120]。このような改革の鍵となるテーマは，効果的で，十分に周知された内部の苦情解決手続きを作成するための金融機関への義務とともに，消費者の権利と責任を明確化する規則を制定することであろう。最近の銀行オンブズマンおよび住宅金融組合オンブズマン制度の経験は，これらの方法がオンブズマンの苦情処理の負担を軽減でき，苦情解決の平均期間を縮めることが可能なことを示唆している。

6．補　　足

以上の論稿を記して以降，金融サービス機構（以下，FSA）が新たに創設されて，改正が必然であった金融サービスの規制構造を秩序づける責任を委ねられた。本論の執筆時点で，全般的な規制改革の一環として，金融サービス業のオンブズマン制度改革が行われるのはかなり明白なように思われる。新しい制度の詳細がこの時点で詰められたわけではないが，主務大臣とFSAが，会員資格をFSAにより認可された全企業に強制的にするような，単一の「超越的な」金融サービス・オンブズマン制度の創設を必ず実現すると誓約している[121]。

この広範な改革の背後にある主な推進力は，現在の多くのオンブズマン制度が「『間に合わせの仕事』という状況にあって，消費者がこれに困惑していること」である[122]。この単一制度は，新しい金融規制改革法（おそらく

---

120. 脚注4におけるGregory編所収のShurman前掲論文のp. 112. この必要性は，銀行オンブズマン局内部の手続きを簡素化し，和解に大きな力点を置いた対応を採用した，新任の銀行オンブズマンであるDavid Thomasによって最近認識された。The Office of the Banking Ombudsman（銀行オンブズマン局），*The Banking Ombudsman Scheme : Annual Report 1996-97* のp. 5とp. 13を参照。
121. Financial Services Authority（金融サービス機構），*Customer Complaints* (Consultation Paper 4, December 1997).

1999年秋までに施行されることはないであろうが）が適用され法律的基盤が生じるけれども，オンブズマンの機能に関する詳細な規則は制度自身の規則のなかで具体化されることを，FSAは望んでいる。

内部組織構造の観点からは，異なる種類の事業を管轄する異なる部局をもち，おそらくは既存の部門ごとのオンブズマンによって統率されるような制度を，FSAは企画している。これは，オンブズマンの蓄積された専門性を保持し，次のような消費者利益をもたらすであろう。

> 消費者側から見た主な魅力は，単純さ，利用可能性および一貫性であろう。消費者は，すべての苦情への唯一の入り口である，一見して単一のオンブズマン・サービスとわかる人と交渉を行い，その結果，一旦苦情が受理されたならば，それは関係部局にまわされることになろう[123]。

暫定的な「青写真」の状態である，制度の形態や実質的特徴に関する協議が現在進行中であるが，しかし，FSAは次のような優先事項を明らかにしている。

- 新しいオンブズマンの管轄権は，FSAの認可を必要とする問題に制限されるべきではなく，金融サービスに関係する行動に適用されるべきである。
- 苦情申し立てを行う資格のある者は，一般個人，法人格のない社団，パートナーシップおよび小企業に限られるべきである。
- 仲裁裁定の上限は，10万ポンドに設定されるべきである。
- オンブズマンの裁定は制限されるべきであるが，しかし，（ほとんどの申し立てが決着しないと思われるような）長期化する過程での終了時点，あるいは，オンブズマンの内部手続きにおいて特定された（証人の反対尋問，法的な意見陳述や裁定理由などを含む）完全に「裁判所のような」審問の後に初めて，制限すべきである。
- オンブズマンの独立性を保護し，適切な説明義務を担保するために，オンブズマンは，FSAとは別個でかつFSAから独立した「公益」の代

---

122. 同上のp. 8.
123. 同上のp. 12.

表者から構成される取締役会により任命される。
- FSA に対して重大な規制上の違反の詳細を明らかにするようにオンブズマンに求めることで，規制上の手続きとの関連性が確立される。
- 一般的には，新しいオンブズマンと補償制度[124] は概念的に別個のものであるから，両者は調和させるべきでない。かつ，
- 本制度は，「継続的な手数料」と利用に応じた「申し立てごとの手数料」の合計によって，業界の資金拠出が行われる。

オンブズマンの処理方法に関する限りは，オンブズマンの実質的な裁量として残すべきであるが，しかし，それが「形式的ではなく，柔軟性があり，かつ迅速で，民事訴訟で時として生じる法律上の議論や長い口頭弁論や膨大な書類の発見および遅延を可能な限り避ける」べきことを，FSA は必須のことと見なしている[125]。最終的には，オンブズマンの裁定に強制力をもたせるための二重のメカニズムが提案された。すなわち，FSA による懲戒的かつ法的手続き，および，裁判所制度におけるオンブズマンによる法的行動である。両者ともに，オンブズマンの裁定に強制力をもたせる際には，消費者に自らの手段を委ねることが望ましいと考えられている。

これらは革新的な提案であり，確かに金融サービス業の苦情処理制度を簡略化し，かつ，少なくとも理論上は利用者の親しみやすさを改善するだろう。しかしながら，それらは，様々な部門の制度における紛争解決の十年間以上にわたる知識を無駄に使うことになり，一見した限りは，金融サービス業の特定部門における消費者と企業双方の必要性および期待とはかけ離れた，官僚主義的で扱いにくい組織を創設することになるであろうとの法律的関心があるに違いない。これらの理由から，本提案は協議の過程で厳しい反対に遭遇し，その結果，最終的な結末としては，単一の金融サービス・オンブズマンとなるのではなく，（数の削減といった形での）様々な制度の合理化や法律的基盤と救済能力の調和となるであろう。

---

124. 同上の pp. 27-8. 金融サービス業における補償制度の FSA による改革案に関する完全な詳細は，Financial services Authority（金融サービス機構），*Customer Complaints* (Consultation Paper 5, December 1997) に見ることができる。
125. 同上の p. 30.

第 2 部

銀 行 業

第3章

英国における銀行の秘密保持と消費者

アンドリュー・キャンベル

　顧客の個人的な金融取引に適用される秘密保持の原則は，コモン・ローの伝統によって，銀行・顧客関係の中心に位置づけられている。考慮されるべき，かつ脅威のもとで一層強く強調されるべきなのが伝統であるのは，その根源が銀行業よりも根深いからである。すなわち，それは，われわれが暮らしたいと思う類の社会を取り扱っているからである[1]。

　金融上のプライバシーは，銀行，または，外国の法律により拡張されるかもしれない特権である。すなわち，それは権利ではない[2]。

1. はじめに

　本章の目的は，顧客に関して銀行が所有する財務上およびその他の情報の秘密に関連性をもつ，英国における法律の発展と現状を調査することである。本調査は消費者問題に焦点を当て，したがって個人顧客を中心としたものになるであろうが，取り扱うことの多くは法人顧客にも関係するだろう。英国のたいていの大人や多くの若者が，銀行と住宅金融組合の両方またはいずれか一方に口座をもっている。「銀行」という言葉が本章を通して使われるが，議論されていることは住宅金融組合にも等しく当てはまる。銀行は，膨大な量の顧客情報を集めることが可能な立場にある。例えば，顧客はどこで働い

---

1. *Banking Services : Law and Practice*, Report by the Review Committee (HMSO, 1989), Cmnd 622, 5.26節。
2. G. Moscarino and M. Shumaker, 'Beating the Shell Game : Bank Secrecy Laws and Their Impact on Civil Recovery in International Fraud Actions' (1997) 1 *Journal of Money Laundering Control* 42, 47.

ているのか，どこで買い物をするのか，社会的習慣，収入および支出などである。確かに，銀行口座を頻繁に利用する顧客は，ライフ・スタイルのプロフィールを銀行に提供するだろう。例えば，生命保険や投資商品の販売機会のようなマーケティング機会を提供する可能性があるので，あるいは，浪費癖のような潜在的な問題，また顧客が酷くギャンブルや飲酒にはまっているというような事実に銀行が気づくかもしれないので，これらの情報はとても有益となる。

1960年代末まで，英国（および一般的に他国）の銀行の支店は，別個の施設として存在した。ある支店の顧客が他の支店を訪れることはほとんどなく，他の支店を訪れるときはある種の案内が行われるのが通例であった。口座の詳細は支店の総勘定元帳に記録される。そして，銀行の本店には，すべての預金や貸付などの詳細を含む日々の情報が提供される一方で，個別口座の実際の詳細は提供されることはなかった。ある特定顧客に関する日々の完全な詳細が得られる唯一の場所は，口座のある銀行の支店であった。加えて，顧客は銀行の支店を利用し出納係と取引しなければならなかったので，銀行職員は顧客をよく知る傾向にあった。現金自動預払機（ATM）は当時存在しなかった。この結果，顧客情報が漏れていないことを確かめるのはかなり容易であっただろうし，仮に漏れていたとしても，その源を確認するのは一般的に容易でもあっただろう。

1990年代のコンピュータ化された銀行で，この状況は革新的に変わった。銀行の明細書は，現在，顧客がどこでいつ買い物をするかという情報を与えてくれる。つまりATMからの預金の引出しは，取引の正確な時間と場所を明らかにするであろう。支出のパターンは容易にモニターすることができる。一貫した現金利用の減少は，エレクトロニック・バンキング革命，プラスティック・カードの継続的成長やテレフォン・バンキングによって加速した。伝統的な，現金を利用しない決済手段である小切手は一般的ではなくなりつつある。

消費者，あるいは個人顧客の観点からは，銀行の秘密保持はかなり重要性のある問題である。しかし，近年，顧客の秘密事項を保持するという銀行の義務は，銀行業界自身および外部の両方からかなりの非難を浴びてきた。銀

行の秘密保持の考え方は新しいものではないが，英国においてこの義務が法律上の位置づけを得たのは比較的最近で，1924年に遡る[3]。銀行業における秘密保持は，5000年以上前のバビロンで存在していたかもしれないことが示唆されてきたし[4]，全く正確かどうかは別にして，この義務が数百年前にオーストリア，イタリアやドイツにおいて確立していたことは疑いない[5]。

スイスは，預金者に対する完全な保護を提供する完全な銀行秘密保持（bank secrecy）法を有していることで名声を得てきた。スイスのある銀行による義務の不履行が1934年に刑事犯罪となったので，スイス人は銀行の秘密保持（bank secrecy）に関する問題を非常に深刻に捉えてきた。完全な銀行の秘密保持（bank secrecy）の存在は，いかなる理由にせよ，口座の詳細や口座の存在さえも何人にも明かされないことが確かであることを望む人々にとって，スイスをして銀行口座を開くのに非常に有名な場所とする効果があった[6]。経済的観点からは，銀行秘密保持（bank secrecy）法の結果としてスイスは莫大な利益を得た。スイス人は，一般の人々の考えに反して，現在では完全な銀行の秘密保持（bank secrecy）を実際には享受していないが[7]，そのような一般的な通念がまだ存在する。完全な銀行の秘密保持（bank secrecy）を求める人々にとっては，現在，他の国を探す必要がある[8]。

なぜ銀行の顧客は，自身の財務状況を伏せたままにしたがるのであろうか。本章の目的のためには，理由を二つに分けて考えるのが便利である。第一は，合法であるとみなされ得る理由，第二は，不法または違法とさえみなされるかもしれないその他の理由である。合法的な理由には，プライバシーに対する権利が存在するという考え方，あるいは，情報を得ること，および財産を

---

3. 以下で議論されている *Tournier v National Provincial Bank of England* [1924] 1 KB 461 の控訴院判決を参照。
4. D. Campbell, *International Bank Secrecy* (Sweet & Maxwell, 1992) の p. iv を参照。
5. 同上。
6. 1934年銀行及び貯蓄銀行に関する連邦法の第47条(b)項。
7. F. Neate 編, *Bank Confidentiality* (Butterworths, 1997) 所収の H. S. Steiner and M. D. Pfenninger, 'Switzerland' を参照。
8. M. Grundy, *Offshore Business Centres : A World Survey* (Sweet & Maxwell, 1997) を参照。

保護する合法的権利も有しない人には，ある人の財務状況は開示すべきでないとの正当な期待が存在するという考え方を含んでいる。英国では，プライバシーに対する基本的権利は存在せず[9]，このことは，財務情報に関して，特定の国の法律が拡張されることが許されている特権であると主張されてきた[10]。銀行・顧客関係は，弁護士と依頼人，医者と患者，または聖職者と懺悔者のそれと同質のものであり，この関係が財務情報の秘密保持に十分な正当性を与えていると議論されることもある。以下でも議論するように，英国には，プライバシーに対する基本的権利が存在しないけれども，コモン・ローは，秘密保持の義務が実際に銀行・顧客関係のなかに存在することを認めてきた。

ある状況下では，財産の保護が銀行の秘密保持に関する合法的理由の御題目にされる可能性がある。例えば，ドイツのユダヤ人が，当時のナチス政府による財産の没収を避けるために，スイスに膨大な資金を送っていたその時代に存在したような状況を考慮すれば，銀行の秘密保持は全く理解可能なものであり確かに正当なものである[11]。

もう一つの方向性は，不法または違法な理由を含むものである。組織的な犯罪シンジケート，マネー・ロンダリングを行う者や脱税者にとって，事実上の完全な秘密保持（secrecy）を有するという権利の魅力は考慮に値する。

「銀行の秘密保持（bank secrecy）」という言葉は，銀行の秘密保持（bank confidentiality）以上のものを表すときがあり(訳注ⅰ)，合法的であるかもしれないが，そうでないことも多い特定の理由のために情報を隠そうとする試みを示唆することもある。銀行の秘密保持（bank secrecy）の権限は，社会の

---

9. *R v Kban* [1996] 3 All ER 289における英国貴族院の決定を参照。英国法の下での私的自由に対する権利の問題の議論については，J. Breslin, 'Privacy : the Civil Liberties Issue' (1996) 14 *Dick. J. Int L.* 455を参照。
10. 脚注2のMoscarino and Shumaker前掲書。
11. そのような議論は，ここでの検証の範囲を超えている。これに関しては，上記脚注10を参照。

(訳注ⅰ) 訳文では両者ともに秘密保持としたが，原文ではbank secrecyとbank confidentialityを使い分けており，bank secrecyはより広義の意味で使用されているので，両者を区別するためbank secrecyの場合はとくに括弧書きを施すことにした。

ある構成者，また世界中に設立された多くのオフショア金融センター，すなわち「タックス・ヘイブン」にとって明らかな魅力である[12]。最も興味のある事例の一つが人口わずか3万2,000人のケイマン諸島であり，そこには4,200億米ドル以上の資産を有する約600の銀行がある。ケイマン諸島は，世界で五番目に大きな金融センターであると言われる[13]。銀行の秘密保持（bank secrecy）法が制定される前は，わずか二つの地方銀行しか存在しなかった。しかしながら，ケイマン諸島には，完全な銀行秘密保持（bank secrecy）法はなく，1996年犯罪行為に関する訴訟手続法（Proceeds of Criminal Conduct Law 1996）は，マネー・ロンダリングに関する英国の法律に倣ったものである。しかしながら，その他の状況において財務情報を漏らすことは，厳罰を伴う刑事犯罪である[14]。

EU全加盟国や米国を含む多くの地域では，完全な秘密保持（secrecy）を与えるのではなく，プライバシーの必要性を尊重しながら，ある状況下において，この権利がより幅広い利益を守るために優先されるべきことを認めようと試みるような銀行の秘密保持法を有している。守秘義務（a duty of confidentiality）が，英国のコモン・ローにおいて初めて認知されて以来，守秘義務の程度は次第になし崩しになってきているけれども，後でみるように完全な秘密保持は決して存在しなかった。議論の余地はあるが，消費者の立場からは，財務状況に関する高度の秘密保持（bank secrecy）の必要性はないが，しかし，必要とされるのは，適切な場合にはプライバシーを確保し，ある状況下では情報開示を認めるような適切な水準の保護である。

2．コモン・ロー上の義務

秘密保持に関する銀行の義務を検討するにあたって，1924年に控訴院まで達した判例から始めることにする。*Tournier v National Provincial and*

---

12. 脚注8のGrundy前掲書。
13. 同上。
14. ケイマン諸島秘密関係（保持）法（The Cayman Islands Confidential Relationship (Preservation) Law）を参照。

Union Bank of England[15] では，ある銀行の経営者が顧客の情報と口座の状況を第三者に漏らした。要するに，Tounier は当該銀行の顧客であり，彼の口座が借り越しになっていたという事実があった。彼は，週払いで当座借り越し分を返済することで，銀行の支店長と合意に達した。合意の際に，Tournier は自分が職に就いていることで銀行の支店長を納得させ，雇い主の名前と住所を知らせた。度々，Tournier は合意した返済を行わなかった。銀行の支店長は，Tournier の住所を知るために彼の雇い主と接触し，その会話のなかで，Tournier の口座が借り越しになっており，合意した週払いの返済を行っていないことを告げた。また，銀行の支店長は，Tournier がギャンブルに熱中している疑いがあることも経営者に告げた。Tournier の見習い期間が終了したときに，彼は職を失った。Tournier は名誉毀損，並びに，銀行は本人の同意なしに第三者に対して情報を漏らしてはならないとの契約上の暗黙の了解を銀行が破ったという理由で，銀行を告訴した。

最初は Tournier が敗訴したが，控訴院に上告した。控訴院では，銀行は顧客に対する守秘義務を負い，その義務は契約から生じる法律上の義務であり，その義務は絶対的ではなく，ある適格性の条件に従うということが全員一致で支持された。Bankes 裁判官によれば，「今日において，守秘義務は契約から生じる法律上の義務であり，この義務は絶対的でなく適格性が付与されることを，確信をもって主張できると考える。守秘義務の包括的な定義を形成することは不可能である」[16]。

この控訴院の裁判官は，秘密保持の義務に対する適格性の条件を以下のように規定した。

> 原理的には，適格性の条件は次の4項目に分類できると考える。(a)情報開示が法律により強制される場合，(b)公衆に対する情報開示義務がある場合，(c)銀行の利益によって情報開示が必要となる場合，(d)情報開示が顧客の明示的または暗黙的同意によってなされる場合[17]。

---

15. ［1924］1 KB 461.
16. 同上の p. 471.
17. 同上。

守秘義務に対するこれら四つの適格性の条件，あるいは例外については，後に本章で詳細に検討する。

Tournier の原則は，英国だけでなく，コモン・ローの法体系が支配する世界中の地域で，コモン・ローとしての位置づけを認められるようになった[18]。1924年以来，銀行業は大きな変化を経験してきたという事実にもかかわらず，いかなる制定法による規定も存在しないので，当該判例は，英国における守秘義務に関する法律上の地位をいまなお保っている。

3．検討委員会報告と政府の反応

Tournier の画期的な判決から63年後の1987年に，英国大蔵省は，イングランド銀行と連携して，銀行サービスに関する法律を見直すための委員会を設立した。R. B. Jack 教授を委員長とするこの検討委員会は1988年12月に報告書を完成させたが，銀行の守秘義務の問題が，長い詳細な報告書のすべての章を正当化するために重要であると考えられた[19]。検討委員会が *Tournier* 判決の検討から始めて，「法律的原則の枠組みと単に考えるとしても」，それが時代の試練に耐えてきたと結論づけたことは驚くに値しない[20]。守秘義務も先述の適格性の条件も双方ともいまなお広い意味において重要である一方で，四つの適格性の条件が正確な定義を欠いていたという事実のために，悪用される可能性がかなりあるという懸念があるように感じられる。

検討委員会は守秘義務に関連する法律の多くの側面に関心をもっており，以下のことが主な関心事として確認された。まず，守秘義務に対する四つの条件における第一の条件，すなわち，法律による強制のもとでの情報開示に関して，銀行が顧客情報を流す必要があること，またこれを認める法律上の

---

18. 例えば，オーストラリア，バハマ，カナダ，ケイマン諸島，香港，アイルランド，マレーシア，ニュージーランド，パキスタン，およびシンガポールのすべての国々は，*Tournier* の原則に基づいた銀行の秘密保持法を有する。米国の裁判所においては，*Tournier* が模範とされてきた。脚注4の Campbell 前掲書を参照。
19. 以上，脚注1の5章。
20. 以上，脚注1の5章5節。

大きな進展があった。これは，本論で後に扱われるマネー・ロンダリング防止規制の結果，さらに重要となった。課せられた責務の正確な性質に関する不確実性とともに，「銀行への過酷な負担」[21]について関心が表明された。しかしながら，四つの条件における第一の条件に関連した主な関心は，多くの法律が重々も考慮した際に，おそらく「*Tournier* の時代に考えられた，顧客の秘密保持についての原則全てに対して深刻な侵害」を行ってきたことであろう[22]。つぎに，(c)銀行の利益が情報開示を必要とする場合および(d)情報開示が顧客の明示的または暗黙的な同意によってなされる場合という第三と第四の適格性の条件に関して，(c)はおそらく *Tournier* の時代にはほとんど問題とはならなかったが，1980年代末までにこれはもはや事実ではないとの認識を検討委員会はもつに至った。顧客の明示的な同意なしに，銀行が同一グループ企業の他の会社に情報を与える権利を有するという銀行による認識や，これが暗黙的な同意に基づいて正当化されるという銀行による主張に関して関心が表明された。また，検討委員会で意見を聴取された人の多くが情報の利用のされ方に関心を表明したことにも，検討委員会は着目した[23]。第三は，銀行による信用調査機関への情報開示の問題であった。検討委員会はこの問題に関心を示し，銀行と信用調査機関が1988年5月に，債務不履行の借り手に関する情報をどのように信用調査機関に伝達するかについて合意に達したことは注目に値する。

　検討委員会の意見は，引き続き起こったことの結果として *Tournier* の指針が不鮮明になったので，守秘義務の正確な範囲がある程度明確に表現される必要があるというものであった。これに関しては，以下のような理由が確認された。

　　第一に，犯罪の予防と発見という目的は賞賛に値するかもしれないが，守秘義務が法律上大幅に蝕まれており，かつ，その規模は拡大しているように思える。第二に，信用に基づく経済において債務者の不履行の危険が増大している

---

21. 脚注1の前掲書，*Banking Services*（1989年）の5.08章。
22. 同上。
23. 同上の5章14節。

ことによって，激烈な競争時代の営業上の圧力とともに，銀行は自分の銀行グループ内でますます顧客に関する秘密情報を自由に流そうとするようになっている。第三に，同じ不履行の危険の増大が，銀行に対して，認可された信用調査機関に情報を流すという圧力を増大させてきた[24]。

　法律は強化されるべきであり，Tournier の原則は適切に更新した上で法律に組み込むべきだとの提案が行われた。「公衆に対する義務」という例外は，検討委員会がその継続的な存在に対して正当性を見いだすことが出来なかったため，削除すべきであるとの提案も行われた。提案された制定法上の規定は，守秘義務自身は Tournier におけるのと同様に定義されるべきというものであった[25]。法律による強制の下での開示に関しては，すべての制定法による免責が，提案された法律のなかで統合されるべきであるとの案が出された[26]。銀行の利益という例外は，(i)銀行が訴訟の一方の当事者である場合の裁判所における開示，(ii)同一グループ内の銀行間での開示，(iii)銀行の販売（あるいはその実質的部分）に関連する開示に限られるべきである[27]。また，第四の例外は，顧客の明示的な同意を必要とするように変更すべきことも提案された。

　政府の反応は，秘密保持に関連する新しい法令の提案を退けるものであった[28]。白書によれば，「政府にとって望ましいアプローチは，必要な場合には，制定法によるのではなく自主的な銀行の実務規範によって，可能な限り銀行サービスの競争に関して強化を図ることである」[29]。その代わりに，政府は，Tournier の原則を「明確かつ平易な言葉」で記した実務規範の導入が望ましいとの意見をもっていた[30]。政府は，制定法による例外が存在する結果として，義務がかなりの程度蝕まれてきたことを認めなかった。

　しかしながら，実務規範に，マーケティングや信用調査機関への情報提供

---

24. 同上の 5 章 24 節。
25. 同上の 5 章 39 節。
26. 同上の 5 章 40 節。
27. 同上の 5 章 42 節。
28. *Banking Services : Law and Practice* (HMSO, 1990), Cmnd 1026.
29. 同上の 27 節。
30. 同上の 24 節。

を目的とする情報開示に関して,適正な実務に関する文言を盛り込むのが望ましいと政府は考えた[31]。ブラック情報[32]に関しては,銀行による信用調査機関への情報提供を認めなければならないとの意見を政府はもっていた[33]。これは不良債権の費用を賄うために,より高い手数料を支払わなければならない消費者にとって最善の利益になると,政府は考えた。

4. 実務規範

Good Banking : Code of Practice to be Observed by Banks, Building Societies and Card Issuers in their Relations with Personal Customers と名づけられた規範は,英国銀行協会(BBA:British Bankers' Association),住宅金融組合協会や支払決済サービス協会(APACS:Association for Payment Clearing Services)共同で作られた。同規範の初版は,1992年3月16日に施行され,第2版は1994年に公表され,そして第3版である現行版は,1997年7月に施行された。現行版の4節(1)項は,以下のように *Tournier* の適格性の条件を規定する。

　われわれは,すべての個人情報を(もはや顧客でなくなったときでも)個人のものとしてかつ極秘のものとして扱う。法律で認められた四つの例外以外には,顧客口座のいかなること,また顧客の名前や住所は,同一グループ内の他の企業を含む何人に対しても開示されない。例外は以下の通りである。

(i)　開示するように法律上強制される場合。
(ii)　公衆に開示する義務がある場合。
(iii)　われわれの利益によって開示が必要となる場合。
　　マーケティングを目的として,われわれのグループ内の他の企業を含む何人にも,(顧客の名前や住所も含む)顧客並びに顧客の口座に関する情報を開示する理由として,この条件が用いられることはない。
(iv)　顧客の要望または顧客の同意によって,情報開示が行われる場合。

---

31. 同上の28節。
32. この用語の説明については,7節「ブラック情報」を参照。
33. 脚注28の前掲書, *Banking Services* (1990年)の付論2の2節17項。

これは，銀行業界による守秘義務への明確な公約を示す歓迎すべき進展である。もし *Tournier* の四つの条件の一つが該当しないならば，コモン・ローの下で銀行は他の企業に情報を提供する立場にないであろう。

　少なくとも 1970 年代まで，銀行は，当座預金，定期預金，貸付や当座借越など基本的な銀行サービスを提供した。最近の 20 年間で，銀行や同一銀行グループ内の他の企業は，不動産業，保険商品，年金，旅行代理店サービスやその他の幅広い範囲のサービスを提供するようになった。例えば，もし保険サービスが実際に銀行自身によって提供されるならば，銀行の保険サービス部門への情報提供に問題はないであろうが，しかし，その他法律上の理由のために，これらのサービスはグループ内の他の企業によって提供されるのが一般的であろう。*Bank of Tokyo v Karoon*[34] で控訴院は，銀行がその親会社に秘密情報を開示する権利があるかどうかを審議した。控訴院の意見は，これが義務の不履行に相当するかは議論の余地がある事案であるということであった。しかしながら，当該問題の最終判決が下されていないので，この判例は限定的な助けにしかならないと主張されてきた[35]。

　実務規範の初版によれば，銀行は企業グループ内のマーケティングのために，三番目の例外を利用できず，8 節は顧客の明示的な同意なしに同一グループ内の他の企業に顧客の名前や住所を提供できないと規定した。実務規範の第 2 版は 1994 年 2 月に制定され，守秘義務に関連した変更が行われた。初版の 6 節が 8 節になった以外変更はなかったが，マーケティング・サービスに関連して変更が加えられた。完全な新しい規定が加えられたが，それは以下の通りである。

　　10.1　顧客の特別な要求に対応する場合を除いて，銀行や住宅金融組合は，顧客の書面による明示的な同意なしに，マーケティングを目的として，同一グループ内の他の企業に顧客の名前や住所を提供してはならない。銀行や住宅金融組合は，顧客に対してそのような書面による同意を条件に，基本的な銀行サービスの提供をしてはならない。この目的のため，「基本的な銀行サービス」

34.　[1987] All ER 468.
35.　M. Hapgood, *Paget's Law of Banking*, 第 11 版（Butterworths, 1996）の p. 123.

には，小切手や他の決済手段による資金移動のための口座の開設と維持を含む。

これは一見，銀行が同一グループの他の企業に情報を提供する前に，実際に顧客に相談するという感じを与える。しかしながら，口座開設用紙にある文言を加えることによって，このことは容易に実現できる。例えば，口座開設用紙に署名することで，銀行にマーケティング機会があればいつでも，顧客は情報の開示に同意するというように。

実務規範の現行版は，以下の内容を含む。

2.15 あなたが特別に要求しないならば，または書面による明示的な同意をしなければ，マーケティングを目的とする，グループの他の企業を含むいかなる企業に対しても顧客の名前や住所を，われわれは提供しない。基本的な銀行サービスの見返りに，情報提供の許可を求めることはない。

「基本的な銀行サービス」という言葉は以前と同様に定義されるが，「これは，通常は当座勘定である」と付け加えられている。ある潜在的な顧客が，当座勘定ではないサービスを求める際に，マーケティングを目的として同一グループ内の他の企業へ情報提供することに顧客が同意することを拒めば，要求したサービスを拒否される可能性があることをこれは示唆する。また，顧客からの「特別な要求」の考え方に関しても，未解決の問題が存在する。銀行は，この状況の下で実際に起こるであろうことを理解できる真の機会を，顧客に提供していないかもしれない。

同一グループの他の企業に情報を提供することは，明らかに銀行グループ全体としての経済的利益に適い，多くの顧客は自分自身の名前や住所が提供されて幸せになるであろうが，同様にそうではない顧客も出てくるだろう。同一グループ内の他の企業への情報提供に関連する実際の銀行行動の調査は，情報が顧客の意志とは関係なくグループ全体で利用されるのが一般的であることを示している。

実務規範の現行版の2節15項における明確な公約は，マーケティングを目的とした，同一グループの他の企業に提供される情報に関係するものだけである。マーケティングの目的以外で他のグループのメンバー企業に情報を

提供することは，全く別の問題である。

　口座開設用紙上か，あるいは口座開設時に申込者に渡される別の用紙上のいずれかで，顧客に提示される一連の条項や条件に拘束されることに，顧客が同意することを規定する文言を，口座開設用紙は一般的に含んでいる。条項や条件は，銀行グループの他の企業によってアクセスできるコンピュータ・システムに，個人情報が保管されることを口座名義人が同意していると，表現することが多いようである。同一グループの他の企業に情報の利用を認めることを拒否する機会は全く与えられないだろう。したがって，顧客は，明示的な同意に基づき開示を認めるとの条項や条件に，拘束される。顧客がマーケティングを目的とする情報開示に明示的に同意することを拒絶した場合でも，これによって情報がグループ全体で共有化されないことを意味するわけではない。というのは，顧客が情報を開示することへの同意を含むように思われる条項や条件に拘束されることに同意したからである。しかしながら，そのような状況においても，グループのメンバー企業は，マーケティング機会に際して顧客に接触することは許されないだろう。しかしながら，他のグループ企業は，あらゆる機会に情報にアクセスするであろう。

　実務規範の第2版が1994年に公表された際に，当時の公正取引庁長官であったBrian Carsberg卿は次のように述べた。

> 秘密保持の原則は，個人口座の詳細が，明示的な同意なしに，銀行の金融サービス販売チームまたは会社に提供されないことを求めている。銀行のなかにはこの原則を回避するものもあり，改定された実務規範ではそのような銀行を防止するのには無力である[36]。

　消費者団体もまた，銀行行動のこのような側面について批判的である。実務規範の最新版または現在の銀行行動において，この状況を改善するものは何もない。

---

36. Office of Fair Trading Press Release, No. 11/94, 1994年2月8日。

5. 守秘義務に対する四つの適格性の条件

5.1 法律による強制

　法律により強制された情報開示は，Tournier の時代には比較的単純な概念であったが，しかし，もはや 1990 年代においてはそうではない。適切な状況のなかで，情報を第三者へ開示できることを定めた法律は，現在少なくとも二十はある。Tournier の時代には，法律の強制によって銀行が情報を開示することを求められる例はほとんどなかったと，検討委員会は述べた。わずかに二つのことが思い浮かぶに過ぎない。すなわち，1879 年銀行帳簿証拠法の 7 条と 1873 年外国犯罪人引渡しに関する法律（Extradition Act 1873）の 5 条である。検討委員会が 1980 年代後半に開催されるまでに，状況は劇的に変化していたし，検討委員会は銀行が情報を開示すべき要件を含む十九の法律を引用した[37]。1989 年以来，この数は増加してきた。これらの例には，1879 年銀行帳簿証拠法，1986 年金融サービス法，1987 年銀行法，1986 年住宅金融組合法および様々な税法を含んでいる。上記の状況は守秘義務への例外の複雑な枠組みのひとつであり，具体的には 1988 年刑事裁判法（Criminal Justice Act 1988）の第 4 部を修正した 1993 年刑事裁判法（Criminal Justice Act 1993）導入の結果一層複雑になった。マネー・ロンダリングという世界的に深刻な問題を撲滅するための国際的努力の一部を構成しているために，これらの新しい規定は銀行とその顧客に多くの影響を与えてきた。

　法律上の規定により特定の第三者への情報開示が必要な場合，顧客との関係における銀行の役割とは何なのか。銀行は顧客に対して多くのコモン・ロー上の暗黙的な義務を負っており，常に顧客の最善の利益に基づいて行動することが期待されている[38]。情報の要求が適切なチャネルを通して受け入れられるのは，情報の要求が行われたこと，および情報が開示されるべきことを顧客に知らせる義務を銀行がもつ場合ではないか。実際，銀行が情報の

---

37. 脚注 11 の前掲書，*Banking Services*（1989）の付論 Q。
38. もちろん，マネー・ロンダリングの疑いがある場合は例外である。

開示に異議を申し立てることが正しい行動なのかを問うこともできる。この問題は Barclays Bank v Taylor[39] で考察されたが，同判例では，情報開示が法律上の規定に従って行われた場合，秘密情報が第三者に流れていたことを銀行が顧客に通知することを求める黙示的条項は，銀行・顧客関係において全く存在しないことが控訴院により全員一致で是認された。Donaldson卿は，警察による犯罪行為の調査を助けるとの公共利益の側面について言及し，1984年警察刑事証拠法の9条に関連したこの判例において，情報が警察へ流れたことを顧客が銀行から警告されれば，顧客は驚き，また失望したであろうと述べた。後で見るように，マネー・ロンダリングに関する犯罪では，顧客への通知は刑事罰となろう。

同報告書以降の守秘義務に対する最も重要な修正は，おそらく施行までに時間を要した厳しいマネー・ロンダリング防止規定の導入であろう。マネー・ロンダリングは以下のように定義されてきた。

> それは，広い意味では，犯罪による売上げを表す裏金の正体，およびその売上げの真の所有権の両方が変化し，その結果として資金が適法あるいは合法的な源泉から生じていると思えるような過程あるいは制度のことである[40]。

マネー・ロンダリングは巨大な国際的次元の問題になっており，銀行制度を利用するのはマネー・ロンダリングに関する最も容易なチャネルだからである。以前のマネー・ロンダリングの犯罪は麻薬取引やテロリズムに集中していたが，現在は，起訴可能なすべての犯罪が含まれる[41]。ロンダリングされる資金の明らかな一つの源は，資金源を曖昧にしようとする脱税者であろう。関連性のある規制とともに，新しい法律は銀行にとって非常に重要なものとなった。マネー・ロンダリングの犯罪について詳細な分析を行う試みはここではないし，読者はこの話題に関して別の書物を参照してほしいが，銀

---

39. [1989] 3 All ER 563.
40. B. Rider and M Ashe 編, *Money Laundering Control* (Sweet & Maxwell, 1996) 所収の G. Bhattacharya and E. Radmore, 'Fighting Money Laundering: a United Kingdom Perspective' の p. 101.
41. 1993年刑事裁判法 (Criminal Justice Act 1993) の規定は，多くの形態の犯罪行為を含むようにマネー・ロンダリング防止規定の範囲を拡大した。

行はとくにマネー・ロンダリング防止規定が適用するためには，いくつかの議論が必要である[42]。

規制に違反した罰は，最高で2年間の禁固刑という厳しいものである。レギュレーション5は，「英国において関連性のある金融業務に従事する何人も」，身元確認，記録保持，内部報告および職員の訓練を含む内部の意思伝達手続きを網羅するような適切な手続きを踏まなければならないと定めている。身元確認手続きの導入という要件は，消費者にとって最も注目すべきものである。口座を開設しようと試みれば，銀行は顧客に納得できる身分証明を提示するように求めるであろう。これは，顧客が主張する通りの人物であることを合理的に証明できる証拠であり，また，証拠を受け取る人が，それが現実にその人物の正体を証明すると確信できる証拠でもあると，レギュレーション11(1)は規定する。

この要件は口座開設にのみ適用されるのではなく，単独の金融取引にも適用される。通常の銀行実務では，二つの身分証明書を求める。一つは，個人の身分を示すパスポートあるいは運転免許証のようなものであり，もう一つは，例えば，ガス，電気，電話代の領収証のような申込者の住所を確認できるものである。おそらくは長い行列待ちの後で，そのような身分証明がなぜ必要なのか説明もされず，しかも，口座を開設できずに帰されるときに特に，顧客はこのことに困惑することが多い[43]。

口座開設の問題は別にして，顧客にとって主に可能性のある問題は「疑わしい」取引に関する内部報告手続きの要件である。各銀行はマネー・ロンダリングを報告する担当者を設置し，疑わしい行動の報告はその担当者に対して行われなければならない。現在，銀行員のすべてが，必要な手続きを理解するために訓練を受けなければならない。銀行員の職務中に発見したいくつかの結果として，顧客がマネー・ロンダリングに関与しているかもしれないとの疑念を抱いた何人も，関係当局にこのことを報告しないことは犯罪にな

---

42. マネー・ロンダリング防止規定の詳細な情報に関しては，脚注40の Rider and Ashe 前掲書を参照。また，1993年マネー・ロンダリング規制を参照。
43. その他のタイプの顧客，例えば，企業やパートナーシップに対する身分証明の要件に関する位置づけは，本章の範囲を超えている。

る[44]。同規定は，銀行がそのような報告が行われたことを顧客に通知することも禁じている[45]。

これらの規定は，銀行員と顧客の双方にとって潜在的な問題となる。銀行員は注意深くなるように訓練されなければならないし，非日常的な預金活動を監視するようになるだろう。住宅金融組合協会のKate Mainは，「一回限りの取引を行うような既存のよく知っている顧客は，おそらく疑念を全く喚起しないであろうし，多くの質問を受けないことも確かである」と述べていた[46]。顧客が長い間かなり小額の残高しか保有しておらず，急に巨額の現金を預けた場合，このことは疑わしいと考えられるであろうと，ミッドランド銀行の広報担当者は語っていた[47]。したがって，銀行で多くの職員によって非日常的と見なされた口座活動であるがゆえに，国家犯罪情報サービス機構（NCIS）に報告が行われることが起こり得る。顧客はこれらの要件を全く知らないのが一般的であり，口座活動が日常のパターンと一致しない状況にあるような顧客に質問する際に，銀行員がどこまでできるのか確信がもてないように思える。おそらくは顧客に「情報が漏れる」恐れがあるために，全く犯罪性のない取引として報告されることになるであろう。このような状況では銀行員を非難することは困難であり，これは更に解明を要する領域である。

5.2 公衆への開示義務

Bankes裁判官は，守秘義務に対するこの例外の範囲に関して詳述しなかったし，*Tournier*以来ずっと，このテーマに正確に何が含まれるかに関しては不確実性が存在してきた。彼が示した唯一の例は，国家への危険が存在する場合であった。検討委員会はこのような例外の廃止を勧告したが，こ

---

44. マネー・ロンダリングの事実を知っていること，またはその疑念を開示しないことは，麻薬取引やテロリストが関係する活動に適用される。すなわち，1994年麻薬不正取引法（Drug Trafficking Act 1994）の52条および1989年テロリズム防止（暫定）法の18条A項である。
45. 1988年刑事裁判法（Criminal Justice Act 1988）の93条D項，1994年麻薬麻薬不正取引法（Drug Trafficking Act 1994）の53条および1989年テロリズム防止（暫定）法の17条(2)項。これが，一般に刑事罰に適用される。
46. *The Guardian*，1993年8月28日。
47. 同上。

れは政府により受け入れられなかった。

5.3 銀行の利益によって情報開示が必要となる場合

これは，銀行が顧客の一人を提訴しなければならない状況に適用されるであろうことを示唆する場合が多い。紛争に関する情報は，訴状や申立書に基づいて提供されなければならないだろう。Bankes 裁判官は，貸付を返済しないことに対して銀行が令状を発しなければならない状況について，とくに言及した。しかし，同一銀行グループ内の他の会社に情報を流すことについてはどうなのか。これは，明らかに銀行の経済的利益に適うであろうが，しかし，Bankes 裁判官が経営上と考えていたらしい狭い境界線を越えているのは明白に思える。これが検討委員会および裁判所によって考慮されてきた，この後で立ち戻ることになる問題である。

5.4 顧客の明示的あるいは暗黙的な同意により情報開示が行われる場合

Tournier で Atkin 卿は，明示的な同意はいかなる問題も生じさせないとの意見であった[48]。しかしながら，現在のところ，明示的な同意には問題点がないというわけではなく，暗黙的な同意という概念の方はより困難な問題を伴っているように思える。明示的な同意とは，顧客が銀行に情報を漏らすように指示する場合である。このことが最もよく当てはまるのは，顧客が銀行に対して第三者への照会を希望する場合である。実務規範の 4 節 5 項は，「われわれは銀行員への照会を行うかどうかを尋ねる。もしあなたに関する銀行員への照会が必要であれば，それを行う前にあなたに書面による同意を求める」と規定する。

実際には，他の個人や企業ではなく，他の銀行に対してのみ照会を行うのが常であるけれども，銀行は普通にこのような事務手続きを行うし，かなりの期間にわたってそのようにしてきた。銀行員は，常に，照会に何が含まれるかに関しては非常に注意深かった。そのような照会は明らかに漠然とした言葉で書かれているが，内部の人々には明確なメッセージが示されている[49]。

---

48. [1924] 1 KB at 486.
49. 照会に関する銀行の潜在的な責任問題についての議論は，本章の範囲を超えてい

実務規範は，銀行員の照会を「特定の顧客による金融契約の締結，あるいは返済能力に関する意見」と定義する[50]。

これまで述べてきたように，銀行は他の銀行からの質問にのみ答えるのが伝統的であった。しかし，Cranston が指摘するように，顧客の明示的な同意がある場合に，質問者に対して直接的に意見を提供すべきでないという理由は存在しない[51]。銀行は「通常業務の過程で」身分に関する意見を提供するだけであり，銀行以外へ直接的に意見を提供することは通常業務の過程には含まれないであろうと検討委員会は述べた。

伝統的に，銀行はそのような照会を行うことを正当化する根拠として，暗黙的な同意の概念に依拠してきた。照会が行われる前に，明示的に記された顧客の同意が必要になることを，実務規範は現在明確にしている。これは，顧客と銀行に恩恵を与える歓迎すべき進展である。これは，暗黙的な同意に依拠すべきではなく，同意は書面で行われて所与の目的を記すべきであるという検討委員会の提案を反映している[52]。顧客が口座を開くときに，自分の財産状況に関する質問に答えることについて暗黙的な同意を銀行に与えてきたことを銀行が前提としていることに，ほとんどの顧客が気づいていないと検討委員会は感じていた[53]。

6．守秘義務が適用されるのはどんな情報か

Atkin 卿は守秘義務の範囲を次のように考えた。

> 守秘義務の範囲が口座の状態，すなわち借方か貸方か，およびその残高を超えたものであることは明白である。それは，口座を通じたすべての取引に拡張されなければならないし，もしあれば，口座に関して供出されている担保にま

る。詳細な議論については，脚注 35 の Hapgood 前掲書の pp. 125-9 を参照。
50． S. 6.
51． R. Cranston, *Principles of Banking Law* (Oxford University Press, 1997) の p. 194.
52． 5 節 43 項。
53． 6 節 27 項。

で拡張されなければならない。それは，口座が閉鎖された，すなわち，有効な口座であることを終えた時期を越えるものでなければならないとも考える。いったん，顧客が口座を閉鎖しても，顧客に対して当時行っていた特定の取引の情報を，銀行が望むときに自由に流すことができるとどちらか一方の当事者が考えることは，私にとって信じ難いように思える。さらに，顧客がもつ実際の勘定以外の情報源から得られたものにまで，その責任は拡張されていると私は考える[54]。

　ある人が銀行に口座をもつという事実さえも，守秘義務の範囲に入るように思われる。したがって，もし，ある特定の個人が口座をもっているかを尋ねるために誰かが銀行の支店に接触して，銀行が口座のあることを開示すれば，銀行は義務を履行しなかったことになろう。銀行にとって最も安全で適切な行動の方向性は，そのような問題には答えられないと質問者に忠告することであろう。

　しかしながら，小切手，プラスティック・カードあるいはその他の手段を利用することによって，ある個人がその銀行に口座をもっている事実を漏洩する場合も多いだろう。しかし，これは，銀行ではなく顧客の選択の問題である。可能性がある一つの問題としては，たとえば，ある夫婦が銀行のある支店に共通の口座をもち，いずれか，あるいは双方とも個人口座をもっている状況が考えられる。この場合，口座所有者でない人に個人口座の存在も漏らさないように，銀行は注意深くあらねばならない。

　当該情報が公共的な領域に含まれるのでなければ，銀行が所有している情報すべてに実質的に守秘義務が適用されるであろうし，かつ，顧客以外の源泉から得られた情報にも適用されるであろう。

7．ブラック情報

　「ブラック情報」は，銀行から資金を借りて期日まで返済し続けることができない顧客に関する情報である。この種類の情報開示に向けての銀行の態

---

54. [1924] 1 KB at 485.

度は，実務規範の4節2項で以下のように記述されている。

> われわれに対して負っている個人的な負債に関する情報は，以下のような場合には信用調査機関に開示される。
> ・支払いが遅れてしまった場合。あるいは，
> ・負債額が係争中でない場合。あるいは，
> ・正式な請求に従い，負債の返済に関してわれわれに満足すべき提案を行わなかった場合。あるいは，
> ・情報開示するとのわれわれの意思の通知が，少なくとも28日前に行われた場合[55]。

顧客の同意なしに信用調査機関に他のいかなる情報も提供しないと，銀行は実務規範のなかで述べてきた[56]。

ブラック情報を開示することの法律的な合理性は何か。実務規範の導入前には，銀行業の慣習は「ブラック情報」を開示することにあったのは疑いないが，このような守秘義務の不履行と思われることに関して，どのような法律的な合理性が存在したかを理解するのは難しい。このことは，いまも問題であり続けている。一方の例外である(b)公共の利益，あるいは，(c)銀行の利益によって情報開示が必要となることに，銀行は依拠してきたというのが唯一推測できることである。議論の余地はあるけれども，銀行はコモン・ローのもとで，ブラック情報を漏らす権利を有していない。銀行が採用すべき最も安全で適切な行動の方向性は，ブラック情報が認可された信用調査機関に開示されるべきことに関して，貸付書類のなかで特別に許可が与えられることを担保することであろう。

実務規範の規定は，1992年における初版の実務規範を導入する前に存在したような，銀行の実務を単に反映したものではない。銀行による情報開示の意思がある場合，顧客に対し最低28日前の通知が行われねばならないとの要件が結果として生まれたように，その位置づけは消費者の観点から強化

---

55. 信用調査機関は，1974年消費者信用法のもとで免許を受けた，貸し手と関連性をもつ個人についての情報を有している組織であると，実務規範のなかで定義されている。
56. 実務規範の4条3項。

されることになった。さらに，負債額は係争中であってはならないとの要件が存在するが，しかし，このことはいくつかの問題を生じさせ得る分野である。たとえば，認可を得ていない当座貸越と同様に，もし銀行が課すとすれば何が付け加えられたのか，そして，これらは顧客にとり係争中となるのかどうかである。明らかに，通知という威嚇は，顧客による更なる提案に結びつくことが多く，また，少なくとも顧客が実際に銀行と接触せざるを得ない効果をもつであろう。

8．守秘義務不履行の補償

守秘義務の不履行に対する補償は，契約のなかに定めがある。開示が進められる場合，あるいは，まだ行われてはいないが顧客が行われることに気づいた場合，差し止めを求めることも可能であろう。しかしながら，不履行がすでに生じていて，したがって，通常の請求権は毀損しているので，差し止めによる救済が求められることは稀であろう。原告が民間の個人である場合，最も考えられる行動は民事訴訟に訴えるよりもむしろ銀行オンブズマン制度を利用することであろう。守秘義務の不履行に関する苦情は，銀行オンブズマンの「年次報告」ではお決まりの特徴である。1995年から1996年にかけて，銀行オンブズマンに秘密保持に関する127件の苦情申し立てがあり，1996年から1997年には132件の苦情申し立てがあった。これらの苦情のうち28件は完全な調査に至った[57]。

9．結　論

銀行顧客が，銀行の開示義務が守秘義務に取って代わったのかを疑問に思うのも当然であろうと，検討委員会[58]は述べた。銀行は顧客情報を開示できるだけではなく積極的に開示すべき義務を負っているとの状況が，現在では以前にもまして強まっている。実際，既に見てきたように，マネー・ロンダ

---

57. *The Banking Ombudsman Scheme: Annual Report 1996-97*.
58. 脚注1の前掲書，*Banking Services* (1990) の5章26節。

リング防止規定は，一般的と考えられないやり方で顧客が行動し，そのため当然にNCISへ報告書が提出される結果に繋がるような状況を作り出している。

　実務規範の導入は以前の状況を改善するものではあったけれども，現在の法律の状況は個々の顧客保護に関して満足のいくものとはなっていない。実務規範の最新版における明確な文言は，銀行オンブズマン制度の利用とあいまって，高水準の顧客保護を提供している。しかしながら，問題はいまなお残っている。例えば，銀行が主張するとの同様に，銀行は実務規範に拘束されているかに関してはいまも幾ばくかの疑問があり，明示的にせよ暗黙的にせよ，同意が本当に行なわれたかという問題は，弊害が甚だしい領域である。

　情報開示と個人的な金融情報の保護の間には均衡が図られなければならない。ある国で提案されている完全な銀行の秘密保持（bank secrecy）は，英国では正当化されない。それは社会全体の利益にもならないであろうし，また，個々の消費者の利益にもなり得ないとの示唆がある。銀行顧客は，その金融取引が自分自身と銀行間の問題であることを期待していることは理解できる。英国の法律が定めるように，銀行の秘密保持（bank secrecy）のようなものは全く存在しないが，銀行が顧客に対して負っているコモン・ロー上の守秘義務は存在する。銀行の秘密保持（bank secrecy）法の背後に顧客が隠れることができないことを担保するうえで，公共の利益と秘密保持の必要性との間において*Tournier*の原則が公正な均衡を提供している。厳格な秘密保持（bank secrecy）法は英国では必要ない。

　しかしながら，残る問題は，顧客，銀行および銀行の職員が，過度に疑問がありかつ不必要なほど複雑な法体系に直面していることであり，これは何人の利益にもならない。守秘義務に対する*Tournier*の原則および例外は，新しい法律に統合されるべきであると検討委員会は勧告した。もちろん，これは時の政府によって拒絶され，現在の政府による立法化の可能性もほとんどない。検討委員会が勧告を行って以来，マネー・ロンダリング防止規定の結果として枠組みは以前よりもずっと複雑になった。

　顧客にとって評価できる一つの特徴は，銀行オンブズマン制度と対になった実務規範の存在である。実務規範の第2版が1994年に導入された際，銀

行により示された実務規範への関与の度合いに関して，筆者や他の人たちによっても関心が表明された[59]。主要銀行のすべてが，現在，実務規範の存在だけでなくその規定についても認識を示しており，いまや実務規範の写しが手形交換組合銀行の支店で利用できるのが一般的である。しかしながら，実務規範のなかで明示された守秘義務に対する一般大衆の強い関心にもかかわらず，実務規範が適用されるときには，実務規範の規定に関係なく，銀行は自分自身の利益を第一に考えると人々は感じているというのが，なおも現実であると思われる。顧客から明示的な同意を受けたことに基づき，情報が同一グループの他の企業へ流れることを認めるような口座開設時における条項や条件を使用するのが，主要銀行の実態である。法律的な点からみれば，規則に違反していないが，実務規範の精神に基づき行動しているとはいえないやり方で銀行は行動している。消費者保護の観点からは，1990年に，検討委員会による新しい法制化の提案を支持することを政府が拒絶したときに絶好の機会を逸したといえる。

---

59. A. Campbell, 'Bank and Customer Confidentiality' (1994) 4 *Consumer Policy Review 80*. を参照。

第4章

銀行契約における一方的変更：'不公正条項' か

エヴァ・ロムニカ

1．はじめに

消費者契約の不公正条項に関する EC 指令[1] の履行の必要性は，消費者保護[2] に対する英国の法律上の態度を再考する機会として歓迎された。たとえ法制への長期的な影響がいかなるものにせよ，消費者契約の不公正条項規制（'the Unfair Terms in Consumer Contracts Regulation' 以下，不公正条項規制と略）[3] による EC 指令の履行が，サービスの売り手や提供者，また，少なくとも，法律環境に目を向けてきた事業者に，標準的な契約条項を再考させる有

---

1. EC 指令 93/13/EEC（[1993] OJ L95, 21. 4. 93 の p. 29）。これは 1995 年 1 月 1 日に施行された。この EC 指令に関する議論については，Duffy, 'Unfair Contract Terms and the Draft EC Directive' [1993] JBL 67, Dean, 'Unfair Contract Terms: the European Approach' (1993) 56 MLR 581，および，Willett, 'Directive on Unfair Terms in Consumer Contracts' (1994) *Consumer Law Journal* 114, Dean, 'Consolidation or Confusion?' (1995) 145 NLJ 28,（スコットランド人の立場での）Macneil, 'Good Faith and the Control of Contract Terms: the EC Directive on Unfair Terms in Consumer Contracts' (1995) *Juridical Review* 147 を参照。簡単な歴史については，Bright and Bright, 'Unfair Terms in Land Contracts: Copy out or Cop out?' (1995) 111 LQR 655, 656-9 を参照。
2. 例えば，脚注 1 の Dean 前掲書を参照。
3. SI 1994/3159。これは 1995 年 7 月 1 日以後締結された契約に適用される（不公正条項規制 1）。この規制に先立つ二つの諮問書に関しては，'Implementation of the EC Directive on Unfair Terms in Consumer Contracts (93/13/EEC): A Consultative Document' (DTI, October, 1993), および, 'Implementation of the EC Directive on Unfair Terms in Consumer Contracts (93/13/EEC): A Further nsultative Document' (DTI, Sepember, 1994) を参照。

益な影響を与えてきたことは明らかである。

　不公正条項規制が有するであろう効果について，とくに，我々の法制がどのように「信義」という概念[4]に対処するかについては，多くのことが既に書かれている。本章は，不公正条項規制の観点から再考されてしかるべきである，銀行契約における重要な条項に議論を集中することで的を絞った問題に焦点を当てている。その条項とは，銀行が個人顧客との貸付契約を一方的に変更することを可能にするものである。

2．一方的変更に関する一般論

　銀行業に関して，一方的変更に関する条項は少なくとも2種類ある。第一は，銀行が自由自在に金利を変更できる条項である。もし，金利が基礎的なその他の利率に直接連動しておらず，自動的にその利率に対応して一緒に変化すれば，もちろん，その条項は一種の変動金利の貸付や貯蓄勘定となる[5]。第二は，さらに論争的であるが，貸付契約において一方的に「いかなる」条項も変更できる，絶対的な裁量権を銀行に与える条項である。不公正条項規制が出現するまで，とくにクレジット・カードおよびチャージ・カード契約は伝統的にそのような条項[6]を含んでおり，数年前に，怪しむことを知らないカード所有者に対して年間手数料が一方的に課された際には，とくにその

---

4. 例えば，Brownsword and Howells, 'The Implementation of the EC Directive on Unfair Terms in Consumer Contracts: Some Unresolved Questions' (1995) JBL 243 を参照。
5. もちろん，基礎的なその他の利率が貸し手の支配下にあるならば，貸し手によるその変更は，事実上，信用供与者による契約上の金利の一方的変更となる。
6. 例えば，ミッドランド銀行が発行するアクセス・カードは以下のように規定していた。「われわれは，あなたへの書面の通知，支店内または全国紙での通知によって，これらの条件を変更する可能性がある。」古いバークレイ・カードの契約では，「銀行は，いかなる他のカード所有者との契約で同様の変更が行われるにしろしないにせよ，いかなるときも，この契約を変更する可能性がある」と規定していた。法律の要件にしたがって，書面か発表のいずれかによって，すなわち，銀行が選択できる方法によって，そのようないかなる変更の通知が，銀行によってカード所有名義者に対してなされるべきであり，通知された変更はカード所有者を拘束するべきであろう。

ような条項が有効であることが証明された。

　不公正条項規制が制定されるまで，英国の契約法に対して伝統的な「自由放任主義的」アプローチが採り続けられるなかにあっては，一方的変更に関する条項が明確に組み入れられ[7]，かつ明確に表現されていれば[8]，明白な効果をもっているというのが使い古されてきた法であった。*Lombard Tricity Finance v Paton*[9] において Staughton 裁判官は，借り手が早期に負債を清算できる変動金利貸付のような特別な関連性においてではあるが，説得力のある説明を行った。さらに，当該判例において，1983 年消費者信用（契約）規制は[10]，コモン・ローに照らして，貸し手が任意に金利を一方的に変更できる能力に影響を及ぼさないと判示された[11]。しかしながら，裁判所が認めるように，市場圧力が変更権の予期せぬ行使を制限する場合における金利変更権に関心があるという理由のために，当該判例は，一方的変更に関する条項に対して，かつてほどには強力な合法性の承認を与えたわけではなかった[12]。加えて，以下で述べるように，貸し手はまた，消費者信用の免許を保持する必要によって制限を受けているのは疑いがなく，したがって不法とま

---

7. *Thornton v Shoe Lane Parking* [1971] 2 QB 163. 条項が一般的でなく，煩わしくなればなるほど，その通知に必要となる手順は多くなる。たとえば，*Interfoto Picture Library Ltd v Stiletto Visual Programmes Ltd* [1989] QB 433.
8. 「起草者を不利に（*Contra Proferentem*）」との原則は，あいまいに起草された条項の影響を最小化するために運用される（不公正条項規制 6 を参照）。さらに，*Lombard Tricity Finance v Paton*. （以下の脚注 9 を参照）において，Staughton 裁判官は，通常ある契約によって当事者は条項を一方的に変更できないし，「一般的にその結果を達成するには，明確な文言を必要とするであろう」(p. 923b で)との見解を示した。
9. [1989] 1 All ER 918. この点は弁護団により容認されたが（p. 923a），重要であったので，裁判所はなぜ容認されたと考えるのかを説明した。商品の販売契約で，売り手が商品の価格を固定する権利を留保する状況と類推された。具体的には，*May & Butcher Ltd v R* [1934] 2 KB 17 である。（しかしながら，この種の条項がいまも，不公正条項規制のもとで，「グレイ・リスト」に該当するか疑わしい。付属規定 3 の 1 項(1)以下を参照。)
10. 以下でさらに検討される（1974 年消費者信用法の下での）SI 1983 1553，特に付属規定 1 の 19 項。
11. さらに以下の脚注 26 を参照。
12. 債務者が契約を解約できるという点は，p. 923c-d において。

でいかないような不適切な商行為を抑止できる[13]。

　一方的変更に関する条項もまた，原則として，1974年消費者信用法の立案者にとって異論のないものとみられた。本法律は，一方的な変更が可能である[14]との原則に基づいて制定され，同法が規制する与信契約における疑義のある条項を無効とする一方で[15]，単に一方的な変更権の行使に関する通知を強制しているに過ぎない。通知義務は，規制により定められた方法で通知を行うことを求めるという形式をとる[16]。一般的に規制は，債務者への通知[17]を義務づけ，それは変更が有効となる7日前になされなければならないが[18]，ある状況では，金利の変更通知は，新聞での発表および貸し手の店舗内での表示によって行われる（だけ）であろう[19]。さらに，変動金利契約に

---

13. 以下で述べられる1974年消費者信用法の25条(2)項(d)。
14. 同上の82条(1)項。すなわち，「規定された契約に含まれる権限のもとで，貸し手または所有者が契約を変更する場合」。同様に，契約規制（上記脚注10を参照）のレギュレーション2(1)および付属規定1は，行われた計算に関する情報を要求することで，貸し手が金利（付属規定1の9項(c)と18項を参照）や返済額（付属規定1の13項を参照）を変更することが認められることを前提としている。また，同上付属規定1の8項（貸付限度の変更とその通知），レギュレーション6(1)と付属規定6の5項（返済額の変更権の文言は，61条1項(a)および127条(3)項を目的とする「規定条項」である）を参照。賃貸契約との関係における同様の条項については，同上のレギュレーション3(1)と付属規定3の7項（変動的な返済）やレギュレーション6(1)と付属規定6の6項（返済額の変更権の文言は，61条(1)項(a)および127条(3)項を目的とする「規定条項」である）を参照。
15. 例えば，59条（無効，消費者に規制された契約の締結を義務づけることを意味する契約），83条（代理人以外の人物に対する債務者の責任），93条（金利は債務不履行の際に増加させることができない）を参照。
16. 同上の82条(1)項。すなわち，「変更は，定められた方法において……通知がなされる前に，効力をもたないであろう」。修正後の1977年消費者信用（契約変更通知）規制，SI 1997/328を参照。
17. 同上の176条(1)項。1994年財産権（種々の規定）法（Law of Property (Miscellaneous Provisions) Act 1994）により修正されたのと同様に，最後に知られている住所または，その住所に残された転送先への配達または送付を意味すると定義された。また，郵便によるサービスに関しては，1978年法律の解釈に関する法律（Interpretation Act 1978）の7条も参照。
18. SI 1977/328，レギュレーション2。
19. 同上のレギュレーション3。発表や表示は変更が効力をもつ7日前に行う必要はないように思える。というのは，レギュレーション3は7日の猶予期間を課すレギュレーション2の該当部分の代用として運用されると記されているが，レギュ

関連して，いかなる通知[20]も，（与信契約の場合の）金利[21]や（賃貸契約の場合の）手数料が変動することを（もしこれが訴訟となれば）記載していなければならない[22]。

さらに，規制を受けている与信契約や賃貸契約に関連して，変更権を適用する文書についての要件がある[23]。例えば，変動金利契約は，あらゆる変更が起こり得る「状況を示す文言」を盛り込まなければならない[24]。*Lombard Tricity Finance v Paton*[25] で，この要件は，貸し手が任意に金利を変更する権利を留保することを禁止されるという，不成功に終わった議論の礎として利用された規定であった。それは，「状況（circumstances）」が（市場金利の一般的上昇のような）外部的な状況を暗示し，貸し手の気まぐれや望みを暗示しないからであった。さらに，*Paton* において，たとえ変更が貸し手の絶対的な裁量権によるとの明示的な文言がなくても，金利は「法律による必要な通知に基づき，貸し手による折々の変更に従う」と記したこの規定を遵守すれば十分との判決が下された[26]。したがって，変更が認められる「状況」

　　　　レーション3は発表が行われるべき「時期」については言及していないからである。
20．　1989年消費者信用（通知）規制，SI 1989/1125（以後，「通知規制」）を参照。相場付けに関連しては，それが廃止される以前には，消費者信用（相場付け）規制，SI 1989/1126 により課せられた同様の条項が存在した。
21．　また，さらに正確には，「貸金の総手数料に含まれる，あらゆる科目の利率また金額」。
22．　「与信」契約の通知に関連して，通知規制，レギュレーション2(1)と付属規定1の第2部の7項(c)（与信の中間的な通知），第3部の7項(3)（与信の完全な通知）を参照。「賃貸の」通知に関連して，通知規制，レギュレーション2(2)と付属規定2の第3部の12項および14項（賃貸の完全な通知）を参照。さらに，変動的な「賃貸」料に関連して，変更が起こる可能性のある「状況」の記述がなければならない（通知規制，レギュレーション2(2)と付属規定2の第3部の12項）。
23．　1983年消費者信用（契約）規制によって課せられる。上記の脚注10を参照。
24．　同上のレギュレーション2(1)と付属規定1の19項（与信契約）。また，レギュレーション3(1)と付属規定3の7項（賃貸契約の下での支払いの変更）も参照。
25．　「ここでの文言は，……Lombard がもし望むならば，適切な通知に従うだけで自由に金利を変更する権利を有していることを，適度な知性をもつ平均的読者に伝えるのに十分である。」Staughton 裁判官の p. 924 f による。
26．　「ここでの文言は，……Lombard がもし望むならば，適切な通知に従うだけで自由に金利を変更する権利を有していることを，適度な知性をもつ平均的読者に

に関して，更なる正確性は必要なかった。

　契約を一方的に変更する権利を留保することに，コモン・ロー上の違法な点は全くなかったけれども，不公正条項規制を別にすれば，盛り込むことに関して，また少なくともその予期されぬ行使に関して多くの制約がある。権利の行使に関する制約は，不公正条項規制のみが「不公正な条項」を盛り込むことに対して支配を有するという理由からは，特に重要である[27]。

　第一に，市場圧力の制限がある。消費者の観点からみて，これらは誇張されている可能性がある。一方的変更に関する条項を「盛り込む（inclusion）」ことが，たとえそれが顧客の注意を明確に引くとしても，契約の締結を阻害する誘因として作用するという証拠はほとんどない。一方的な変更権の「行使」の制限に関して，市場圧力が貸し手に権利を行使させるのを防止するように作用するかもしれないのは，消費者が簡単にかつ罰則なしに契約を解約[訳注ⅰ]でき，他の場所で商品またはサービスをさらに競争的な利率で入手できる場合に限られる[28]。1974年消費者信用法は，消費者に与信契約を早期に解約する権利を与えたけれども[29]，消費者の慣性はその権利を無効にする力として作用するのが普通であろう。

　第二に，1974年消費者信用法の結果として多くの更なる制約が存在する。第一に，同法の免許規定がある。貸し手が免許を取得または保持するべきかを決定する際，長官は「貸し手に関連性があると思われる『いかなる』状況」も考慮でき[30]，それには「（「不法にせよ合法にせよ」）虚偽もしくは過酷な，または，不公正もしくは不適切と長官には思われる」事業行為に従事することを含んでいる[31]。したがって，たとえ不法な活動とはいかないにし

　　　伝えるのに十分である。」Staughton 裁判官の p. 924 f による。
27．不公正条項規制 4 (2)は，「契約締結の際に，契約締結に伴うすべての状況に対する」不公正に関連するものである。
（訳注ⅰ）本章の注 95 を参照。本来的には terminate を「終了」とすべきだが「解約」と訳出する。
28．*Paton.* において確認された。上記の脚注 9 と脚注 12 を参照。
29．94 条（与信契約）と 101 条（賃貸契約）を参照。
30．1974 年消費者信用法の 25 条(2)項（強調部分は筆者による）。
31．同上の 25 条(2)項 d（強調部分は筆者による）。認可に対する公正取引庁のアプローチに関する記述（むしろ時代遅れだが）については，Borrie, 'Licensing

ても、事業の倫理的な運営から逸脱することは、認可の拒否または取消しを正当化できる。*Paton* では、裁判所は、一方的変更に関する条項のもとで、もし、貸し手が新規の借り手と比較して「予期できぬくらい、従来の借り手を不当に扱う」、つまり、既存の顧客が支払う利率を「予期できぬくらいに」引き上げるために、おそらく新規顧客に低利率を課すことによって損失を埋め合わせているのであれば、「公正取引庁長官は1974年法のもとで、その貸し手がなおも免許を保持すべきかを考慮するであろう」との期待を表明した[32]。一方的な変更権の単なる「留保」が同様の不名誉を惹起するという証左は全くないけれども、一方的な変更権の「行使」がそのような退出を引き起こす可能性はあるということを、その提案は示唆するように思える。

1974年消費者信用法[33]には、与信契約が「法外な」与信取引の一部である場合、裁判所がそれを改訂できる[34]という法外な与信取引に関する規定も設けている。ここでも、また、法律の言い回しによれば、「法外な」を「公正取引の一般原則」の著しい違反行為を含むように定義することを期待していると思える[35]。しかしながら、「著しい」という形容詞は、裁判所の介入を促すほどの非常な凶悪さを必要とすると思われるし、既存の規定に関する判例法は、あまりに容易な裁判所の介入は不本意であると認めている[36]。実際、貿易産業省は、この規準を「より制限的でない」ものにするために、「不公正な与信取引」への規準を変更することを提案している[37]。したがって、一方的変更に関する条項を単に「盛り込む」だけでは、「著しく」「公正取引の一般原則に違反している」と見なされないように思われる。さらに、

   Practice under the Consumer Credit Act' (1982) JBL 91 を参照。
32. 1974年消費者信用法の137条から140条を参照。*Paton* において裁判所が、それ以前の契約上の規定に関する影響について「見解を示す必要はない」と判示したのは、消費者側の弁護士が契約締結「後」の行為は考慮されないと認めたからである。（以下を参照）。
33. 同上の139条。
34. 同上の138条(1)項(a)。
35. 同上の138条(1)項(a)。
36. 労働党政権により新鮮な考察がなされている、OFT's Report（公正取引庁報告書）, 'Unjust Credit Transactions' (1991年9月) を参照。
37. 同上。

当事者が，元の条件に反してどのように契約上の権利を行使するかが，その取引が「法外」かを決定する際に考慮されるかどうかは明らかではない[38]。もし最初に契約について判断を下さねばならないならば，変更権の予期できぬ行使があっても裁判所は契約を再交渉できないであろう。

最後に，上述のように，1974年消費者信用法のもとで行われる，様々な規制上の制約がある。これらは，一方的な変更権を適用する，またはそれを行使する貸し手の能力に影響を与えないが，しかし，ある状況では特別の方法でそれを開示することを，そして，別のある状況では，変更が有効になる前に規定通りの通知を行うことを貸し手に求めている。

第三の制約的な要因は，例えば，銀行部門のほとんどにより自発的に採用されてきた銀行業実務規範 (The Banking Code)[39] のような，様々な適正な実務規範である[40]。規範は，適正な実務慣行を単に奨励しているだけであるから，それだけで[41]，消費者に直接的な救済を提供するものではない。しかしながら，貸し手が関連する規範に従い，契約のなかに明示的規定を組み入れれば，それらの規定は消費者が強制できる契約上の義務となる。とくに会員企業が当該規範[42]に忠実であることを表明し，消費者に対して規範の写しを利用可能にするようにという規範の奨励に従うときには，関連する規範に

---

38. もっとも，138条(2)項(a)（「契約当時に普及していた金利」：下線部強調は筆者による）と138条(2)項(c)（「いかなる他の関連する考慮すべき事柄」：下線部強調は筆者による）の言い回しの対立が，契約期間中の行為と関連性をもつことを示唆するのどうかは議論の余地がある。
39. FLA (Finance and Leasing Association) と CCTA (Consumer Credit Trade Association) の実務規範も参照。
40. 適正な銀行業実務規範 (The Good Banking Code) は1992年3月に初めて施行され，1994年3月に第2版が出された。現在は，銀行業実務規範 (The Banking Code) としては，第3版となっている（1997年6月1日に施行）。それは明らかに，法律的介入を未然に防ぐ先制攻撃という方法による，Jack報告書 (1989 Cm 622) における銀行の実務慣行に関するいくつかの批判への対応であった。
41. しかしながら，貸し手の行為規準が問題である場合（例えば，オンブズマンによる調査期間中）には，規範は，このことは（少なくとも最低限として）どうあるべきかを決定する際に非常に重要であるように思われる。
42. 契約のなかで，朱書で「銀行業実務規範への署名」（または類似のもの）を含めている銀行もある。

基づき契約条項を解釈する余地もある[43]。しかしながら，規範と明らかに矛盾する銀行契約の明示的条項は，契約の一般原則に従い，整合性のない条項が規範を遵守したものであると解釈するのは無理があるだろう[44]。

その由来によって，貸し手により留保された一方的な変更権を制約する手段としては，規範はほとんど内容がないということに驚くべきでない。銀行業実務規範を例にとると，銀行による変更権の留保に関する制約は現実には全く存在しない。反対に，「時折，条項や条件は変更する必要が生じるかもしれない」という認識がもたれている[45]。しかしながら，これらの変更がいかに通知されるかを顧客は教えられるべきであり，また，いかなる変更も有効となる前に「合理的な通知」が行われるべきとされている[46]。この要件の最初の部分は，銀行はいかなる手数料も通知する義務を負わねばならないことを意味しているが，どのように通知するかを決定することは銀行に任されており，選択された通知方法で顧客に知らせることを単に求めているだけである[47]。変更の通知期間に関して変更がいかに通知されるかは規定している

---

43. 銀行業実務規範の序文を参照。すなわち，「この……規範……は，それに署名した……銀行によって最小限従うべき適正な銀行実務の準則を定めるものである。……それは，銀行がどのように……顧客を扱うことが期待されているかを（顧客が）理解する助けとなる」。とくに，「重要な義務」（1条）を参照。「記述されているすべての条項や条件は，実質的に公正である」と述べる2条6項では，不公正条項規制に対するリップサービスが（あからさまに）なされている。
44. 明示的条項が曖昧であれば，それを解釈する際の裁判所は，疑いなくその条項を規範と一致させるように試みるだろう。このアプローチは，「たとえ独自の条項や条件があったとしても，すべてのサービスと商品がこの規範を満たすことを確かなものにする」ことを署名者が約束すると記した，規範への「鍵となる誓約」の一つにより支持される。しかしながら，規範と整合性のない明示的条項に依拠しないという（有効な）規範に対する一般理解は，おそらく，もし顧客がそのような理解に依拠したことを立証しなければ，規範と明らかに整合性のない明示的条項に優先することを，裁判所に十分説得できるかは疑わしい。
45. 銀行業実務規範2条9項。この非常に一般的な規定が，（上記でさらに検討されている）「手数料」や「金利」の変更に関するより特別な規定にどのような関連性をもつか明らかではない（以下の脚注49を参照）。さらに，規範はこれらの両者ともが変わる可能性があること（2条10項：「手数料を上げるならば」，2条11項：「金利は……時折変わる可能性がある」）を前提にしている。
46. 同上2条9項。修正された契約（あるいは変更の概要）の最新版が，時々発行されなければならない。

が，通知の内容に関して何も記述していないような条項を，銀行が盛り込むだけであっても，裁判所は合理的な通知が行われるということは黙示的条項であると，規範に基づき判示するように思われる[48]。「手数料」の変更に関する特別な規定が存在し，ここでも，また開示と（時々の）「合理的な通知」を単に求めるだけである[49]。

同様に，特別な規定が，金利に関しても定められている。第一に，顧客に「金利が計算される根拠」を説明しなければならない[50]。十分論証できるのだが，「任意に（at will）」行使できる金利変更権の留保が規範を遵守することにならないのは，「任意に」ということが，金利を変更するに十分な「根拠」と見なせないからである[51]。しかし，たとえ「根拠」が客観的に正当化できる理由を意味するとしても，銀行契約に対して規範が法律上直接的な効果をもたないとすると，銀行がそのような絶対的な変更権を留保することになるのであれば，規範が遵守されなかったという理由で，消費者が契約上の救済を受けることはないであろう[52]。

---

47. したがって，これは，銀行の店舗での表示，または新聞での発表という方法によって可能であろう。2条11項における金利変更に関しては，より特別な規定を参照（以下の脚注53以下にも注意）。
48. 規範に基づく暗黙的な条項の可能性に関しては，上記参照。
49. 銀行業実務規範2条1項（利用可能な「基本的口座サービス」に関する「料金表」），2条3項（ある貸付契約に関連する「追加手数料」），2条5項（「その他手数料」）。「合理的な通知」は，「基本的口座サービス」の手数料の増加に関して言及されているだけである（2条10項）。したがって，2条9項は合理的な通知の要求に適用され（上記の脚注45を参照），2条10項が有効でない場合には，その変更が「条項や条件」の変更を伴うことが論証できなければ，その他手数料はそれ以上の通知を行わずに変更できると思われる。
50. 同上の2条1項。規範の旧版もまた，金利の「変更」が行われなければならない「根拠」（および，その他手数料が変更される根拠）の説明を求めていたが，これらの規定は第3版から削除された。
51. 先述の1983年消費者信用（契約）規制，付属規定1の19項における「状況」と比較せよ（脚注25を参照）。もっとも，広く認められるように，これは，コモン・ローを変更する権限をもたないと判断された不公正条項規制との関連においてであったけれども。さらに，銀行業実務規範2条11項（以下参照）には，金利の変更時期に関して制限があるとのヒントは全くない。
52. 「任意に」変更できるとの明示的な条項は，規範に基づいて，客観的に正当化できる理由から変更できるに過ぎないという条項の含意を認めるものではないであ

第二に，金利の変更は「できるだけ早い機会に」通知され，通知は個人宛に，あるいはより一般的な通知によるとされている[53]。金利の変更は，「条項および条件」や（ある）手数料の変更と対比して，即座に効力をもった変更が考慮されていることが示唆されており，金利の変更が有効となる前に「合理的な通知」の要件が予期せず見逃される点に留意すべきである。

　結果論としては，不公正条項規制以前には，契約を一方的に変更する権利を留保し行使することを願う貸し手を制約する規制はほとんどなかった。しかしながら，いまや不公正条項規制のもとでの一方的変更に関する条項の適用には[54]疑念がもたれているけれども，不公正条項規制の効力はどの程度か，そして，1974年消費者信用法とどのように繋がりがあるのかは決して明らかでない。

3．消費者契約の不公正条項規制

　よく知られているように，不公正条項規制は，個別に交渉されなかった消費者契約の「不公正条項」を不法とする[55]。大きな論争の余地が残されているが，「不公正」概念は，「信義の要件に反することは，当事者の契約上の権利および義務が，消費者の不利益となるような重大な不均衡を生じさせる」[56] という比較的馴染みのないものの考え方に基づいている[57]。不公正条項規制には，限定された解釈上の指針がある[58]。とくに，付属規定3には，

　　　ろう。上記参照。
53．銀行業実務規範2条11項。「手紙・その他の個人宛通知」あるいは「支店における通知・チラシや新聞発表」のいずれかによって，通知が行われるであろう。もし後者の方法が採用されれば，顧客には少なくとも年に一度は，（おそらく個人宛通知により）金利が知らされなければならない。
54．上記の脚注27を参照。
55．不公正条項規制3および不公正条項規制5。
56．不公正条項規制4。
57．脚注4のBrownsword and Howells 前掲書のp. 252からp. 258および，一般的にはCollins, 'Good Faith in European Contract Law' (1994) OJLS 229，また，Brownsword, 'Two Concepts of Good Faith' (1994) 7 JCL 197を参照。
58．不公正条項規制4，付属規定2と付属規定3。

「不公正と見なされることがある（17の）条項からなる，示唆的であって包括的ではないリスト」が存在する[59]。この言い回しは，十分に役に立たないという点で得心のいくものではない。紛れもなく不法であるような条項のブラック・リスト[60]は全く存在しない。一見したところ不公正であるが，それにもかかわらず支持されるかもしれない条項の「グレイ・リスト」がわずかに存在するだけである[61]。しかしながら，リトマス試験を提供するものでないとしても，このリストが，それに該当する条項を盛り込むべきか再考する際の誘因となるのは明らかである。

不公正条項規制には「セーフ・ハーバー」，すなわち，いかなるときに条項が不公正でないと見なしてよいかの目安が全く存在しない[62]。それにもかかわらず，グレイ・リストとその例外規定が[63]，驚くべきことに，相対的な正確性をもって起草されているという事実に慰めを見い出そうとしてきた人もいた。正確な言い回しという点では，このことは，契約条項を再起草する誘因になると思われる。たとえば，以下で説明するように，「契約で特段定められた正当な理由なしに」[64]一方的な変更を認める条項はグレイ・リストに該当し，そのことは，もし，そのような正当な理由が特段定められていれば，その条項は不公正ではないと見なされるらしいことを示唆する。同様に，リストからの例外規定，すなわち，一見したところリストに含まれる条項に

---

59. 不公正条項規制4(4)。
60. ドイツ連邦共和国は，1976年普通取引約款の規制に関する法律で，無効である条項のブラック・リストおよび無効と断定されるであろう条項のグレイ・リストからなる不公正条項に関する法律を採択した。それに関しては，脚注1のDuffy前掲書に引用されている，EC指令に対するEC委員会の説明報告書（EC委員会に関する上院特別委員会（House of Lord Select Committee）第六次報告書への第三付属書（Session 1991-2：上院報告書228のp.36）として復刻されている）を参照。もちろん，いくつかの免除条項が，英国の1977年不公正契約条項法によって無効と断定されている。
61. 同上。
62. 脚注1のDean前掲書が指摘するように，このような正確性の欠如は，不公正条項規制の不履行に対して刑事責任を課すことを不可能にする。
63. 以下で考察される付属規定3の2項(a)および2項(b)において。
64. 付属規定3の1項(j)。契約のなかで特段に理由を述べていなくても，「正当な理由なしに」商品やサービスの「特徴」の一方的な変更を認める条項を列挙する1項(k)と比較せよ。

もかかわらず除外される条件は，例外規定の正確な言い回しに該当する条項もまた不公正でないと見なされるらしいことを示唆する。もしそうでなければ，なぜ，リストや例外規定をそのように詳細に起草するのか。ある条項に関して，公式に許可が与えられているように思える。しかしながら，リストは「示唆的であって包括的ではない」と明確に述べられている事実を見落としてはならない[65]。したがって，グレイ・リストから完全に除外される，すなわち例外規定に該当するように条項の言い回しを変更しても，その条項の有効性を保証しないであろう。

要するに，精々言えるのは，もし，条項がグレイ・リストに該当すれば，それは不公正と判断されるように思われる[66]ということである。リストの言い回しのためにその条項がリストに該当しなければ，その条項は不公正でないことが支持されるように思われる[67]。さらには，例外規定の言い回しに沿っていて，リストに該当しない条項もまた，不公正ではないと支持されるように思われる[68]。

3.1　グレイ・リストからの除外

3.1.1　一 般 論

契約を一方的に変更する権利を留保したい銀行にどんな助言が与えられるべきか。その助言は，「確かなものは何もない」というマントラから，すなわち，グレイ・リストから除外される条項，または例外規定に該当する条項ですらも「不公正」と見なせることがあるということから話を始めなければならない[69]。しかしながら，不公正条項規制が一方的変更に関する条項を取り扱う際の正確性に留意するならば，それらが支持されるよい機会であるこ

---

65. 上記の脚注59を参照。
66. しかし，リストは単に「示唆的である」と「思われる（likely）」だけである。不公正条項規制4(4)。
67. しかし，リストは「包括的ではない」と「思われる（likely）」だけである。不公正条項規制4(4)。
68. しかし，（おそらく，その例外規定を含めて）リストは単に「示唆的であって包括的でない」と「思われる（likely）」だけである。
69. 前節を参照。

とを期待し，それらの規定を検証し，グレイ・リストから除外される，または例外規定に該当するいずれかの条項を起草しようとする試みにはいくつかの利点がある。

いずれにしても，いくつかの契約は1974年消費者信用法[70]のもとで規制を受け，したがって，上記のように，一方的変更の通知に関する消費者保護規定にも従うだろう。不公正条項規制と消費者信用法の規定の関係に関して，とくに，通知に関する消費者信用法における法律上の義務に従えば変更が可能になる条項が，不公正ではないと見なされるかどうかに関して問題が生じる。

不公正条項規制は，「(i)英国の法律上または規制上の規定に従うために組み入れられた条項，あるいは，それらの規定を考慮する条項」の場合には適用されない[71]。

これは，「制定法上または規制上の強行規定を考慮する契約条項」にはそれを適用しないというEC指令の規定[72]に効力を与えることになる。例えば，新聞（または店舗）での発表により金利の変更が可能となる，あるいは，通知の7日後にその他の変更が可能となるような，消費者信用法の通知規定を「考慮する」一方的変更に関する条項は，不公正条項規制のもとでは異議を申し立てられないと論じてきた者もいる。しかしながら，EC指令[73]をより詳細に検証すれば，不適用というのは，契約当事者が制定法上盛り込むこと

---

70. 「規制を受ける契約」の定義に関しては，1974年消費者信用法の8条を参照。
71. 付属規定1の(e)項。業界の適正な実務規範が，全く法律上の背景をもたない場合に，英国の「規制上の規定」と見なされるかどうかは疑わしい。
72. 1条2項と前文を参照。「消費者契約の条項を直接または間接に決定する……法律上または規制上の規定は，不公正条項にあたらないと推定されるがゆえに。したがって，法律上または規制上の強行規定を反映する条項に従う必要があるようには思われないがゆえに。この点に関して，1条(2)項の「法律上または規制上の強行規定」という言い回しも，法律によれば，その他いかなる契約も成立していなければ，契約当事者間に当てはまる原則に適用されるがゆえに。」前文は，もちろん，EC指令の解釈の一助となる。*Marleasing SA v La Commercial Internacional de Alimentacion SA* (Case C-106/89), [1990] ECR I-4135 ; [1992] 1 CMLR 305.
73. それは，もちろん，施行されている法律を解釈する一助となる。例えば，*Lister v Fortb Dry Dock Co. Ltd* [1989] 1 All ER 1134 (HL) を参照。

が「義務」づけられている[74]条項のみに適用され，かつ，条項の正確な言い回しが法律上は禁止されておらず，その効果としては法律的保護を受けない状況に該当するように，「あるいは……考慮する」とより幅広い選択肢が挿入されていることを示唆する。明らかに，その場合には，当該条項が盛り込まれるべきであるという立法上の決定に優先権を与える[75]ことが望ましい。しかし，さらに適用免除を拡大する理由はない。とくに，1974年消費者信用法は，変更に関するいかなる条項を挿入することも「求めて」いない。本法律は，実施された一方的な変更の通知を要件とすることで，わずかな消費者保護を課しているだけである。これはまさしくミニマリスト (minimalist) のやり方であり，契約上の貸し手，あるいはさらなる法律上の介入のいずれによって，消費者により大きな保護を与えることを妨げるものは，この法律には全く存在しない。

　1974年消費者信用法が，より一般的な条項において，何が「不公正」でないかに関して指針を提供しているのかどうかという問題もある[76]。一般的に，不公正条項規制が（ヨーロッパ）共同体法を由来とするならば，これが事実かを疑わねばならない。さらに，上述のように，この法律は，一方的変更に関する条項が有効であることを前提とした時代に通過したものである。現在では，もし正当な理由が特段定められていなければ，それらは明白に「不公正」となる[77]。英国国内の消費者保護法制に従うことはいまも必要であるが，追加的要件が不公正条項規制のもとで生じているのも当然である。さらに強い理由によって (a fortiori)，業界の適正な実務規範を遵守することは，条項が「不公正」でないことを保証するものではないが，規範に定められた規準を満たさない条項が「不公正」と見なされるのは当然である。

---

74. 脚注72において引用された前文を参照。「消費者契約の条項を決定する……ところの……法律上の……規定」
75. かつ，関連性がある条項は「不公正」でないと推定される。同様に脚注72で引用されている前文を参照。
76. 例えば，以下で見るように，規制はある状況で行われる変更の「合理的な通知」について述べており，消費者信用法の規定に従う通知が，「合理的」と見なされるかという問題を惹起する。
77. 以下で考慮される，付属規定3の1項(j)。

3.1.2 付属規定3の1項(j)および1項(k)

上述のように，付属規定3の「グレイ」リストのなかには以下の条項，すなわち，「売り手または供給者は，契約で特段定める正当な理由なしに，契約条項を一方的に変更できる。」(付属規定3の1項(j)) という条項がある。

また，既述のように，変更に関する「正当な理由」が契約で定められていれば，リストに該当しなくなっても，その条項は有効である（が，それ以上でない）ように思われることを，これは示唆する（が，それ以上でもない）。本条項[78]にも非常に明確な二つの例外規定があり，それらは以下で考察されるように，有効性のある一方的な変更権をもちたいと考える契約当事者が，例外規定に該当する条項を起草する誘因になると思われる。否定的な面に関しては，もし，正当な理由が全く定められていなければ，例外規定がそれを救済する可能性があるものの，当該条項は一見したところ有効でないように思われる点である。

また，「グレイ」リストには以下の条項，すなわち「売り手あるいは供給者が，正当な理由なしに，供給される商品またはサービスのいかなる特徴も一方的に変更できる」(付属規定3の1項(k)) という条項もある。

このタイプの条項に適用されることが明示的に定められた例外規定は全く存在しない。この二つの連続した条項の間において，言い回しの相違が際立っているのは，意図されたものに違いない[79]。それらは，もし，正当な理由があれば，たとえその理由が契約で定められていなくても，「商品あるいはサービスのいかなる特徴」も一方的に変更する権限を留保することに対して，明白に反対する根拠が全く存在しないことを示唆する。しかしながら，1項(j)の例外規定は1項(k)に拡張されないので，たとえ例外規定からの類推により引き出されるその他の保護が提供されても，銀行の絶対的な裁量権でそのような「特徴」を一方的に変更できる権限は明白に支持されないように思われることも，これは示唆する[80]。

---

78. 付属規定3の2項(b)において。付属規定3の2項(c)が，とりわけ，付属規定3の1項(j)からある契約を除外することに注意。
79. 1項(k)は，契約で正当な理由を「特段定める」ことを求めておらず，(「商品あるいはサービスのいかなる特徴」) に関する特定のタイプの変更に適用される。

1項(j)と1項(k)との関係は極めて問題である。趣旨は，いずれの条項も，(a)範囲が相互に排他的であるか，あるいは(b)部分的に重複するか，または(c)同一の範囲をもつのかということだろう。各々の可能性を順次検討することで，商品あるいはサービスの「特徴」を変更する権限に関して，1項(k)で特別な規定が設けられることになろう。そうであれば，「特徴」が意味するのは正確に何なのか，そして，これは契約の「条項」とどのような関係があるのかを知ることが重要になる。実際，それに基づいて商品あるいはサービスが提供される条項が，その「特徴」を決定するという見解がある。しかしながら，1項(j)と1項(k)が相互に排他的であるとするならば，「特徴」は契約のすべての条項に拡張されないことを意味し[81]，1項(k)でこれに関する特別な規定が設けられ，したがって1項(j)は適用されないとの見解が採用されなければならない。

二番目の考えられる解釈は，ここにおいても，また，「特徴」は狭い意味しかもたないが，（1項(k)内の）「商品およびサービスの特徴」を変更する権限は，（1項(j)内の）「条項」を変更する権限を必然的に伴うという意味で，1項(j)と1項(k)の両方がその条項に適用されるというものである。したがって，もし正当な理由なく変更が行われて，その変更が1項(k)により明らかに法律上無効となれば，必然的に契約で特段定める正当な理由も全くないので，それは1項(j)にも該当し，明らかに法律上無効となるであろう。しかしながら，1項(j)に該当する場合でも，本節への例外規定が，一見したところそれを救済する。

第三の可能性は，「特徴」の変更は必然的に条項の変更を含むので1項(j)と1項(k)は共存し，一方あるいはもう一方（おそらく，1項(k)）[82]が不必要になるというものである。

しかし，言い回しと苦闘するのはあまり有益ではない。なぜならば，付属規定3は，付属規定は単に「示唆的であって包括的ではない」[83]ので，それ

---

80. もし1項(j)も適用されないならば，以下を参照。
81. とくに，1項(j)に対する例外規定に適用される条項，例えば，金利や手数料に関する条項。以下を参照。
82. さもなければ，例外規定も不必要になるからである。

は不公正さの問題について究極的な決定要因ではないと結論づけている，裁判所の最終的な裁量という不安定な基盤に基づいて起草されているからである。

このため，「一方的に……変更する」という文言の正確な意味と苦闘して，付属規定の厳格な言い回しから，ある条項を人為的に除外しようとすることにも合理性はない。裁判所の裁量を所与とし，また，列挙されたなかで「目的と効果をもつ」条項に適用されるという枕詞が付属規定にあることを考えると，その除外のための工夫が機能しないのは明白である。議論の余地はあるが，例えば，金利が貸し手の管理下にある基礎率に自動的に連動する（という）ときには，「変更」とはある水準からの一定の変化を意味する一方で，契約全体で金利が基礎率という一定の機能を果たしているという点において，このことは金利の「一方的な変更」を意味するものではない。しかし，そのような条項は，貸し手が一方的に金利を変更できるという「目的と効果」をもち，その結果，明らかに付属規定に該当することになろう。

3.1.3 「正当な理由」

変更に関する正当な理由が契約に記されている場合，1項(j)によって明らかに一方的な変更権が正式に認められる[84]としても，貸し手が権限を行使する際の状況を列挙するようにその変更条項を起草し直してきた貸し手もなかにはいた[85]。別の貸し手は，正当な理由を特段定めることは（それらが実際正当であれば）全く何も特段定めないよりは適切であるとの（疑問の余地がない）根拠に基づいて，いくつかの理由を列挙はするが，しかし，定義されていない状況での変更権も留保する[86]という中間的な立場を採用してきた。

---

83. 不公正条項規制 4 (4)。
84. しかし，もしその契約が 1974 年消費者信用法のもとで規制されるならば（上記の脚注 70 参照），もちろん，この法律の通知要件も満たされなければならない。上記参照。
85. したがって，「一般諸所の金利，市場の圧力，信用および事業リスクを考慮して」金利は変更可能である，または「変更は，一般に市場環境の変化，適正な銀行実務，および法律の変化を考慮すべき」と記す契約もある。
86. 例えば，「法律の要件，顧客の反響また商品開発，あるいは，あなたに伝えているような理由の結果として」変更を認めている契約もある。

このアプローチでは,「正当な理由」が意味することを考慮する必要がある[87]。大雑把に言えば,この言い回しが,予期せぬ変更を可能とするような変更条項を無効にしようとしているのは明らかである[88]。さらに,「正当な」という形容詞は,明らかに「理由」という概念を条件づけし限定しようとしている。しかし,何が「正当な理由」として適切と認められるのかを把握するのは困難である。「理由（reason）」に関する拡大的見解では,変更が生じるときの背景（ground）あるいは状況を単に暗示するものと見なすこともできるが[89],その場合「正当な」という条件づけが,いくつかの点で変更を正当化するような状況に限定することになろう。より狭い見解では,（単なる状況に対峙するものとして）「理由」を,正当化を暗示するものと見なし,したがって,例えば,なんらかの方法で合理化できる正当性を意味するように,「正当な」がこれをなお一層限定すると考えるのであろう。後者のアプローチでは,契約を一方的に変更することが適切か（または,公正か）に関して,馴染みのない価値判断を下すことが求められるであろう。もちろん,これら二つのアプローチが互いに統合されて,最も限定された解釈を満たす条項は不公正ではないと見なされるということだけは確信をもって言える。

　この点については,消費者信用（契約）規制の言い回しに関する *Paton* における議論に注目するのが興味深い[90]。上述のように,これらの規制は,金利の変更が生じる際の,「状況（circumstance）」について言及することを求めている。貸し手の絶対的な裁量権により変更を認める条項との関連において,「状況」というのは,（市場金利の一般的上昇のような）外部要因によってのみ正当化できる背景を意味するものではないと裁判所は判示した。しかし,もちろん,不公正条項規制との関連では,われわれはこの法律を

---

87. それは,付属規定3の1項(k)（上記参照）や2項(b)の例外規定のなかでも使用されている。一方的な解約の条項をあげ,「重大な理由」について記している付属規定3の1項(g)と,「正当な理由がある場合の」解約について記している2項(a)における例外規定も参照。
88. 以下の脚注96を参照。
89. しかし,「理由（reason）」は「背景（ground）」よりも狭い意味であることを示唆する（付属規定3の1項(g)について言及している）脚注87を参照。
90. 上記,とくに脚注9と脚注25を参照。

(ヨーロッパ)共同体法の由来をもとに解釈するという立場に立っているので，当然全く異なるアプローチが適切であろう。

銀行契約で変更を正当化するものとして特定化されてきた「理由」の例としては，「顧客の反響」，「商品開発」，「市場環境の変化」「適正な銀行の実務慣行」「信用および事業リスク」「法律の要請」がある。

3.1.4 「契約のなかで特段定める」

「正当な理由」が規定されなければならないという特定性に関しても問題が生じる。ここでも，また，特定化がより明確でより正確であればあるほど，条項はより支持されることになるということだけは言える。しかしながら，条項は「平易で分かり易い言葉」で表現されるということに注意が払われなければならず[91]，その結果，条項が監督下におかれる以前には標準であったような容認されてきたすべての排他的条項を連想させる，冗長的で曖昧な条項は逆効果を生むであろう。一方の極論として，「法律により認められる」ような，または「変更の通知時に伝えられるような理由のために」その変更を認めるという漠然とした条項が，「特段定められた正当な理由」との要件を満たさないのは明らかであろう。

もし，特定性が1項(j)から条項を除外するに十分と見なされないならば，信頼性は例外規定のもとで位置づけられよう。

3.2 例外規定

3.2.1 一般論

1項(j)の適用を回避するもう一つの方法は[92]，例外規定に依拠することである。銀行が変更権を，契約で特段定めた「正当な理由」によって行使可能なものに制限したくないと考えるならば，例外規定はとくに重要であろう。ここでも，また，例外規定によってグレイ・リストを回避しても，条項が正当であることを保証されない点は繰り返し指摘しなければならない。さらに，ある状況ではその事態が一般的な範囲に該当しないにせよ，または，例外規

---

91. 不公正条項規制6。
92. 上述のように，例外規定は1項(k)には適用されない。

定の但し書きが十分に納得いくものではないにせよ，例外規定に該当しないことは決定的なことにはならない。例外規定の範囲は狭いと見られるだろう。例えば，２番目の例外規定は「期間の定めのない」契約にのみ適用され，したがって，固定期間の契約には適用されない。しかしながら，適用されない条項のなかに含まれるとしても，例外規定は，固定契約を審理中である裁判所に対していくつかの指針を与えると思われる。一方で，例外規定の範囲かつ，また但し書きは非常に正確に記述されているので[93]，これはそれ以外のことは意味しないことを示しているとの明白な反対意見もある。

とくに意義のある二つの例外規定がある[94]。それらは一つの共通した特徴をもっている。すなわち，契約者が「自由に解約できて」初めて，それらが適用されることである。一方的な変更は，消費者が変化に応じて契約を解約[95]する選択肢をもっていて初めて可能であるべきというのが，その論拠であるように思える。１番目の例外規定では，債務者は「即座に」解約できなければならない。２番目の例外規定は単に債務者が「解約」できると言っているに過ぎない。このような相違は，１番目の例外規定は事前通告なしの変更に適用され，そのような場合には消費者が即座に解約できる機会を与えられなければならないのに対して，２番目の例外規定は事前通知後の変更にも適用されるという事実から生じているように思える。

消費者は「自由に解約」できなければならないという事実は多くの問題を生じさせる。最も明らかな問題は，解約権が拘束されるべきでないかどうか，すなわち，銀行が（財務的な，あるいは，その他の）前提条件を課すことができるかどうかである。契約下の未清算債務を清算するように債務者に求めることに異論がないのは明らかであるが[96]，どのような形の罰則規定を求め

---

93. 付属規定３の１項(j)と１項(k)の間の関係を考慮する際に，例外規定が後者には適用されないという理由から，以上のことがとくに問題になる。上記参照。
94. １項(j)（および１項(g)と１項(l)）に適用可能な条項のなかにあって，当該節からある契約を免除する付属規定３の２項(c)も参照。
95. 他の箇所でも「終了（terminate）」という用語は使用されているが（付属規定３の１項(g)および２項(a)の例外規定を参照），（１項(f)でも使用されている）「解約（dissolve）」と「終了（terminate）」は同じことを意味するように思える。「解除（cancel）」という用語も使用されているが（１項(d)，１項(l)を参照），契約を「白紙に戻す（unraveling）」という意味で使用されている（ように思える）。

るのか[97]。通知の形式に関してどのような要件を求め[98]，その他の条件はどうするのか[99]。不公正な拘束が存在することは，条項が「不公正」であることを示す傾向があると言えるであろう。いずれにせよ，1974年消費者信用法は規制された与信契約の早期の解約を認めており[100]，そのような権利に対するいかなる拘束も無効とするであろう[101]。さらに，債務者が「即座に」[102]解約することを妨げるいかなる通知（あるいは，その他の）要件も，即座の解約ができることを求める但し書き[103]を除外して位置づけられることになろう。

債務者が解約権をもたなければならない限りにおいて，この権利は契約により与えられなければならないように思える。さらに，このことは不公正条項規制によって義務づけられた条項のなかには盛り込まれないけれども，変更条項におけるそのような解約権を相互参照することが望ましいのは明らかである。

例外規定の間の主たる相違は，1番目の例外規定が金利やその他の手数料の変更にのみ適用されるより狭義の規定である一方で，2番目の例外規定はすべての形の変更に適用されることであろう。したがって，例外規定は相互に排他的なのかという問題，あるいは，金利やその他の手数料の変更権はいずれの例外規定を適用することで「正当化」できるのかという問題[104]が生じる。一般に，2番目の例外規定はより寛大なものではなく[105]，したがっ

---

96. しかし，議論の余地があるが，これは「即座の」解約を妨げない。以下参照。
97. グレイ・リストにはいくつかの罰則規定がある。付属規定3の1項(c)。
98. 例えば，書面による通知。
99. 例えば，カードの返送。いくつかの契約はさらに先に進んでいて，カードを「二つに切って」返送することを求めている。また，カードを「磁気帯に沿って」すなわち「垂直に」切ることを求める，ずっとより要求の強いものもある。
100. 94条，リベートと一緒に（95条とそれに従って行われるリベート規制）。
101. 1974年消費者信用法，173条(1)項。
102. 例えば，解約は，カードの返送かつ，また未清算額の解消まで延期されることが多い。
103. 2項(b)における1番目の例外規定の但し書き。
104. 先に考慮したように，付属規定3の1項(j)と1項(k)に関する同様の問題を参照。
105. 2番目の例外規定が「合理的な（事前の）通知」を求める一方で，1番目の例外規定は事前の通知なしに変更を「認める」という意味においてである。しかしな

て，1番目の例外規定は，通知なしに金利や手数料を変更したいと考える銀行にとって限定された状況に対する特権[106]である。もし，そうであるならば，金利やその他の手数料の変更権は，また，より寛容的ではないが，より一般的な2番目の例外規定によって「正当化」されるように思える。二つの形の変更[107]に関して別個の規定を設けてきた銀行もあったが，一方で，それらを一緒に取り扱ってきた銀行もある。

3.2.2 付属規定3の2項(b)：1番目の例外規定

1番目の例外規定は，「金融サービスの供給者」[108]が金利を変更する[109]こと，または，「金融サービスのその他の手数料」に限定されている点で狭義のものである。その条項は以下の通りである。

> (b) 1項(j)は，消費者によって，あるいは消費者のために支払われる金利を変更する権利を，または正当な理由がある場合通知なしに金融サービスに関するその他手数料額を変更する権利を，金融サービスの供給者が，留保する条項を妨げるものではない。ただし，当該供給者がそれが原因で最も早い機会にもう一方の契約当事者に通知することが求められており，かつ消費者が当該契約を即座に解約できる自由を有することを条件とする。

　　　　　　がら，「その他の手数料」の変更に関連して，1番目の例外規定が適用されるために正当な理由がなければならない一方で，2番目の例外規定にはそのような要件は存在しない。以下参照。
106. 先に考慮してきたように，1977年消費者信用（契約変更通知）規制のもと（だけ）で，金利変更に対する同様の「特権」がある（上記の脚注16参照）。
107. 主に，消費者信用法の要件（および，金利変更に対するその特権）を考慮しているように思える。
108. 「供給者」は不公正条項規制2(1)で，「商品およびサービスを供給し，これらの規制が適用される契約を締結する際に，その事業に関連する目的のために行動する人」と定義されているが，しかし，「金融サービスの供給者」の定義は全く存在しない。その用語は，資金を貸し付ける銀行や，クレジット・カードおよびチャージ・カードを発行する人を含むのは明らかであるが，しかし，例えば，リース事業や分割払い購入事業における金融会社を含むかどうかは明らかではない。
109. 債務者「による」支払いか，債務者「への」支払いかどうか。

したがって，本質的に，例外規定は，但し書きが満たされている場合には，銀行が金利やその他の手数料を変更できる条項に適用される。

3.2.2.1 範　囲

但し書きを検証する前に，例外規定の一般的な範囲について考慮する必要があり，（EC指令においてそれに対応する）句読点についてまで言及する必要がある。例外規定の初めは二つの部分に分解でき，コンマがあるために，「正当な理由がある場合には通知なしに」という文言は2番目の部分を条件づけするだけである。

二つの部分を順次取り上げてみると，まず例外規定の1番目の部分は金利の変更権を留保するという条項に適用されるものである。ここでは，更なる条件づけは存在しない。とくに，通知の要件[110]や「正当な理由」は全く存在しない。銀行が，通知することに同意し，かつ，また「正当な理由」がある場合に変更することだけを保証するならば，その条項は「不公正」ではないと判断されても良いという見込みが十分にあることは明らかであると，それは述べているのである。したがって，条項のなかの例外規定は，金利の変更を認める条項に紛れもなく適用されるけれども，消費者をより有利にするような条件を有している条項に対する例外規定[111]を否定することは不合理であろう。

2番目の部分は「金融サービスに関するその他の手数料」の変更を含んでおり，「正当な理由がある場合通知なしに」という更なる条件づけがある。例外規定は，条項のなかでその変更が「通知をもって」行うことができるとする条項に適用されないのは明らかであるので，「通知なしに」という文言は奇妙な感じがする。さらに，消費者を有利にするような条項に対する例外規定を否定するのは不合理であろうし[112]，したがって，「通知なく」という

---

110. しかし，その契約が1974年消費者信用法のもとで規制されるならば，要件が発生する。上記の脚注70を参照。
111. また，別のアプローチでは，例外規定は条項において適用されないことを認めているが，しかし，例外規定との類推において，いずれにせよ当該条項が「不公正」でないと判断しているのであろう。
112. 先の脚注参照。いずれにせよ，1974年消費者信用法は通知義務を課している。

要件は，事前の通知に関して規定していない条項でさえも支持されることを追認するものと見なされるべきである。

しかしながら，この場合，例外規定は「正当な理由がある場合」にのみ適用される。これは，また，「正当な理由」の意味という名の恐怖を呼び起こす[113]。もちろん，変更に関する正当な理由が契約で実際に定められていれば，条項はグレイ・リストに全く該当しない[114]。したがって，例外規定が適用されるために「正当な理由」を特段定めておく必要がないことは明らかであるが，そうすると，条項自身のなかで「正当な理由」に言及しておかなければならないかが分かりづらい。例外規定は，「正当な理由があって」銀行が手数料を変更できる場合にのみ適用されるので，条項は実際にこれが該当するケースであることを明示的に述べていなければならないように思える[115]。紛れもなく手数料の変更が可能な条項は，変更する権利を正当な理由がある場合に限定することはないので，その言い回しを満たすことはないであろう。さらに，「法律が許す限り」との曖昧な定式化は，課せられた制限の正確な本質を消費者に示していないので，例外規定もまた満たすことはないように思われる。

例外規定の範囲に関する最終的な論点。例外規定は，金利または手数料を「変更する」権利の授与に適用される。文理解釈すれば，たとえば，クレジット・カードに関する新たな年間手数料のような，新しい手数料を課す権限は含まれないことをこれは示唆する。そのような文理解釈が適切かどうか，そうであれば，変更に対する例外規定の制限が意図的であることを示唆するのか，かつ，そうであれば，新しい手数料を課すことができるとの条項は「不公正」でないものと正当化するのがとくに困難になることを示唆するのかという問題を，このことは生じさせることになる。

　　　上記参照。
113. この表現が付属規定3の1項(j)と2項(b)の両方において同じことを意味することが前提である。
114. 先に引用されているように付属規定3の1項(j)の条項を参照。
115. 「もし正当な理由があれば」その他の手数料が変更できることを，条項は明記しなければならない。

3.2.2.2 但し書き

　但し書きは，例外規定が条項に適用される前に満たされなければならない二つの条件を含んでいる。第一は，銀行は「それが原因で (thereof)」「最も早い機会に」顧客に「通知する」ことが「求められる」点である。これらの但し書きの各構成要素が問題を生じさせる。

　「求められる」ということは，銀行が顧客に知らせるという法的義務を負わなければならないことを示唆する[116]。これを満たす最も明らかな方法は，銀行が契約で義務を引き受けることである。もし，先に議論したように，契約が1974年消費者信用法によって規制されていれば，ある状況では「規定されたやり方で」債務者に通知するという法律上の義務があるだろう。それにもかかわらず，「規定された方法」が，「それが原因で」「最も早い機会に」債務者に「通知する」ことに対応していないかもしれず，したがって，要件を生じさせるものとして制定法による義務に依拠するのは危険であることが示唆される。したがって，通知義務は契約のなかで明示的に引き受けられるべきである。

　「通知する」ことが個人宛の通知（かつ，そうであれば，どの程度の正確さをもった通知）[117] を必要とするのか，あるいは，1974年消費者信用法[118]のもとである状況で認められているように，新聞または銀行の店内での発表で十分なのかは明らかでない。前者のより狭義の解釈が最も安全であることは明白である。もし，これが実際にあまりにも面倒だと見なされれば，言い回しを満たすような発表を行う一つの方法は，変更通知が特別なやり方で行われるという事実に顧客の注意を引きつけるように，契約に規定を盛り込むことであろう[119]。（個人宛の通知に対して）新聞や店内での発表による金利の通知が，1974年消費者信用法のもとで認められているけれども，このこ

---

116. 実務においてどのように運営されるかではなく，それは審理中の契約条項であるので，（実際に）知らせ「なければならない」ことを単に意味するものでない。
117. 英国の法律における「通知」の一般的な意味に注意。上記の脚注17参照。
118. 上記参照。同法律の要件は，その条項が「不公正」かそうでないかに関してほとんど意味をもたないという上記の議論も参照。
119. 一方で，銀行が顧客に「知らせる」内容を事後的に決定できるような規定は，有効でないように思われる。

とは，そのような通知を規定する条項が但し書きを満たすことを決して意味しないことは強調されるべきである[120]。しかしながら，議会がこのような形の通知を適切と見なせば，その条項は不公正条項規制のもとで「不公正」と見なすべきではないとの見解を裁判所が採用すると，多くの銀行が期待しているのは疑いがなく，金利変更に関して同法律に従えば十分であるとの見解を採用してきた。

「それが原因で」が，実施された変更のみについて言及しているのか，あるいは，正当な理由についても（手数料が変更されるときに，これが「正当な理由」に基づき実施されなければならないかを）言及[121]しているのかは明らかではない。この問題は，決して疑問の余地がないわけではないけれども，「それが原因で」は変更のみについて言及しているように思われる[122]。しかしながら，変更が行われた「正当な理由」を通知する義務を負うことは，全く害がない（かつ，条項の正当性を立証する助けになる）のは明白であろう[123]。

最後の問題は，「最も早い機会（earliest opportunity）」の意味である。これは，付属規定における他の箇所[124]でも使用されている，「即座に（immediately）」と対照的であり，変更と通知の間に幾分かのタイム・ラグが明らかに認められている。けれども，さらに，空白期間が短ければ短いほど，その条項はより支持されるように思われる[125]。通知が発表（publication）によるならば[126]，情報がそのような形で形成されるやいなや，これが発表の意

---

120. 上記の議論を参照。
121. 上記参照。
122. 「契約のなかで特段定められた」正当な理由がない場合の運営に際して，但し書きは正当な理由が実質的に特段定められていることを求めているとの議論はあるけれども。
123. たとえ通知されなくとも，銀行は，証拠として，ある理由のためにのみ変更された後で引き続き起こる苦情に備えるために，手数料の変更理由に関する内部報告書を記すべきである。
124. 2項(a)において。
125. もちろん，「事前に」通知が行われるのがずっとよいだろう（し，契約が1974年消費者信用法のもとで規制されるのを求められるのが普通であろう。上記参照）。
126. これは，債務者に「知らせる」との要件を満たすことが前提である。上記参照。

味をもつことは明確である。一方で，個人宛の通知が利用されれば，銀行は（例えば，定期的な文書を送付する際に）顧客との意思疎通が図れるまで待てるのかという更なる問題が生じる。さらに，確実に言えるのは，実際にできるだけ早く作成し投函できるように，通知を別々に送付するシステムをもつのがより安全ということであろう。

但し書きに対する2番目の条項は，顧客が「即座に解約できる自由」を有することである。この文言に関するいくつかの一般的な問題は先に考慮した。しかしながら，この例外規定[127]では，通知に関するいかなる前提条件もなしに，顧客が解約できなければならないという点は強調されるべきである[128]。

3.2.3　付属規定3の2項(b)：2番目の例外規定

2番目の例外規定は，その範囲はずっと広範である。それは金融サービスの供給者に限定されず，いかなる売り手または供給者にまで拡大される[129]。それは，また，「いかなる」条項[130]の一方的な変更にも適用され，したがって，金利やその他の手数料に関する条項に限定されない[131]。しかしながら，一つの大きな制限がある。それは「期間の定めのない」契約にのみ適用される点である。先述のように，これは期間が固定された契約はどのように取り扱われるのであろうかとの問題を生じさせる。そして，適用される条項のなかには含まれないけれども，期間が固定された契約の変更を認める条項が「不公正」でないような状況を示す際に，例外規定が関連性を有することを示唆している。「正当な理由」が満たされなければならないとの記載は全くないが[132]，ここでも，また，理由，とくに「正当な」理由に関する明瞭な

---

127. 以下で考慮している2番目の例外規定と比較のこと。
128. 「即座に（immediately）」。その他の拘束が可能かどうかは先に考慮されている。
129. 定義に関しては，上記の脚注108を参照。
130. 2項(b)は「条件（conditions）」という用語を使用しているが，これが「条項（terms）」について言及しているに相違ないことが以下で議論される。
131. それは，おそらく金利やその他の手数料の変更「にもまた」適用されるだろうとの見解を上では採っている。
132. 「その他の手数料」の変更に関する1番目の例外規定と比較のこと。

第 4 章　銀行契約における一方的変更：'不公正条項' か　　137

表現または要件が，条項が支持される機会を増加させるであろう。
　この例外規定の条項は以下の通りである。

　　1 項(j)は，また，売り手または供給者が合理的な通知により消費者に通知することを求めており，かつ，消費者が契約を解約できる自由があれば，期間の定めのない契約の条件を一方的に変更できる権利を，売り手または供給者が留保するような条項を妨げるものでもない。

　したがって，銀行業との関連では，本質的に，合理的な通知が行われて消費者が解約できれば，銀行は一方的に契約「条件（conditions）」を変更できるとの条項に例外規定が適用されることになる。
　不公正条項規制（あるいは EC 指令）は，不公正（または，潜在的に不公正な）条項に言及するときにはその他では「条項（terms）」という用語を使い，かつ，付属規定 3 の 1 項(j)は「契約の条項（the terms of contract）」の変更という用語を使っているけれども，例外規定の「条件（conditions）」がいかなる契約の条項にも適用されるものと思われる[133]。
　例外規定が適用されるように満たされねばならない但し書きは，二つの要件を課している。第一の要件は，銀行は「合理的な通知によって」顧客に「通知する」ことが「求められる」ということである。「求められる」と「通知する」という用語は，1 番目の例外規定との関連で先に議論されており，同じ考え方がここでも適用される。したがって，銀行は，そうすることが「求められている」ために[134]合理的な通知を行う義務を，契約のなかで負わなければならないし，「通知する」ことの厳密な解釈は，――新聞や銀行の店内での発表[135]というよりもむしろ――顧客への個人宛の通知がおそらく必要なことを示唆していると考えられる。
　「通知」という用語は，明らかに「事前の」通知を意味している。した

133．付属規定 3 の 1 項(c)は「条件（conditions）」を責任の前提条件の意味で使用しているが，しかし，これは 2 項(b)での意味ではない。
134．82 条のもとでの消費者信用法の義務の妥当性に関しては，上記（脚注 71 および続く本文）と以下を参照。
135．1974 年消費者信用法での「発表」の特権は，金利の変更にのみ適用される。上記参照。

がって，1番目の例外規定において，銀行は「それを原因として」顧客に通知することだけが必要である——金利や手数料の変更後の通知で十分であることを表明するだけでよい——けれども，ここでは事前通知が必要であることは明白である。合理性に関しては，もし変更に応じて顧客が不利益になる場合，顧客は契約を解約する機会を有するべきと考えられるとすれば，「合理的」でなければならない通知とは，債務者が変更された条項によって拘束される「以前に」，解約するかを考慮し決定する時間を債務者に与えることができるような期間を，通知は有しなければならないと考えられるであろう。1974年消費者信用法のもとで規制された契約において，多くの一方的変更に関して規定された，7日間という通知期間が一般に「合理的」であることを法律上意味するのかという問題が生じる。このような見解を採用してきたと思える銀行もあるが，別の資金繰りを得るのにより多くの時間がかかるような状況ではとくに，7日間ではおそらく十分とは見なされないであろう。さらに，確信をもって言えるのは，必要な通知期間が長ければ長いほど，条項は「不公正」ではないと見なされる可能性が大きいことである。（消費者信用法の要件からの類推によって疑いをもたずに）7日間の通知期間を与えることに同意してきた銀行もあれば，14日間の銀行もあれば，1ヵ月の銀行もある。「通知に関する法律要件に従い」行動する，すなわち，このような定式化が「不公正」と見なせないとの期待をもって「合理的な通知」を行うことを単に表明するだけの銀行もあった[136]。

　但し書きの2番目の要件は，顧客は契約を解約できる自由がなければならないということである。さらに，1番目の例外規定とは対照的に，解約権に関する一時的な拘束を課すような条項に対する裁量の余地があっても，解約が「即座に」可能であることを求めてはいない。しかしながら，解約に関する理に適わないような一時的な（あるいは，その他の）拘束は，条項を「不公正な」ものとする危険を犯すことは明らかであろう。

---

136. たとえ，現実に行われた通知が「合理的でない」と裁判所が実際に判示すれば，個々の変更は無効になるけれども，条項は問題にはならないので，これは理に適ったアプローチであるように思える。銀行は，文書を変更しないでその実務の取扱いを変更できる。

4．現在の実務慣行

　クレジット・カードおよびチャージ・カード契約の研究によれば，この点において，銀行は不公正条項規制に対して異なる対応をとってきたことが示されている。絶対的な裁量で変更権を留保しながら，かつ，1974年消費者信用法によって規制を受ける契約の場合には，同法により求められる通知を行うことに単に同意しながら，公然と幅広い変更条項へと改めてきた銀行もあった。支持されている条項の可能性を拡げるように，契約を再起草してきた銀行もあった。変更に関しては，「正当な理由」を特段定めようとする銀行はほとんどなかった。いくつかの理由は定めるが，より一般的な裁量権を留保するように妥協を行ってきた銀行もあった。しかし，契約を変更する幅広い権限を保持することを選択し，通知義務を負うことにより例外規定に該当することを求めてきた銀行が多かった。また，1974年消費者信用法の要件に従うことに単に同意してきた銀行もある。国内の消費者信用に関する規定が考案される度に，不公正条項規制が消費者保護を既存のものとは異なる水準へと飛躍させてきたことは疑いないと考えて，さらに一歩先に進んできた銀行もあった。

　対処方法に多様性が見られるのは，何が「不公正」と見なされるかに関してアドバイザーの間に合意がなかったを示している。一方的な変更に関する不公正条項規制の詳細な規定が，起草者が「公正な」一方的変更に関する条項を考案する際の助けとなってこなかったことは明らかである。おそらく，「不公正さ」の規準を一般に適用される普遍性のなかに封じ込めたままにしておく方がよかったということであろう。

第5章

預金保証と銀行の個人顧客

ピーター・カートライト

1. はじめに

　本章では預金保証制度（the deposit guarantee scheme）の役割を検証する。とくに，銀行の安全性と消費者保護の二つの目的に重きを置き，「モラル・ハザード」の概念を用いて説明される問題について検証する。英国の預金保証制度は，銀行により負わされたリスクを評価する際に預金者が直面する困難を適切に考慮していないとの議論がある。情報不足の結果として，自分の資金をどこに投資すべきかに関して合理的で情報に基づく選択を行うことができず，預金者には保護が必要である。モラル・ハザードが存在するため，銀行が被った損失のいくらかを預金者に負担させようとする議論には幾分かの正当性があるが，これは誇張され過ぎであるとの議論もある。預金者，とくに最も立場の弱い人々が適切に保護されるようになるには，改革が必要である。

2. 預金保証：制度の定義とタイプ

　預金保証制度は，ある状況が生じた場合に銀行の顧客に支払いを行う制度である。たとえば，銀行が支払不能になった場合である[1]。預金保証制度は，預金保険（the deposit insurance）あるいは預金保護制度（the deposit protection scheme）と呼ばれることがあり，これらの用語は互換性があるように使

---

1. 英国の制度における支払不能の意味に関しては，1987年銀行法59条(1)項を参照。

用されるのが一般的と思われる[2]。このような制度には，主に二つの目的がある。第一は，銀行制度の安定性を確保することである。これに関して，預金保証制度は，銀行行動を監督し規制する一定範囲の手段の一部をなしている[3]。第二の目的は，適切な消費者保護，あるいは投資家保護である[4]。後で見るように，これら二つの目的は密接に関連性をもっている。

預金保証制度は様々な形態をとっている。ある制度は政府によってのみ提供され，ある制度は銀行によって，それ以外は銀行と政府の組み合わせによって提供されている。Miller は，預金保険の民営化が「最善の世界」であり最適であろうと主張してきた。彼は次のように続ける。

> 民間の預金保険制度は，運営の効率性を達成するために価格システムと利益の誘因を利用する。銀行が，リスク保有に関する最適なモニタリングを達成するために，民間の預金保険を制度化することが期待されるであろう[5]。

保険会社によって提供されるような，民間の預金保険制度をもつことが望ましいとの議論は従来からあった。少なくとも理論的には，銀行が将来負うことになるリスクを反映した保険料を銀行が課せられ，その結果，銀行が慎重に行動する誘因をもつことを担保するという利点を，この制度は有するであろう。Sjaastad は，同様に，民間の預金保険に対する批判を誇張された

---

2. 預金保証制度が保険と同様の方法で，リスクをプールするよりもむしろ銀行取付けのリスクを削減するとの議論があるように，「預金保険」という用語を批判してきた人もいる。「保険の経済的機能は，逆の事態が生じる（すなわち，責任の）リスクではなく，保険契約者の責任を削減することである。……より良い用語は預金保証であろう」と Sjaastad は述べている。L. A. Sjaastad, 'Deposit Insurance: Do We Really Need It?', Paper at *Preventing Banking Sector Distress and Crises in Latin America*, Washington 1996 (Conference Proceedings, p. 48).
3. これらは，一般的な監督制度の一部である。G. Penn, *Banking Supervision* (London: Butterworths, 1989) を参照。
4. この点において，預金保険の目的は銀行規制および監督の目的と非常に似ている。以下を参照。
5. G. P. Miller, 'Deposit Insurance for economies in transition' paper to the conference on Bank Failures and Bank Insolvency Law in Economies in Transition, London, 1997.

ものと見なしてきた。彼は，次のような議論を行う。

　保険会社が，預金保険を提供できないであろうとの根拠は存在しない。民営化は，国営の預金保険制度を運営するための人的およびその他の資本が欠乏しているような発展途上国にとって，とくに魅力的であろう[6]。

しかしながら，民間の預金保険制度には問題がある。主たる問題は，銀行により負わされたリスクを前もって計算することが極めて困難であり，したがって，預金保険の保険料は客観的にリスクに関係づけることができないという議論である[7]。更なる問題点は，民間保険にとっての三つの主な障害について考察したMacDonald[8]により指摘されている。第一に，多くの国では，保険業界は銀行業界ほど発展していないので，その結果，十分に保険を提供できる資本を欠いている。第二に，銀行制度を運営する上でのリスク・エクスポージャーと銀行の倒産可能性とを評価する際の困難さのために，保険会社が進んで保険を供給することはないであろう。最後に，民間の保険会社は，リスクが過度になり始めた場合には，保険を解約する権利をもちたいと思うであろう。このことは，信頼性を毀損し，最も必要なときに預金者から保護を奪い去るという二つの効果をもたらすことになろう[9]。

民間保険にはいくつかの魅力的な点があるけれども，実際上の困難によってそのような制度は完全に満足のいくものとはならない。ある批評家の言葉を借りれば，「銀行の預金を引き受けるとの考えは，多くの保険会社を恐怖に陥れる」[10]。預金保証の民営化は，公衆の信頼を増加させるという預金者保護の主たる目的の一つと相容れないかもしれないという重大な問題もある。もし，預金保証制度が，たとえ組織化されていたとしても，銀行危機に際し

---

6. 脚注2のSjaastad前掲書のp. 49.
7. P. Arestis編, *Money and Banking* (Macmillan, 1993) 所収のC. Goodhart, 'Bank Insolvency and Deposit insurance : a Proposal'のp. 75. もっとも，米国のFDICが，銀行に対する保険料を設定する際にリスク要因を考慮しようと試みていることは指摘されるべきである。
8. R. MacDonald, Deposit Insurance (Bank of England, 1996) のpp. 9-10.
9. 同上。
10. 'International Banking : Coping with the Ups and Downs', *The Economist*, 27 April 1996. のp. 37.

て支払いが行われないかもしれないと銀行の顧客が信じれば，彼らは危機が明らかになったときに資金を引き出すと思われる。彼らは，また，最初に投資を行おうともしないであろう[11]。これらの危惧は，民間の保険制度に関してとくに顕著であるように思える。

上記の議論は，「明示的な」預金保証制度と呼ばれるものに関する議論である。これらは法律により設立され，ある状況が生じた場合（たとえば，銀行が支払不能になった場合）に支払いを保証する制度である。さらに，50近い国々が，いわゆる「暗黙的な預金保護制度（implicit deposit protection arrangement）」と呼ばれてきたものを運営または実施してきた[12]。公式の預金保証制度が整備されていないが，しかし，政府が，例えば，預金者への支払いを行うことによって，または，倒産銀行と健全銀行との合併を促進することによって，倒産銀行の預金者を遡及的に確実に保護すると決定している場合に，このような制度は生まれる。同様の行動が将来もとられるとの前提を形成する場合には，これは暗黙的な預金者保護と見なされる[13]。銀行が常に保護されることを政府が示唆している場合には，後に考慮する「モラル・ハザード」の問題に結びつくことに留意すべきである。

3．預金保証と消費者保護

預金者を保護することに関しては強力な消費者保護の正当性が存在し[14]，消費者保護を預金保証の「直接的な合理性」と見なしている者もいる[15]。制度の主たる目的が銀行取付け，その結果生じるシステミック・リスクの防止であったような米国で採られてきた方法と，預金保証の消費者保護の側面が強調されることが多い欧州の方法との間には対照的なものがあるのかもしれない[16]。英国では，イングランド銀行総裁は，預金者保護制度はシステミッ

---

11. 脚注5のMiller前掲書のp.27を参照。
12. 脚注8のMacDonald前掲書のpp.5-6を参照。
13. 同上。
14. A. Campbell and P. Cartwright, 'Banks and Consumer Protection: the Deposit Protection Scheme in the UK' (1998) LMCLQ 128を参照。
15. 脚注8のMacDonald前掲書。

ク・リスクを回避する際にある一定の役割を果たしていることも認めるけれども，そのような制度は「特定の仲介者の財務健全性を評価するうえで，弱い立場にあるかもしれない小口の顧客を保護するという『社会的な』目的を，本質的に」もっていると表明してきた[17]。預金者は銀行サービスの利用者であり，消費者と同様に説明されがちである。市場でリスクに晒されている場合に，当然消費者を保護するという目的を有する多くの法律の例が存在する[18]。しかしながら，預金者は，主に二つの理由から本質的に保護を必要とする。第一に，民間の個人は富の多くを他の投資とは対照的な銀行に預けており，これは資産運用の経験のない人にとくによく当てはまる[19]。銀行の倒産は，その他のサービス供給者以上に顧客にはるかに深刻な影響を及ぼすように思える。多くの国々で，金融取引における弱者を保護しようとする長い伝統があり，預金保証制度はこの点で一定の役割を果たしている。もちろん，これが常に完全に利他主義的とは限らないであろう。保護の提供は，明らかに政治的な利点をもつ。*Economist* 誌の言葉を借りれば，「大銀行の倒産によって，……アガサ，アン，アキコおばさんたちが貯蓄を投資する安全な場所をもてるように確保することは，政府の責任であるとの認識を惹起するような政治的反応を，政府は恐れている」[20]。

　第二に，比較的に資産運用の経験をもつ人でさえも，預金を特定の仲介機関に預けることにより負わされるリスクを評価することは困難であろう。White が述べるように，「鍵となる問題は情報の問題である。広範な銀行利用者，すなわち，家計や小企業にとって，銀行のパフォーマンスをモニター

---

16. もっとも，システミック・リスクの回避の重大さは欧州でも重要である。（預金保証に関する）EC 指令の説明（94/19/EC, OJ 1994 L 135/5）は，預金保護は「所与の市場における金融機関のいずれかの倒産に際してすべての金融機関の間に生じる連帯責任を考慮すると，金融機関の監督制度にとって必要不可欠なものである」と述べている。
17. E. George, 'Some Thoughts on Financial Regulation' (1996) 36 *Bank of England of Quarterly Bulletin*, 213, 213.
18. 金融分野における最も有名な例は，おそらく 1974 年消費者信用法である。
19. R. Cranston, Principles of Banking Law (OUP, 1997) の p. 80 を参照。
20. 脚注 10 の前掲書，'International Banking: Coping with the Ups and Downs' の p. 6.

し，すべての選択肢の中でどれが最も安全であるかを決定することは非常に費用がかかる」[21]。

消費者は意思決定をする際に情報不足に苦しむことが多いと一般に感じられているが[22]，その決定が金融商品に関する場合には，とくにこの問題が激烈になる。消費者がどの商品を購入すべきか決定するときには，それに関して知りたいと思う一般的な三つの事柄があると主張されてきた[23]。すなわち，当該商品と他商品（代替物か補完物）の価格，（代替物と対比した）商品の品質および取引期間である。理論的には，これに関する最適な情報をもつ消費者が，問題に関して最適な決定を行うことができる[24]。実際には，これは現実的ではない。消費者は「限定合理性」に苦しむが，それは，消費者が情報を入手し蓄積し処理することに，限られた能力しかもっていないことを意味する[25]。財務決定に関する情報は，消費者が獲得するのに費用がかかることが多く[26]，とくに処理することが困難であり，最適な決定を行うことは極めて難しい。金融サービスを特別困難な領域と位置づける英国公正取引庁の研究者たちによって，最近，この点が指摘されるようになってきた。消費者が十分に知識をもつことが期待できないのが市場であり，すなわち，「利用可能な非常に多くの情報は単に存在するだけで，それは非常に複雑な性質をもつ」と彼らは述べている[27]。Goodhart も，同じような発言をしている。

　通常の個人というのは，代替的ないくつかの銀行の状況，危険性や名声を継続的に評価する専門的技術も時間ももっていないであろう。……とくに，貧し

---

21. E. White, *Deposit Insurance*, World Bank Policy Research Working Paper 1541, November 1995. の p. 13.
22. 消費者保護における情報の役割に関しては多くの研究がある。たとえば，W. Whitford, 'The Function of Disclosure Regulation in Consumer Transaction' (1973) 2 *Wisconsin Law Review* 400, および I. Ramsay, *Rationales for Intervention in the Consumer Marketplace* (OFT, 1984).
23. OFT（公正取引庁），*Consumer Detriment under Conditions of Imperfect Information* (OFT, 1997) の p. 22 を参照。
24. I. Ogus, *Regulation* (Clarendon Press, 1994) の pp. 38-41 を参照。
25. H. Simon, *Administrative Behaviour*，第3版（Free press, 1976）。
26. 脚注 24 の Ogus 前掲書の p. 40.
27. 脚注 23 の OFT（公正取引庁）前掲書の p. 78.

い人は不利な立場にあると見なされてきた[28]。

　最適な情報をもつことの困難さは，年金のような複雑な金融商品に関してとくに厳しくなるけれども，そのような困難はより単純な取引にも存在する。選択すべき銀行口座を決めるときにも，銀行が提供する品質や安全性を評価する上での困難が生じることが多い。消費者は金利や手数料を理解できるかもしれないが，しかし，銀行が支払不能になるというリスクは商品供給者の品質の主たる特徴であるのに，消費者はそのリスクをほとんど判断できないであろう[29]。これらの理由により，預金者が適切に保護されることがとくに重要と考えられる。

4．預金保証，銀行の安全性およびモラル・ハザード

　銀行業の規制と監督には，預金保証と同じ主たる二つの目的がある。第一の目的は，銀行制度の安定性を確保すること，とくに，システミック・リスクを回避することである。一行，あるいは多くの銀行の破綻が，銀行制度全体に影響を与えるドミノ効果につながる恐れがある。とくに，銀行は，この種の伝染リスクに結びつく取付けを起こしやすい傾向がある。これは，決済制度および満期変換（とくに，銀行は要求払預金のような短期負債をもち，貸付のような取引が困難な長期資産をもつのが一般的であること）における銀行の役割から生じるものである[30]。もし，銀行の倒産を防止し，システミック・リスクを回避したいと考えるならば，効果的な規制システムの整備が重要である。第二の目的は，先に議論した消費者，すなわち預金者保護[31]である。これら二つの目的は密接に関連性がある。顧客が自分の銀行に信頼

---

28. C. Goodhart, *The Evolution of Central Banks* (MIT Press, 1988) の p. 57.
29. 価格に関する情報は，品質に関する情報ほど供給し処理するのに費用はかからないとの証拠がある。消費者は価格の相違を識別できるが，品質の相違は識別できないので，このことは品質の水準を低下させることにつながる。G. Akerlof, 'The Market for Lemons: Qualitative Uncertainty and the Market Mechanism' (1970) 84 *Quarterly Journal of Economics* 488.
30. 脚注 17 の George 前掲書の p. 213 を参照。
31. 上記参照。

感をもつようになるには，それらの銀行は効果的な監督に従わなければならない。もし，監督が効果的であれば，顧客は信頼感をもち，銀行が困難に直面した際も資金を引き出すことを思いとどまるに違いない。銀行の安全性と消費者保護は避けられないほどの関連性をもっている。

　預金保証は，銀行が困難に直面しても預金を引き出す必要がないとの信頼感を預金者に与えることによって，システミック・リスクを回避することに役立っているけれども，預金保証が不安定性に結びつくかもしれない点がある。それは「モラル・ハザード」のリスクを通じてである。モラル・ハザードとは，もし，人々が特別な状況での支払いが約束されていれば，その状況がより起こりやすくなるように行動を変化させる危険性のことをいう。商品に保険をかけている人は，商品に保険をかけていない人よりもその商品を大切にしないように思われるのが，その典型的な例である。商品の破損を求める人さえいるかもしれない。この理論の意味は，預金保証に適用することで一層明確になる。預金が保証されている人は，銀行倒産から生じる損失を負担しなくてよいので，銀行を選択する際に十分に注意を払わないであろう。銀行が破綻しても預金が失われるとの恐れはほとんどないので，預金者は最高の利率を提供する銀行を選択する誘因が働く[32]。預金が100パーセント保護される場合には，預金者は最も倒産しやすい金融機関を探し出そうとするとの証左がある。このような事態は，アルゼンチン中央銀行が預金だけでなく未払利子を含む預金保証を再導入した1980年のアルゼンチンで起こった[33]。いくつかのケースでは，預金保証制度だけではシステミック・リスクを十分に回避できないとの危惧があるために，政府は制度による所与の限度を上回る保護を行うであろう。これは少なくとも数行は「too big to fail」であるとの印象を与えることになって，モラル・ハザードのリスクを増加させるかもしれない[34]。

---

32. モラル・ハザードは，預金保証が提供されれば進んでリスクをとるであろう銀行家にも適用できる。Miller 前掲書の p.10 を参照。
33. 脚注2の Sjaastad 前掲書の p. 48.
34. たとえば，1984年のコンチネンタル・イリノイ銀行の支払不能に対する米国の連邦預金保険公社（FDIC）の方法に注目すべきである。FDIC は小口預金者だけ

それでは，預金保証に対するモラル・ハザードの議論は抗し難いものなのか。そのような議論をする人もなかにはいる。White は，預金保証（あるいは，米国でより一般的な表現である預金保険）の観点から問題を検証しながら，預金保険はとくに発展途上の経済においては推薦できないと主張する。この分野における米国の歴史的記録は三つの教訓を示していると，彼は論じている。

まず，預金保険は第一に預金者を保護するために採用されたものではなかった……。つぎに，連邦および州の保険制度の歴史的記録によれば，預金保険に内在するモラル・ハザードやその他の問題を回避することはほとんど不可能である……。さらに，預金保険を含む銀行規制を設立する際に，将来も業界を今日のように保護するよう選挙運動を行なう銀行業界の圧力団体が作られて，変更するのが困難な方向へと業界を追い込むことになろう[35]。

Miller は，預金者保護制度のリスクを警告しつつ，とくに費用，効率性，モラル・ハザードの観点からも批判的である[36]。彼の議論は，預金者保護に反論するのに十分強力なのか。そうではないと申し上げたい。第一に，White の批判に関しては，米国の預金者保護は消費者を保護するために設立されたものではなかったけれども，消費者保護はその効果のひとつとなってきた。第二に，不必要な権力が銀行業界に与えられることにつながるために，あるいは，銀行業界に支配的である不必要な硬直性のために，預金保険およびその他の銀行規制は必要ないと主張される。Miller は，効率性と費用について関心を表明する。それらは注意すべきことではあるが，しかし，

でなくすべての預金者が保護されることを明確にした。しかしながら，「too big to liquidate」がより適切であると指摘し，「too big to fail」という表現を使うことを批判した者もいた（FDIC, *An Examination of Banking Crises in the 1980s and Early 1990s* (1997 : FDIC 249) を参照）。Eddie George 総裁は，銀行は病める機関を救済するための介入を嫌い，システミック・リスクの明白な恐れがあって初めて介入するとしばしば表明してきたように，コンチネンタル・イリノイ銀行に対する方法は，英国のイングランド銀行が採用してきた方法とは好対照をなしているかもしれない。

35. 脚注 21 の White 前掲書の p. 12.
36. 脚注 5 の Miller 前掲書.

当然,制度の明白な便益と均衡が図られなければならない。最後に,WhiteとMillerの双方が関心をもつモラル・ハザードの問題がある。しかし,これは誇張されている可能性がある。モラル・ハザードに関する経済学者の議論を現実の世界からはかけ離れたものと見ている批評家もいる。Cranstonはとくに批判的である。「経験のない預金者は,用心深い立場にはない。たとえ,情報が利用可能であっても,それを解釈する専門家を必要とするのが一般的である。そのうえ,銀行の支払不能に関する理由は不誠実なものであり,本質的にそのことは隠匿される傾向がある」と彼は論じる[37]。

先に議論したように,どの銀行に預金を預け入れるべきかに関して,平均的な預金者は情報に基づく判断を行うことが不可能でないにしても,困難であることはほとんど疑いない。預金者に注意を払うよう促したいと考えるのは理解できるが,これがどの程度達成できるかには限度があるとの認識をもつべきである。銀行の支払不能において不誠実さが果たす役割に関するCranstonの批評は印象的でもある。近年における重大な銀行倒産の多くは,不誠実さが存在することを明確に証明してきた[38]。このことは,規制当局が銀行監督においてその高潔さを考慮することがいかに重要かを示しており,時を経るとともにこのことは強調されるようになってきた[39]。それは,また,なぜ預金保証制度が,銀行破綻において一定の役割を演じた人々を補償から排除するのが一般的であるのかも説明している[40]。

Millerが預金者保護を手放しで拒絶していないことを,ここでは強調すべきである。実際に出来る限り民間部門を活用し,寄付による基金(endowed funds)よりもむしろ銀行の評価を通した支払い額を積み立てるような,明示的かつ限定的な預金者保護の余地があるかもしれないと彼は論じてい

---

37. 脚注19のCranston前掲書のp. 81.
38. ベアリングやBCCIはこれらの最もよい例であるが,これらは決して唯一の例ではない。
39. *Banking Supervision and BCCI : International and National Regulation* (HMSO March 1992)の報告書のなかで,財務・行政機関担当委員会(Treasury and Civil Service Committee)は,銀行を監督する際に支払能力の問題と高潔さの問題の間により明確な区別を引くべきことを推奨した。
40. たとえば,1995年金融機関(預金者保護)規制のレギュレーション32を参照。

る[41]。Miller も White もとくに発展途上の経済に注目して論文を書いており，預金者保護制度の導入を考慮しているそのような経済は，代替案に細かな注意を払うべきであると主張する[42]。

5．預金者保護と共同保険：欧州のアプローチ

預金者が銀行の安全性を判断することは期待できないと主張する強硬な意見があるけれども，モラル・ハザードについての関心はいまも根強い。この大きな理由のために，欧州連合は「共同保険」と呼ばれる政策を採用してきた。この手法は，欧州レベルで発展する以前には，大いに影響力をもつに至った英国の法律において見られ[43]，銀行倒産から生じる損失の一部を消費者が負担することを求めている。

預金保証に関する EC 指令[44] は，多くの機能を果たすように企画された。第一に，それは，銀行を設立しサービスを自由に提供する権利の制限を解消することを目的とする手段の一つであった。第二に，銀行制度の安定性に沿った適切な消費者保護を担保するために，それは企画された。銀行の安全性と消費者保護が非常に密接に関連することは，上の議論から明らかである。消費者を適切に保護したいならば，銀行が安全であることが必要である。銀行が安全でありたいと欲すれば，銀行は預金者の信頼に依存することになる。しかしながら，モラル・ハザードの問題は依然として根強いままである。預金者は，注意深くかつ責任をもって銀行を選ぶように奨励されるべきである

---

41. 脚注5の Miller 前掲書の p. 1.
42. Miller は，代替案として追徴可能株式（assessable stock），ナロー・バンク，政府要求払い債務（government demand debt）をあげている。White は，とくに分離された預金勘定について言及しており，国債同様の保証はあるが預金保険から生じる金融機関への悪い誘因なしに，政府によって保険が提供されるような財務省証券のミューチュアル・ファンドについて議論している（脚注21の White 前掲書の p. 13）。本章において，これらを詳細に検証するのは不可能である。
43. R. Cranston 編，*The Single Market and the Law of Banking*，第2版（LLP, 1995）所収の M. Andenas, 'Deposit Guarantee Schemes and Home Country Control'，および，脚注14の Campbell and Cartwright 前掲書を参照。
44. Directive 94/19/EC.

が，彼らが資金を引き出すことも防止しなければならないと主張されてきた。

共同保険という欧州連合の政策は，預金者が取付けを引き起こすのを抑えながら，モラル・ハザードによるリスクに取り組もうとするものである。預金者の一定割合の資金（90％）が一定水準まで保護されることによって，これは達成される（現在，ECU 22, 222）。したがって，預金者は銀行を選択する際に注意深くなる誘因を少しはもつようになり，理論的には，銀行が経営危機に陥ったときには預金者がパニックにならないように思える。しかしながら，実際には，現実に危機が生じたり，あるいは危機が感じられたときに資金を引き出す誘因がなおも残っている。銀行預金は先着順に処理される。危機に際して早期にこのことが十分に行われれば，預金者は預金を全額引き出せることを分かっている。預金の10％を失う恐れは100％を失う恐れほど大きくないのは確かであるけれども，銀行が破綻するとの恐れを抱いた預金者は，残りの10％を守るためになおも資金を引き出すように考えられるとの議論がある。10％という水準の共同保険が，消費者が潜在的な破綻に直面した際に，預金を残したままにしておく十分な誘因を消費者に与えるかには議論の余地がある。

6．預金保証と情報を熟知した消費者

預金が100％保護されて，預金者がその保護を理解している場合には，預金を引き出す誘因がほとんどないことはほぼ疑いない。しかしながら，預金者が実際に提供されている保護について理解しているかは明らかでない。英国では，預金保護制度の加盟銀行が宣伝を行うことには一定の制限があり[45]，銀行の支払不能の際に受けるであろう保護について，多くの預金者は分かっていないように思える[46]。預金保証制度は，制度の存在に関する認識があれば，銀行取付けを防止する助けにはなるであろう。このような認識の欠如が

---

45. 1995年金融機関（預金者保護）規制のレギュレーション 48, SI 1995/1442.
46. 消費者法の学会や消費者法を学ぶ修士に対して行った簡単な聞取り調査は，預金保証制度に関する認識がほとんどないことを示していた。公衆の間ではほとんど認識がないであろうと主張できる。

関心事である。

　預金者が預金保証から受ける保護に関して理解していると，議論のために仮定しても，どのような種類の制度が整備されるべきかを決定することの難しさは残る。とくに，預金保証が設定すべき水準という困難な問題に関しては，単純な答えは存在しない。100％の保護は取付けを抑制するが，預金選択に際しての注意を喚起しない。低水準の保護は取付けを惹起するが，意思決定の際の注意を喚起する。共同保険という欧州連合の方法は妥協を見いだそうとする試みであるが，満足がいくように目的を達成するものではないことはほぼ間違いない。分配の公平性や脆弱な消費者に関心をもつ消費者問題の法律家にとっては[47]，共同保険はいくつかの問題を提起する。共同保険は，とくに極めて脆弱な消費者に対しては，適切な消費者保護を提供できないと他でも議論されてきた[48]。たとえば，英国のすべての預金者は，預金の最低10％を共同保険に供しなければならない。預金が2万ポンド以上の場合には，この率は劇的に上昇する[49]。

7．預金者保護の将来

　消費者保護の観点から魅力的なように思われる解決法が Hall によって提案された[50]。預金の最初の3万ポンドは完全に保護されるが，この額を上回る預金は共同保険に掛けられるべきであると彼は論じた。更なる上限額までは95％を保障し，その額を上回る部分は全く保障がないという提案を彼は行っている。この額はある程度任意であり，それ以外の額でも代用できることを Hall は承諾している。1987年に彼が書いているように，いかなる場合

---

47. これは，英国の公正取引庁が後にとくに関心があることを示した問題である。*Financial Services for Vulnerable Consumers : OFT Launches Inquiry* (OFT Press Release, 16 December 1997) を参照。
48. 脚注14の Campbell and Cartwright 前掲書。
49. 例えば，3万ポンドの預金に関しては，共同保険の割合は40％にまで上昇してきた。脚注14の Campbell and Cartwright 前掲書を参照。
50. M. J. B. Hall, 'The Deposit Protection Scheme : the Case for Reform' (1987) *National Westminster Bank Quarterly Review* 45.

でも，これらの数字は物価上昇率に従って調整される。Hall の提案は，高水準の消費者保護を提供するだけでなく，取付けを防止することにおいても重要な役割を演じるであろう。彼の提案は先に述べた問題のいくつかを防止し，とくに，比較的少額の貯金しかもたない人が多い，最も脆弱な消費者に完全な保護を与えることを確実なものにする。とくに，些細な財力しかもたない預金者が，銀行により負わされるリスクについて有意義な情報を得ることがいかに困難かに留意する場合には，そのような預金者が常に共同保険の要件に従うべきかは疑問の余地があるに違いない。

　Hall の提案が主たる目的とするのはモラル・ハザードである。100％，あるいは，たとえ一定水準までであっても，保護を受ける消費者は，問題のある預金についてリスクの程度を確認する誘因を，おそらく現在はほとんどもたないであろう。しかし，リスクを確認する際の困難はすでに強調されてきたし，これは引き受けるに値するリスクであろう。

　EC 指令は最低水準の保護しか規定していないので，EC 指令が要求する保護を超える預金保証制度を実施することが欧州連合加入国には認められている[51]。しかしながら，加入国がこれを競争の道具として利用するかもしれない懸念があった。これを回避するために，規定された最低の保護を加入国が超えることができる程度に関して，EC 指令は制限を定めた。第一に，EC 指令が強調したのは母国監督に関することである。ある母国が自国の金融機関に対する制度を設立する場合[52]，その他の加入国で当該金融機関が設立した支店の預金を当該制度が保護することを，これは意味する[53]。EC 指令は，また，これらの状況では，母国における保護は，進出先国における関連制度が提供する保護を超えるべきではないとも記している[54]。このことは，ある母国銀行の支店が進出先国の銀行に対して優越性をもたないことを確実なものとする。進出先国の法律が母国の法律よりも大きな保護を与えている

---

51. 7条(3)項。
52. EC 指令は，「銀行（bank）」よりも「金融機関（credit institutions）」という用語を使用する。英国では，住宅金融組合は同一の形態に属する。
53. 4条(1)項。
54. Y国の預金者は，Y国で認可を受けた銀行によって提供される保護に優先して，X国の銀行の支店から保護を受けることはできない。

場合には，母国銀行の支店はその保護を埋め合わせるために，進出先国の制度に加入しなければならないとも EC 指令は規定している。したがって，進出先国において認可された銀行によって提供されるのと同等の保護を提供するように，支店は「限度一杯まで補充」できるだろう[55]。

母国以外の銀行の支店が制度に加入することが許されるならば，これらの規定は，Hall により提案されたのと同じ制度の導入を英国にも認めることになる。しかしながら，現実には，このようなことは起こらないように思える。最近，イングランド銀行総裁が，モラル・ハザードの深刻さに関する彼の見解を示し，預金者に対するより大きな保護は相応しくないことを示唆した。彼は，「もし，預金者がすべての責任を逃れるならば，預金はリスクにかかわらずより高い利子を提示する者へと単に流れるであろう。そして，そのことは市場規律を毀損し大いに不安定性の危険を増大させるであろう」と語った[56]。

8．結　論

提案に沿った英国の預金保証制度の変更は起こりにくいように思える。認識されているモラル・ハザードのリスクは別にして，非常に高水準の保護を与えることによって，英国で営業する銀行に不必要な負担がかかるとの懸念もある。このことは，銀行が英国での営業の認可を求める誘因を損なうことになろう。もちろん，これが払うべき価値のある代償であるか答えるのは難しい。銀行倒産のリスクが預金者にとって極めて深刻な問題であることは，ほとんど疑問の余地がない。同時に，不必要なリスクをもつ銀行を発見し対処できる効率的な認可および監督制度をもつ国々においてはとくに，モラル・ハザードによるリスクが誇張されているといえる。英国の預金保証に関する制度は，「最も脆弱な預金者の間での深刻な苦難を防止するのに十分な程度の保護」を提供するために導入された[57]。銀行により負わされたリスク

55.　4 条(2)項。
56.　F. Oditah 編, *Insolvency of Banks : Managing the Risk* (FT Law and Tax) 所収の D. Turing, 'Deposit Protection' の p. 17.

を評価する際に預金者が直面する問題を考慮する体制が導入されて初めて，このような目的が実現するであろう。

---

57. *Banking Supervision*, Cmnd 9695 (1985) 3.5 章。

第 3 部

金融サービスと投資

第6章*

金融サービス規制：歴史が我々に教えてくれるものはあるか

シャロン・チン

1．はじめに

　本章では，英国における金融サービス規制に関する簡単な歴史を示し，国際市場のニーズに対して将来の法律制定がよりうまく適応できるよう，過去の失敗から学べるものがあるかどうかについて議論する。

　金融サービス規制で現在関心を集めているものには消費者保護や金融市場の健全性（integrity）に対する信頼維持といったものがあるが，これらは19世紀の最も協調組合主義的な（corporatist）自由放任（*laissez-faire*）モデルに始まり1986年金融サービス法によって作られた「法令の枠組みの中での自主規制」システムに至る，シティにおける金融サービス規制の歴史的展開を通じて最もよく理解することができる。

　1990年代，金融サービス部門における国際的統合の進展は，規制の質を変えた。将来の立法は，インターネットでの金融商品販売，規制当局同士のよりよい国際的協調への必要性，証券投資市場を支える正しいインフラストラクチャーの提供，消費者が適切な選択をするための教育，今後企業が遵守することになると予想される効率的な金融規制について，シニア・マネジメント（上位の経営陣）に先を見越して行動させることなどにも取り組む必要があるだろう[1]。

　＊　本稿に対するコメントや助言を頂いた Julia Black, Peter Cartwright, Colin Scott および Gunter Teubner 教授に感謝したい。もちろん本稿における見解および誤りがある場合の責任は筆者に帰すものである。
　1．オーストラリア証券委員会・電子商取引コンファレンスのスピーチでの Sir An-

情報技術の展開とともに生じた流動性の高い市場は，トレーダーがボタンひとつでいつでも，資本を異なる国へとすばやく移転できることを意味する。新しい目標志向の規制哲学では，厳格な法の支配する国境を越えて展開する革新的市場を規制する必要が生じるだろう。規制当局は，新しい金融商品が市場に導入されるのに対応して，効率的な監視を行うために必要な情報を得るために，業界を動かすことが重要になろう。

　市場の水平的・垂直的統合から生じてきた規制技術の収斂によって，米国と英国は協調的な法の執行を促進すべく，より緊密に協力するようになった[2]。これは，1986年金融サービス法によって整備された特定の規制構造に代表されるような1980年代における規制市場の比較優位を目指した戦いと好対照である[3]。

　英国における投資家保護は，国や業界および私人によって異なる様々な法律の寄せ集めのままである。これらの法律がなぜ1980年代，1990年代に通過したのか，またそれらの法律でどのような利害を保護しようとしてきたのか，という質問は，現存する投資家保護システムをより理解するうえで，またそれが金融サービス業に対する維持可能で満足に値する規制手段かどうかをよく考えるうえでは有益で適切な質問である。

---

　　　drew Largeが行ったコメントを参照。'What Does the Impact of Electronic Commerce Mean for the Regulation of The Financial Markets?'（1997年2月3日）。SIBホームページ：http://www.sib.co.uk/speeches/030297.htm.
2. カナダ・モントリオールで開催された国際証券委員会機構（International Organisation of Securities Commissions）のコンファレンス（1996年9月18日）での米国証券取引委員会議長のArthur Levittによるコメントを参照。SECホームページ：http://www.sec.gov/news/speeches/spch1119.txt.
3. M. Moran, *The Politics of the Financial Service Revolution : The USA, UK and Japan* (Macmillan, 1991), M. Reid, *All-Change in the City : The Revolution in Britain's Financial Sector* (Macmillan, 1988)を参照。

2.1 協調組合主義的な

シティにおける協調組(meso-corporatism)は 19 世紀の最後の四半世紀に始まり,実務家の行為規範や参入要件を 1980 年代まで規制し続けてきたが,1980 年代には国際金融市場における比較優位を目指した努力によって,これに抵抗する利害関係者も伝統的支配形態の構造変化を受け入れざるを得なかった[4]。しかし,1986 年金融サービス法において整備された規制の構造が,それ以前の自主規制システムの要素を維持しているという事実は,十分に確立した中間協調組合主義形態の実務家ベースでの規制から大きく離脱することに,シティの一部や政府が乗り気でなかった証拠といえる[5]。

なぜ,どのようにしてそうなったかは,スキャンダル塗れの独占的な金融サービス業への不満が高まり,その代りに「市場の信頼」を維持するためのより大きな投資家保護が切望されていた,1980 年代の政治的情勢に帰することができよう。奇妙なことに,政府もまた,過去百年余り十分機能してきたと感じられる「旧来の」協調組合主義的規制システムの上に,完全な制定法による規制システムを押しつけることに乗り気でなかった。

英国金融サービス部門の成長の発端は,第 2 次世界大戦後の発展期にまでさかのぼることが可能である。この時期,信用供与の利用可能性の増加が,

---

4. L. C. B. Gower, '"Big Bang" and City Regulation' (1988) 51 MLR 1.
5. 中間協調組合主義(meso-corporatism)とは,広義の公共的地位を利害集団に与えることとして定義される。これは,金融サービス部門で証明されたように,法および法律上の規制機関の影響力を高めることにより,公式に設立された組織により大きな役割を与える。また,これはパートナーシップ,あるいは資本家や労働者の国民代表を国と結びつける支配形態としての「協調組合主義(corporatism)」の概念とは対照的な立場にある。中間的協調組合主義は,労働者や資本家の利害集団に限定されるのではなく,国の機関から私企業に至る幅広い集合的利害を反映する。中間的協調組合主義に関するより詳しい議論は前掲脚注 3 の Moran や A. Cawson, *Organised Interests and the State : Studies in Meso Corpotatism* (Sage, 1985), Philippe C. Schmitter and Gerhard Lehmbruch (eds.), *Trends Towards Corporatist Intermediation* (Sage, 1979) を参照。

市場における消費者[...]個人持ち家の増加はその
代表例である。ロン[...]として地位を確立し、また
事業を行うに「クリ[...]たため、金融サービス市
場には多くの個人投[...]も裕福なエリートとは限
らず、中産階級や労[...]金」を持っている者たち
であった。

1986年以前の状況[...]公式な合意と理解という
特徴のもとで行われ、[...]なしに運営が行われるよ
うな柔軟な規則作り[...]presentation）と規制が融
合した。この中間協[...]テムの保護者（guardian
angel）として、イン[...]シティの「監督者（super-
visor）」として、イン[...]行と実務規範とを対等に
位置づけてきた[7]。こ[...]ティを支配していた金融
寡頭制（financial olig[...]的・政治的性格ゆえに機能
してきた。

2.2 協調組合主義

協調組合主義的シ[...]かある。イングランド銀
行の国営化とその帰結[...]優位を目指した戦い、こ
れらの戦いを助ける[...]主義的政治システムの中
で不満をもつ利害関係[...]ルに塗れた金融サービス
業に対して変化を強く[...]

1946年に行われたイングランド銀行の国営化では、イングランド銀行を
独立の「専門家によって運営される」組織に変え、イングランド銀行とシ
ティとの関係の変化ももたらした。すなわち、「スレッドニードル街の老貴

---

6. Geoffrey Ingham, *Capitalism Divided : The City and Industry in British Social Development* (Macmillan, 1984); Charles P. Kindleberger, *A Financial History of Western Europe* (Allen & Unwin, 1984) を参照。
7. G. Blunden, 'The supervisor of the United Kingdom banking system' (1975) 15 *Bank of England Quaterly Bulletin* 188-94 参照。

婦人」はもはや金融寡頭制の参加者たちの利益を保護しなかった。シティの政治的自治が徐々に侵食されてきたことは1980年代にはますます明らかになってきた。イングランド銀行は，金融エリートの利益から独立して独自の政治目標を展開し始めていたのである。

1983年，イングランド銀行は，証券取引所を「見捨て」，証券取引所の反競争的取引慣行の支持を拒否した。反競争的取引慣行は公正取引庁（Office of Fair Trading：OFT）の攻撃目標となり，法的措置がとられるという脅威に晒されていた。この方向転換をもたらすにはいくつかの要因があった。それらは，為替管理の廃止，ロンドンの最先端金融センターとしての地位が揺らぐことへの脅威，国際金融市場でのロンドンの卓越的地位を維持することによってもたらされる権限と影響力の維持を求めるイングランド銀行の組織上の利益などである。このような自由市場と競争主義を支持することは，ロンドンを国際金融市場の中でより優位な地位に置くことになる[8]。

他にも明らかに圧力が存在した。米国や日本からの「外部」の巨大な機関投資家は，証券取引所内のブローカーのカルテルによって利益が搾取されることに不満があった。一方で，野心的かつ効率的な証券取引所の会員には，巨大多国籍企業と統合することが，資本力のある米国や日本の企業に支配される国際的証券市場で競争できる唯一のチャンスであることがわかっていた。反競争的取引慣行を改革することは，国際金融市場の拡大によってもたらされた新しい利益を統合するために重要なものとなった。

2.3 ビッグ・バン

証券市場の競争的慣行をめざした改革の試みの結果としての1983年のGoodison-Parkinson合意[9]は，OFTがシティの利益に対して厳しい態度を取ったという「威圧」効果に起因するものともいえる[10]。1976年1月の，制限的取引慣行に関する行政命令（Restrictive Trade Practice Services Order）

---

8. 前掲脚注3のReid.
9. Cecil Parkinsonは1984年の貿易産業省大臣で，Sir Nicholas Goodisonは証券取引所理事長であった。
10. Sir N. Goodison, 'The Stock Exchange at Turning Point' (March 1985) *The Stock Exchange Quarterly*.

は，OFT の権限を拡大し，サービス産業に対する公正取引法の適用範囲を広げた。これは，規制当局たる OFT の影響下に一定の金融機関を組み入れることになった。証券取引所が OFT にルール・ブックを登録すること，気に入らない規則を改正するように OFT は要求した。これらの要求に応じない場合には，OFT は，証券取引所のルール・ブックの審判を制限的取引慣行裁判所（Restrictive Practices Court）に申し立てることになる。

いったん行政機関の命令が公表されると，政府がそれを執行することから後退することに合意したり，シティがその命令からの免除を嘆願した場合に，それが受け入れられたりすることがほとんどないであろうことは明らかである。従って，Parkinson が OFT の管轄権からの除外を容認するように申し出を行い，OFT が修正に反対した主要な規則を要求したときに，OFT の支配から逃れられる面子を保つ方法として，シティはこれに飛び付いたのである。

本質的に，この取引は次のような改革から成り立っていた。1986年12月に取引に関する最低手数料は廃止すること，証券取引所理事会に代表者を置くこと，規則変更の内容はイングランド銀行に諮問され合意を得ること，全体的な政策パッケージの実施はイングランド銀行と DTI（貿易産業省）から選ばれたグループによって監視されることである。これに対応して，政府は，制限的取引慣行に関する行政命令から証券取引所を除外する法律を支持しなければならなかった。

当然のこととして，Goodison-Parkinson 合意は，人気取りの補助金政策だとして怒りと非難を招いた。特に，それを特権的地位と法の執行能力への攻撃と見なしていた OFT における怒りは大きかった。実際には，取引の最低手数料の段階的廃止という決定は，最大の価格障壁を廃止することにより，市場を競争に向けて開かれたものとし，OFT が実施しようとしていたことを達成したのである。最低手数料の廃止は，より広範で競争的な戦いを熾烈にし，市場における取引行為のルールを一変させた。会社の単一資格やブローカーとジョバーの強制的な分離がもはや維持できないことはすぐに明らかになった。Goodison-Parkinson 合意から数ヵ月以内のうちに，証券取引所はこれらの反競争的取引慣行を廃止したいと希望するようになった。

証券取引所の「ビッグバン」に伴い，立会場ベースの取引システムから単一資格に至る多くの変更によって生じた摩擦をうまく処理するための新しいルールの作成が必要になった。株式の自動値付けシステムのように，シティが証券取引所における新技術の使用に不慣れであることや，1982年のロンドン国際金融先物取引所のような新しい金融市場に関する「産みの苦しみ」にあたっても問題が見られた。その後，Johnson Matthey Bankers[11]やNorton Warburg投資顧問のようなハイリスク産業における投資助言者の倒産は，既存の取引慣行の存続可能性に疑問を生じさせた。1980年代初期にシティで金融スキャンダルが相次いだ後，ロンドンが世界の先端金融市場の一つとして今後も存続するために重要である特権と高い信用という環境を守るために，政府による介入が政治圧力団体によって支持された[12]。

2.4 Gower委員会

1983年，当時存在した投資家保護の仕組みを再調査するためにGower委員会が設立された。委員会は，証券ディーラー，投資コンサルタントや投資顧問業者に対する法的支配の必要性を検討し，新たな法律を提案するよう諮問された[13]。Gower教授は，いくつかの勧告を行った。1958年不正投資防止法は，基本方針を提示する新法によって改正されるべきであること。政府または新当局によって，投資業に対する包括的監督と残余規制に着手すべきこと。こうして業界への参入は免許制に基づくものとなり，その運営は単一の監督主体によって行われることになった。日々の規制は，一定範囲の自主規制機関（self-regulatory organisations；SROs）に委任されることになった。自主規制機関は，当初，既存の専門職団体や組織をもとに，政府または新当

---

11. これらの出来事に関する信頼性の高い説明は，'The Bank of England and Johnson Matthey Bankers Limited' (1985), *Reports and Accounts of the Bank of England* に見ることができる。またM. J. B. Hall, 'The Johnson Matthey Bankers Affair: Have Lessons Been Learnt?' (1987) *Journal of International Securities Markets* を参照。
12. D. H. A. Ingram, 'Change in the Stock Exchange and the Regulation of the City' (February 1987), *The Bank of England Quarterly Bulletin*.
13. L. C. B. Gower, *A Review of Investor Protection*, part I, Cmnd 9125 (HMSO 1984).

局によって，特別に承認されることになった。

　事実上，Gower 提案は，協調組合主義をより成文化・制度化する形で守った。1986年金融サービス法は，法的枠組みの中で実務家ベースの規制システムを形成したのである。法的枠組みの中での自主規制は，安上がりで効率的，競争的で柔軟であると思われていた。自主規制機関がシステムの運営費用を負担するため，大衆はそのコストを負担せず，繁雑で細かな仕事は，中央政府から技術的「ノウハウ」を持つと思われる実務家へと分離された。今度は，この規制によって金融サービスの国際的展開に対してより敏感なシステムの構築が行われ，業界が競争によりよく適応することが望まれるようになった。

　要約すると，1986年金融サービス法の基本的目的は，
・公平な競争条件のもとで，金融市場の成長を促進すること
・英国内での容易な資本調達，投資，貯蓄，投資物件の売買を奨励するため，明確に理解された原則と規則を提示すること
・市場での詐欺と業界の違法行為を防止すること
・業界での最高の基準を維持するうえでは実務家の関与が非常に重要であるため，金融市場の規制の中に実務家を参加させること
・同じ産業の中で競合する製品とサービスの間の扱いは平等であること，そして法律は競争に対して人工的な区分や障壁を設けないことを保証すること[14]

　1986年金融サービス法の目標は，明らかに法律作成に関する歴史的な流れの影響を受けている[15]。この目標が達成されたかどうかについては，次節で検証する。

---

14. 同上。
15. J. Black, 'Which Arrow? Rule Type and Policy' (1995) *Public Law*, Spring を参照。

3．1986年金融サービス法

3.1 規制構造

　サッチャーの金融サービス業に関する制度的決定は，対照的な規制システム，すなわち官僚支配のシステムへと発達した協調組合主義的なシステムをすぐに作り上げることになった。民主政治，裁判所の役割，異なる自主規制機関間の管轄権調整問題に対して競合する要求は，結果的に金融サービス業における政治色を強め，官僚主義化につながった[16]。

　1986年金融サービス法では投資家利益を保護するためにすべての保証が準備されていたにもかかわらず，シティのエリートと政府は，英国の金融サービスにおける規制システムを「法的」というより「利己的」なものにしようとしたのは明らかである。「法的枠組みの中での自主規制」は，せいぜい業界利益の中での規制を婉曲表現したものに過ぎなかったというのが真実である[17]。

　1986年金融サービス法によって，法的権限を委託された証券投資委員会（Securities Investment Board：SIB）が設置され，市場を公的支配下に置かずして規律づけられた規制システムをどのように提供するかという問題を解決するために，関連する自主規制機関が設立された。1986年金融サービス法の中での別の目的に合わせようとした過程の中で緊張が必然的に発生したが，規制者がこれを解決することは決してなかった。

3.2 1986年金融サービス法の範囲

　上位の規制者および公共的利益の「保護者」として，SIBの「三層」構造は適切な投資家保護を達成する最も費用効率的な方法と考えられた。SIBは基準を設定し，他の第一線の金融サービス市場規制者を認可し，監視およ

---

16. C. Graham and T. Prosser (eds.), *Waiving the Rules : The Constitution Under Thatcherism* (OUP, 1988) を参照。
17. A. Ogus, *Regulation : Legal Form and Economic Theory* (Clarendon Press, 1994) を参照。

図 6.1 1986 年金融サービス法によって配置された規制構造

```
1986 年金融サービス法 115 条
所管大臣は（SIB へ）委託する権限を完全に，または部分的に取り戻す権限を有する
                          ↓
                 SIB に委託された権限
                          ↓
                       SIB 理事会
           所管大臣とイングランド銀行総裁によって指名
                          ↓
        SIB 理事会メンバーの多くは投資業界から選出
                          ↓
    SIB は議会と所管大臣に年次報告書を提出しなければならない。
SIB は自主規制機関，公認専門職団体（recognized professional bodies：
RPBs），公認投資取引所（recognized investment exchanges；RIEs），
公認清算会社（recognized clearing house）を認可，監視および監督する。
```

び監督を行う（図 6.1 参照）。

新しい規制体系における基本的な投資業の範囲は，1986 年金融サービス法 3 条の禁止規定により定義されている。「認可された人，……または免除された人を除き，何人も英国内で投資業を経営したり，経営することを企むことはできない」。

このように，1986 年金融サービス法の付属規定 1 の第 1 部では，会社株式，社債，政府証券，オプション，先物，生命保険契約，株式ワラント，預金証書のような，同法律の目的に合った投資物件とみなされる金融的手段（financial instruments）について詳しく規定している。1986 年金融サービス法の付属規定 1 の第 2 部は，「投資業」を構成するものとして次の五つの活動を挙げている。具体的には，
・投資物件の取引（dealing）
・投資物件の取引の取りまとめ（arrangement）
・投資物件の管理（management）
・投資助言の提供
・集合的投資スキームの設立，運営または解散
である。

3.3 投資会社の規制

1986年金融サービス法によって配置された規制構造は，SIBから直接，あるいはSIBの監督下にある自主規制機関または公認専門職団体（recognized professional bodies：RPBs）の一つから間接的に必要な公認を受けた，投資業に関わる個人と企業に依存したものである。しかし，投資業の制限や資産の凍結のようなSIBの介入権と調査権は，自主規制機関や公認専門職団体の会員ではなく，直接的に規制される企業との関係においてのみ行使可能である。

1986年金融サービス法は，プロ同士の取引に関しては付属規定1の第3部で免除を認めることにより，規制を「軽いタッチ（light touch）」にする（軽減する）ことを求めた。例えば，1986年金融サービス法43条では，上場された短期金融機関に免除を認めた。また，1986年金融サービス法は，違法な投資業を経営する不正な個人や企業に対する制裁規定も定めた。これらはいくつかの効力をもつ。

- 1986年金融サービス法4条は，3条の違反を刑事犯罪として処罰可能にしており，正式起訴による有罪判決で最大2年間の禁固刑，略式起訴による有罪で6ヵ月以下の禁固刑もしくは罰金またはその併科を科せられる。
- 1986年金融サービス法5条(1)項は，3条に違反して締結された契約は相手方に執行できないとしている。また，相手方に，被った損失の補償とともに移転した金銭または財産を取り戻す権利を与えている。
- 1986年金融サービス法6条は，違法な投資業務が行われた結果として被害を受けた投資家を助けるために，関連する差止命令と現状回復命令とを裁判所に申し立てる権限をSIBに与えている[18]。

この中途半端な規制構造は，SIBに問題をもたらした。SIBは投資業に対して広く監視を行い規制を実施するだけではなく，業界の経営者に新しい規制システムの中で協力するよう説得しなければならない。そして，これら

---

18. 証券投資委員会は所轄大臣から委任を受け，現状回復命令を下す権限を有する（図6.1参照）。

表 6.1 SIB により規制される自主規制機関と公認専門職団体の要約

自主規制機関	公認専門職団体
投資業務を行う人を規制する	専門職団体のメンバーとその投資業務活動を規制する
1．FIMBRA：保険ブローカー等規制機構 2．IMRO：投資顧問規制機関 3．SFA：証券先物規制機構 4．LAUTRO：生命保険・ユニットトラスト規制機関	例：ソリシタ協会，スコットランド・ソリシタ協会，北部アイルランド・ソリシタ協会，イングランド・ウェールズ公認会計士協会，スコットランド公認会計士協会，アイルランド公認会計士協会，公認会計士協会，アクチュアリー協会，保険ブローカー登録協議会

の経営者の多くはこれまで規制されたことがなく，異なる体制に慣れ親しんできたのである（表 6.1 参照）。

3.4 1986 年金融サービス法の問題点

ルール・ブックと法律手続きが過度に複雑であることは，投資家が法律においてどのような位置づけにあるのか，政府機関のどこに苦情を申し立てればよいのか，法律がどの利益を保護しようとしているのかについて混乱をもたらすことを意味する。法規制システムへの不満の多くは SIB に向けられた。

特に，規制システムにおける SIB の役割の曖昧さに関して懸念が表明されたが，それは，自主規制機関や公認専門職団体など他の規制者に対する監督者としての不確かな地位，民主主義的な説明責任の明らかな欠如，SIB が業界と消費者利益に関していかに現実を把握していないか，といったものである[19]。多くの投資家や業界内部の者が SIB をシステムのなかでの「主導的」規制者と認識したけれども，米国の証券取引委員会（SEC）とは異なり，

---

19. Sir Andrew Large のコメントを参照。同氏は，規制当局が金融サービス市場の展開についていくことの困難さや，1986 年金融サービス法が環境変化に十分素早く対応できなかった事情についての認識を示している。Sir Andrew Large, 'Standards of Market Integrity in the New World: the Big Bang Ten Years on', House Magazine Conference でのスピーチ（1996 年 10 月 29 日），SIB のホームページ　http://www.sib.co.uk/speeches/291096.htm。

表6.2 SIBの役割と責任

1．SIBは投資業を，自主規制機関，投資取引所および清算会社の認定，監視，監督に基づいて規制する。
2．SIBは広範な立法機能を持つ。たとえば規則と規制の作成，実務に関する原則および規範の公表，自主規制機関に直接適用される規則の設計などである。
3．SIBは，自主規制機関や公認専門職団体によるよりもSIBによって規制されることを選んだ企業によって行われた投資業を認可し，規制する権限を与えられる。
4．SIBは介入と執行に関する幅広い権限を与えられる。SIBは差止命令，現状回復命令，免許取消命令を発することができ，直接的に規制される企業に懲罰を科すことができる。また，刑事訴訟を提起する限定的な権限ももつ。
5．SIBは，1986年金融サービス法上の規定により投資管理を行う様々な集団的投資スキームを公認し認可する権限をもつ。

SIBはこの大衆の期待に応えて公認団体の基準を徹底的かつ効率的に執行し監視を行うという行政上の莫大な職務を遂行するための，効果的な構造や資源を持っていなかった[20]（表6.2参照）。

規制システムについて更に不幸だったことは，SIBに明らかな矛盾があることであった。すなわち，SIBは，自主規制機関と協力的な業務関係を維持することに利益を見いだす一方で，自主規制機関が提出する自己評価調査（Self-assessment reviews：SARs）が認定基準を満たしているかどうか評価するため，「客観的」距離を保つ必要があった。SARsは，金融市場におけるSIBの規制技術に関連した，投資家にとっての特別な「悩みの種」であった[21]。SIBがSARsの様式と内容に関する指針を規定できないことによって，自主規制機関は取り組みたいアプローチの決定について幅広い裁量権を与えられることになった。これは，SIBが「泥棒を捕まえる」こと，投資家や公共の利益を保護することに失敗したという認識につながった。

SIBの「規則作成者」および「基準設定者」としての役割についても，大蔵省高官から疑問が投げかけられた。これは，Maxwell年金詐欺のような金融スキャンダルによって，SIBが投資顧問規制機関（IMRO）のような

20．SIBの役割と責任については表6.2を参照。
21．D. D. Prentice, *EEC Directives on Company Law and Financial Markets* (Clarendon Press, 1991) 参照。

自主規制機関を適切に監督することに失敗しているという印象が強まったからである[22]。業界自主規制機関の運営委員会の構造を密接に反映したSIBの運営委員会の構造が望ましくないと受け止められたのは，それによってSIBが「業界の捕捉（industry capture）」に対して脆弱なままであったからである[23]。

　詳細な調査と監督という仕事を行うにあたって，当時のシステムは自主規制機関に大きく依存していることが不満足なものであったので，MaxwellやロンドンFOXの事件は，SIBがすべての公認団体をもっと公式的かつ積極的な方法で監督する必要性を証明することになった。Maxwell事件は，「軽いタッチ」による監督方法としてSARsや自主規制機関に依存することの限界を明らかにし，おびただしい書類を伴う複雑な金融詐欺事件を現在の陪審制度による裁判で処理しようとすることがいかに不適切であるかを示した。IMRO自体，Maxwellの行動に十分批判的になることができなかった。すなわち，IMROの監視はあまりに機械的すぎて，「危険」信号を拾い出すことに失敗したのである。リスク評価は存在せず，何よりもひどかったのは，危機が発生したとき，IMROは本来必要な緊急性をもって反応しなかったことである。

　「善良な」業界内部者は，彼らの仲間の「悪質な」経営者を助成することを嫌がったので，金融スキャンダルの「犠牲者」に対する補償もすぐには行われなかった[24]。1986年金融サービス法のもとでは，投資家は損失を回復するために二つの特別な訴権しか与えられていなかった。すなわち，62条のもとで，自主規制機関の実務行為規則に対する違反で起訴するか，または，150条および1995年証券公募規制のレギュレーション14のもとで，虚偽あ

---

22. A. C. Page and R. B. Ferguson, *Investor Protection* (Weidenfeld & Nichlson, 1992) p. 227; Alison Smith, 'Treasury Plans to Shake up Financial Services Regulation', *The Financial Times*, 1996年1月30日。
23. Sir Andrew Large, 'Making the Two Tier System Work' (1993) SIB Report 参照。1986年金融サービス法がもたらした問題について簡潔な説明がなされている。
24. D. Brierly, 'City Revolts Against the Regulators', *The Sunday Times*, 1988年2月21日。

るいは誤解を招くような上場明細書や目論見書に対して，補償を受けるかである。しかし，不正を働いたトレーダーや企業の活動の結果として損失を被った個人投資家が，高コストで時間のかかる法的手続きの費用に耐えられるとは考えにくい。新しい金融サービス機構は，これらの投資家のために起訴手続きを開始できる一方で，被った損失を明らかにできずに損失を現状回復できないかも知れない。200万件におよぶ個人年金不正販売の例は，1986年金融サービス法がいかに一般投資家の保護に失敗したかを示している。1997年までは，個人も企業も1986年金融サービス法の不正販売条項のもとで起訴されることはなかった。DTIが，年金の不正販売に1986年金融サービス法が適用されていないことについての議論を試みたものの，この姿勢は大蔵省によって即座に却下された。

規制者や公務員の間でさえみられた混乱は良い兆候とはならなかったし，投資家は，不正を行った保険会社や年金会社に対する処罰がいかに実態がないかを理解するにつれ，ますます狼狽していった。大蔵省経済顧問のHelen Liddellは，「様々な規制者のややこしい略語に直面した一般投資家に，どのようなチャンスがあるというのであろうか」[25]と発言した。

SIBには，自主規制機関が定めた規則を破ったシティのトレーダーや金融アドバイザーに対して罰金を科す権限がないので，法の執行は問題を抱えたままであった。1986年金融サービス法59条のもとで，SIBは，不正を働いた個人が投資助言者として雇用されることを禁じる権限を有するだけであった。もしSIBが個人に対して罰金を科すことを望むならば，SIBは，緩慢で時間のかかる裁判手続きの中で立証責任が要求される法律のもとで，それを行わなければならないことになる。複雑な金融詐欺の訴訟の中で陪審制度を使うことは，SIBや他の規制者が告発者として犯罪の「責任を問う」際に，「基本的な犯罪性がなくなるまで」事件を単純化しなければならないという困難を伴う[26]。

---

25. Caroline Merrell, 'Shake-up for Financial Services' *The Times*, 1997年9月20日を参照。
26. 重大経済犯罪捜査庁（Serious Fraud Office）長官のRosalind Wrightによるコメント，*The Times*，1997年7月15日を参照。

1986年金融サービス法の目的に明確性がなく、規制者や実務家に期待される達成基準が欠如していることは、既存の規制システムにとって緊急の問題であった[27]。「儀式的」視察訪問の頻度や苦情処理の迅速さを強調することは、金融サービス業における新しい商品開発に追いつけない、機械的な規制文化を生み出す運命であるように思われた。明らかに変革すべき時代が到来していた。

4. 将来への道

4.1 金融サービス機構：背景と範囲

新しい金融サービス機構は、個人年金の不正販売やベアリング社の倒産のような、1980年代および1990年代の規制における不運な出来事の「申し子」であった[28]。その誕生は自主規制失敗の証明であり、旧来の規制構造がもはや消費者と業者のどちらのニーズも満たすことができないという政治的認識を反映したものであった。新しい単一の超越的規制者は、「法的枠組みの中での自主規制」と表すのが最も適当な規制システムを金融サービス業に残したままで、また様々な規制当局間の複雑な相互関係という悪弊で特徴づけられるような、サッチャー時代の奇妙な遺産とは対照的なものである[29]。

1997年金融サービス規制改革案は、大胆に単純化されていることが賞賛に値する[30]。長年にわたり蓄積された、1986年金融サービス法、1987年銀行法、1986年住宅金融組合法、1975年保険契約者保護法のような制定法からなる諸法律が、可能な場合には廃止されて単一法によって置き替えられる

---

27. Baldwin and McCrudden, *Regulation and Public Law* (Weidenfeld & Nicholson, 1987) 参照。
28. 金融サービス機構は1997年10月28日、大蔵大臣 Rt Hon. Gordon Brown と新しい金融サービス機構理事長の Howard Davies によって創設された。これは証券投資委員会と同じ地位を確保し、1985年会社法にもとづく民間の保証有限会社である。
29. 前出の脚注14、Gower の第1部参照。
30. SIB Report to the Chancellor on the Reform of the Financial Regulatory System, 1997年7月31日を参照。

ことになる[31]。大蔵省，イングランド銀行，金融サービス機構の役割が明確に分けられ，描き出された[32]。大蔵省とイングランド銀行と金融サービス機構との間での「覚書」の中で合意された，規制における説明責任，透明性および効率性の原則は，金融の安定性を促進しシステミックな倒産リスクを減じるうえで重要な役割を果たすはずである[33]。

新たな規制構造の中で，イングランド銀行は金融政策の運営と金融システムのインフラと安定に責任をもつことになる。「超越的規制者 (super-regulator)」たる金融サービス機構は，銀行，住宅金融組合，投資会社，保険会社，友愛組合が行う企業向けおよび個人向けの金融事業を認可し監督する。また金融サービス機構は，規制下にある企業との金融上の紛争における消費者の苦情に関する「ワンストップ（一箇所ですべて間に合う）」窓口となるであろう。また当局は，政策立案過程に消費者グループを参加させ，消費者が市場で直面する問題にはできるだけ迅速に警鐘を鳴らすことに関与する。洗練されていない投資家のために，単純な「買主注意せよ (coveat emptor)」原則から脱却すること，および，投資家が合理的に引き受けることを予測できないようなリスクに晒されるべきでないとの認識が示されたことは，歓迎すべき変化である[34]。

新たな規制構造は数段階にわたって組み立てられるであろうが，1986年金融サービス法のもとで起こったように，唯一の「ビッグ・バン」の中で行われるのではない。これは1998年におけるイングランド銀行法案の公表と，主要問題に関する業界や公衆の諮問とを伴う。この間に，組織的構造が詳細に設計されるであろう。そして，イングランド銀行法案が施行される際に，職員の雇用契約を金融サービス機構へ移転することを認める契約合意書が

---

31. 法案草稿は仮称「大蔵省法案 (Treasury Bill)」として1998年夏に公表され審議される予定である。
32. 金融サービス機構は二つの段階を経て権限の範囲を拡大する予定である。イングランド銀行法案により，イングランド銀行から金融サービス機構へと，銀行や短期金融市場のホールセール金融機関，清算会社の監督責任が移転することになる。これは1998年6月に国王の裁可を得る見込みである。
33. 金融サービス機構の *An Outline Prospectus*（1997年10月28日）参照。
34. 金融サービス機構の *Consultation Paper on Consumer Involvement*（1997年10月28日）を参照。

様々な自主規制機関の理事会との間で結ばれた。

　第2段階では、金融サービス機構は暫定的協定のもとで運営が行われ、銀行や自主規制機関の会員企業に関連した投資業を直接的に監督し、認可し、執行を行うのである。最終段階では、すべての金融機関の規制に対して金融サービス機構は責任をもち、それにはすべての苦情処理や補償制度が含まれることが予見される。自主規制機関は金融規制改革法案が発効すれば廃止されることになろう[35]。

　この新しい金融サービス機構は、SIBに比べてより広範な権限を持つことになろう。例えば、自主規制機関の同意を得る必要なく、自主規制機関の会員企業にこれらの権限を行使することが可能になるであろう[36]。また、規制対象となる銀行や自主規制機関すべてに対して罰金を科したり、処罰する権限も与えられるであろう。これにより、金融サービス機構は銀行、金融サービス、保険の単一規制者となり、発展した資本主義の中では特異な存在となる。しかし、金融サービス機構が有することになる広範な権限は、検察官、裁判官および陪審員の役割が一人に集中するとの別の不愉快な恐怖を生み出すことになる。これは、「刑事責任の決定においては、……誰もが、独立した公平な裁判所によって……公平に……聴取される権利を与えられる」と規定するヨーロッパ人権規約6条に抵触する。労働党政府はシティの抱く懸念を認識し、不安を和らげるために金融サービス機構法案を修正した[37]。

---

35. 統合までの金融サービス機構のスケジュールについては、金融サービス機構の *An Outline Prospectus*（1997年10月8日）にある。
36. A. Whittaker, 'The Reform of United Kingdom Financial Service Regulation' (1997) *Butterworths Journal of International Banking and Financial Law*, June. を参照。
37. 1998年12月22日付け英国政府のプレス・リリースは、金融サービス機構法案の修正について説明している。すなわち、金融サービス機構は公判と控訴手続きを支配する適切な手続きを制定し公表することが義務づけられ、この手続きに則って行動することが義務づけられる。また、訴訟の潜在的な被告は自分に不利な証拠を調査する権利をもち、金融サービス機構はこうした手続きに則って行動することが義務づけられる。さらに、金融サービス機構は、あらゆる裁判手続きを含むすべての手続きが終了するまで、強制命令を公表することを禁じられる。また、金融サービス機構は関連する証拠が裁判所に採用されそうな場合には、裁判終了までの間、規則を作成する権限も失うことになる。

様々な規制当局を単一の「超越的規制者」に統合することは規制をより効率的にし，ロンドンの国際金融市場における比較優位を保持することにつながるものと期待される。

4.2 政策的配慮

1998年に生じた合併すべてによって，米国とヨーロッパでは，銀行と証券市場との伝統的な垣根が低下したこともあり，1986年金融サービス法のもとで存在した旧来の規制構造はもはや，実務慣行の展開に対応できなくなっている。スイス・ユニオン・バンクとSBCウォーバーグとの合併のような大銀行同士の合併，トラベラーズグループによるソロモンブラザーズの90億ドルでの買収，メリルリンチによるマーキュリー・アセットマネジメントの52億ドルでの買収により，金融サービスおよび銀行部門間で垂直的および水平的統合が生じていることが示された[38]。

将来，真に国際的な企業は数社になってしまい，伝統的な投資銀行の助言，マーケット・トレーディングの支援，企業貸付，機関投資家向けファンド・マネジメントのような広範な金融サービス商品を多国籍企業に提供するにつれて，これらの国際的企業は次第に支配的になっていくであろう。金融機関の統合はそれを暗示している。

金融商品の電話販売やインターネット販売の出現など金融市場における経営構造の変化は，消費者が証券投資市場への直接参加を増やすことによって，株式ブローカーの伝統的役割も攻撃に晒されていることを意味している。金融商品販売のためのホームページ利用は，規制者がこれらの商品の顧客に対する販売を監視することを困難にした。現在は，規制されていない企業がホームページ上で消費者に商品を売ることができる[39]。

ネット上で信用詐欺がたくさん発生すれば，このことが規制システムに対する消費者の信頼に悪影響をもたらす可能性がある。英国内の消費者がE*tradeのようなインターネット販売サイトを利用できる場合，これは勧誘行

---

38. William Lewis 'Leaders of the Pack are Striding out Abroad', *The Financial Times*, 1998年1月23日.
39. 'The Internet's Most Wanted', *The Economist*, 1997年8月23日参照.

為を構成し，こうした企業は英国の管轄権と規制に服すべきであるとSIBは考え，提案してきた。これは発展途上の法領域であり，新しい金融サービス機構は，金融商品のインターネット販売に関して，何を行うべきかを決定しなければならないだろう。

伝統的な株式ブローカーが徐々に消滅することを伴うような金融サービス業の民主化は，消費者に厄介な問題をもたらした。何千とある利用可能な株式，債券，保険商品の選択が，嫌になるほど大変な仕事になったのである。消費者の一部が直接参加するというこの傾向は，英国だけでなく，米国でも明らかになってきたが，米国ではファンド預かり額が現在3兆ドルに達し，米国人の3分の1がファンドに投資している[40]。従って，算出されたリスクを投資家が負うことができるように，リスクに関する情報開示と平易な文章によって書かれた目論見書を要求することになり，「知識ギャップ」を埋めることは，市場の信頼性と安定性を高めることにつながるであろう。

金融サービス規制改革への諮問書で提示されたように，リスク情報開示文書の改善を通じて市場における透明性を高める動きは，正しい方向への動きを表している。McMahonが指摘したように，投資家は，独立の「基準設定者」によって保証されるような最低基準の品質を有する金融サービスを得られるようにすべきである。なぜならば，これらの「商品の欠陥」を，金融市場の動向について知識や経験がない一般投資家が見つけることはできないからである[41]。

情報開示要件は，ある種の投資家保護基準が満たされることを保証するために必要である。規制者は，金融機関とブローカーによって超過リスクが引き受けられていないことを保証しなければならず，それによって，システミックな倒産と投資家による信頼の喪失の広がりから金融サービス業を守らなければならないのである。

金融サービス市場の国際化はまた，様々な国の規制当局が規制緩和へ向け，

---

40. Arthur Levitt SEC議長の投資信託協会でのスピーチ（1996年5月22日，Washington DC）を参照。http://www.sec.gov/news/speeches/spch102.txt を参照。
41. McMahon, 'The Business of Financial Supervision' (1984) *Bank of England Quarterly Bulletin*.

事業を行うのにより魅力的な体制となることを「競争」してきたというジレンマをもたらしてきた[42]。英国におけるシティの革命とそれに伴う規制者の変化は，この点についての優れた例であった。しかし，「規制の競争」における危険性は，世界経済における現在の相互依存性によるシステミックな倒産のドミノ効果が生じる可能性にあった。メキシコペソ危機，ベアリング，大和銀行，住友商事の事件や，インドネシアのルピー切り下げは，金融システムの健全性に対する市場の信頼を損なうことなく組織的な方法でこうした出来事を扱うことの必要性を示した[43]。

1998年のアジア経済危機が示したように，投機資金は依然として巨額である。資本は国際金融市場のなかを迅速に動き，銀行の「取付け」や経済危機を突然引き起こすこともある。金融サービス機構のような規制者が国際市場および国内市場の信頼を支えるなかで果たすべき役割は，電子情報技術革命によって，銀行と証券の垣根および法的主体と国の管轄権の境界が曖昧化する状況で，適切な関与を行うことである。1998年のアジア危機の結果として，国境を越えて自由に資本移動をさせるのはよいことであるという一般的通念は疑いをもたれるようになった。しかし，資本管理は，実際には実施することが依然として困難であり，資本の流出入による不安定効果を回避しようとする多くの国々にとっては，自国の金融システムが健全で強固であることを保証するのが最善の選択肢であろう[44]。

もし英国が，このようなシステムのコストの犠牲者となることを避け，国際資本の自由移動から利益を得つづけることを望むならば，四つの教訓を挙げることができる。

(i) 英国は，外国資本に門戸を広げる前に，国内金融システムが開放され自由化し続けることを保証すべきである。これは，1986年金融サービス法がシティの独占的取引慣行の規制緩和を達成したので，問題にはならない。

---

42. Margaret Reid, *All Change in the City : The Revolution in Britain's Financial Sector* (Macmillan, 1988).
43. Sir Andrew Large の論文（東京での第27回読売シンポジウム，1997年5月），http://www.sib.co.uk/speeches/053097a.htm. を参照。
44. 'Keeping the Hot Money out', *The Economist*, 1998年1月24—30日参照。

(ii) 一方で，金融自由化は，厳格な銀行規制と監督を必要とする。1986年金融サービス法改革に関する諮問書は，これまでイングランド銀行が持っていた，銀行や上場短資会社，関連する清算会社への規制および監督の役割を引き継ぐ権限を金融サービス機構に与えた。金融サービス機構が金融サービスの企業向けおよび個人向け両面を監督する予定であることは，政策決定過程により大きな結束力と明確さが存在することを保証する。金融サービス機構作業部会は，様々な自主規制機関や取引所，銀行，清算会社の出身者からなり，多元的に規制される企業に対する当局による取り扱いを調整する際の助けとなり，規制者と市場関係者との情報や専門知識を交換するための討論の場を提供するであろう[45]。

(iii) 「自由化された金融市場」を国内的に支持するためには，為替レートの柔軟性も必要とされる。このことは，経済の過熱を防ぐためにイングランド銀行が国内金利を引き上げる選択肢を保持するべきことを意味する。新しい規制構造は金融政策の責任をイングランド銀行に譲り，金融サービス機構とイングランド銀行が，組織的かつ効率的方法で影響を予見し処理することを保証するために政策協調すべきである。

(iv) 金融市場が十分に機能するためには，信頼できる情報が必要となる。金融サービス機構は，市場におけるすべての金融参加者に投資家のためのよりよいリスク情報の開示を要求し，それによって投資家は的確な判断をもった投資決定ができるようになるであろう。

自主規制の支持者は，容易に答えの出ない重要な問いを投げかけられてきた。いったい，十分に意図された規制が，実際に不完全市場を次善的モデルに近づけ，より競争的なシステムを生じさせるかどうか，われわれはどうすればわかるだろうかと。もし，包括的な投資家保護手段を導入することが費用が非常にかかり時間浪費的で実施できないならば，それを導入することのポイントは何か。こうした過剰規制におけるモラルハザードは明らかである。すなわち，最も正直な人さえ不誠実にさせるのは，法令遵守の費用が便益を上回るからであろう。

---

45. 前出，金融サービス機構からの引用。

5. 結　論

　金融サービス部門の発展によって生じる，新しい問題や挑戦を処理するために，金融システムが自らを転換できることが極めて重要である。企業の国際化と国際金融の発展は，規制者がもはや，単に国内規制の問題に関心をもつだけの，自らの政府の隷属者のままでいられないことを意味している。

　投資家は，国際的および国内的に保護されるべきである。金融サービス機構は，英国の規制者が年金の不正販売，保険や投資信託に関する詐欺のような商品特有の問題に関して置いてきた伝統的な重点を超えて前進することができるだろう。次第に積極化する英国の投資家は，金融サービス機構に対して，市場や市場統合に対する関心を高めるように求めるだろう。新たな金融サービス機構を設立することは，規制が「在庫があってすぐ入手できる(off the shelf)」ような日用品ではないことを示している。すなわち，規制は，特定の権限の細目と時代環境に合わせたテーラーメード商品なのである。

　1998年，投資銀行業における合併のペースが速まり，国際的規制者に対する挑戦はより強烈になった。たとえば，ロンドンのトレーダーは，ニューヨークの経営者に，ルクセンブルグでの取引執行を報告するといったように，企業はいまや地球規模で構築されている。このような国際的金融機関を規制することが特に困難であったのは，こうした金融機関が互いに最大の取引相手となりがちであり，同じ顧客と多くの取引を行い，同じ清算会社や取引所の会員であることが多いからである。このため，グループ内の直接的あるいは間接的なエクスポージャーは複雑で不明瞭（かつ急速に変化する）であるから，効率的に監視することは事実上不可能である[46]。

　金融サービス規制の歴史がわれわれに何かを教えてくれるとするならば，それは，法は市場の実務慣行ほど急速に発展することは決して望めないということ，そして規制はたちまち時代遅れになることであろう。新しい金融サービス機構も同様に，容赦ない変化のスピードに直面し，運営機構がどのようなものであろうとも，公衆や企業の利益を満たすことには究極的には失

---

46. George Graham, 'A World of Difference for the Industry', *The Financial Times*. 1998年1月23日。

敗するであろう。

　英国の様々な規制当局の統合を超えた，更なる手段が必要となるだろうし，それは公的および民間分野での規制文化の変革を必要とする。合意した規制上の基準を遵守することを確実にするための情報開示と外部監査を増すとともに，経営管理のための一般的な国際的規則を確立すべきである。規制市場における比較優位確保に狂騒するよりも，他国の規制者への信頼の形成と維持が，国際市場におけるより大きな協調を促進するための試金石となろう。民間分野では，銀行はリスク管理システムにもっと投資するべきであり，第一線の銀行員に接する法令遵守担当者の給与体系を整備すべきである。ネッティングのようなリスク削減手段が，万一の銀行倒産時に法的拘束力をもつよう保証する手段も講じられるべきである。もしも新しい金融サービス機構が，これらの目的に忠実であるようにシティを説得できるならば，戦いに半分勝ったようなものだといえよう。

第7章

年金と消費者：海外からの教訓*

デビッド O. ハリス&スーザン P. ジョーンズ

1. はじめに

　従来の年金制度を大きく改革するにあたって，英国だけが困難に直面し，消費者に大きな影響を与えることになったわけではない。アジア，ヨーロッパ，南北アメリカ諸国では，それぞれ異なる年金制度を発達させてきたが，高齢者福祉を政府単独の役割として提供する政策から後退する国々が増加し，それに対応して消費者が老後の準備をあらかじめ積極的に行わなければならないというテーマは各国に共通のものとなった。さらに，多くの国々で社会保障制度が提供してきた温情主義の意義は，ベビーブーマー世代の急速な高齢化や，私的・公的セクター双方で行われる退職後生活設計へのチャレンジによって失われていくだろうと論じられている。世界中の政府が，社会保障改革と人口高齢化の影響に対して取り組んでいる。OECDによる人口統計予想データはこうした懸念をますます強めるものであった。全人口に対する高齢者扶養率（退職者数を残りの人口と比較したもの）は2000年に20.9％であったものが2030年には37.7％に悪化すると予想されている。

　国の政治環境は，年金制度の枠組みを形成するうえで大きな影響力をもつ。経済と短期的政治圧力との間の対立や将来の経済的保障は，常に解決すべき課題である。マサチューセッツ工科大学のPeter Diamondは次のようにコメントしている：

＊　ここに示したコメント，意見および詳細は筆者自身のものであり，Watson Wyatt Worldwideおよび公正取引庁の見解とは無関係である。

人々の福祉のためには，退職所得準備における政府の役割が重要である。これは複雑な経済問題と困難な政治経済問題をともに解決することが要求される，制度設計における問題の古典的例である。すなわち，最適な退職所得の供給は賢明な王にとってさえも困難な問題であり，経済的・人口的不確実性を解決するごとに年金給付額算定方式（benefit formula）と税制を繰り返し変更することが必要になる。現実の政府がこうした制度設計の重要な部分を行うということは，最適設計に向けて追加的法制化が必要であるともいえる。つまり，政府は，賢明な王が最初に設計した社会保障制度を維持できないことになる[1]。

　にもかかわらず，各国がこれまで問題に取り組んできた方法にはさまざまな「哲学」が存在するようである。理想主義的，すなわち温情主義的アプローチも見られる。たとえば，シンガポールやマレーシアの国民プロビデント基金（provident fund）などがそれにあたる。

　被用者・雇用者はかなり多額の拠出を行い，その資金は，月々強制的にプロビデント基金に所属する口座に積み立てられる。この強制貯蓄はシンガポールとマレーシアの平均的な年金受給者のめざましい所得と生活水準の改善をもたらした。この基金はまた，新空港のような主要インフラ建設プロジェクトへの低コスト資本という優良な準備金を政府にもたらした。しかしながら，このような強制貯蓄が将来の労働コストや雇用機会，各国経済の全体的競争力に与えうる影響については，懐疑的に考えられるようになってきた。さらに，消費者の期待は，プロビデント基金勘定をすでに上回ったものとなっている。両国ともしだいに消費者は洗練されてきており，収益が比較的固定的であり近年低下傾向にあるプロビデント基金以外の手段によって，もっと高い収益が得られるという考えをもつようになってきている。シンガポールの中央プロビデント基金（Central Provident Fund）は現在，加入者に対してより積極的に退職後の生活設計を考えることを奨励している。マレーシア政府の場合はさらに，従業員プロビデント基金から，投資資金の一部を認可を受けた保険型合同運用年金基金に移転させることを特定のメンバーに対して認めている。

---

1. P. Diamond, *Privatization of Social Security: Lessons from Chile* (1993), National Bureau of Economic Research Inc., Working Paper 4510, p. 1.

チリのケースは，政治構造がいかに年金改革をもたらし実行に移すかを示すよい例である。1980 年，Pinochet 将軍の軍事政権による法令 3500 および 3501 が議会を通過した。これは，1924 年以来運営されてきた賦課方式（pay-as-you-go）の社会保障に替わるものであり，民営化されたシステムのもと，毎月の賃金の 10％を AFP（*administradora de fondes de pentiones*）として知られる厳しい規制のもとで運営される 13 の貯蓄勘定に積み立てることを規定した制度である。学者や研究者の中には，もしもチリで民主主義が存在したならば，こうした改革は支持されなかったであろうと論じるものもいる。例えば 1981 年，政府は，制度導入によって引き起こされたかもしれない個人の損失を軽減するために，すべての雇用者に対して賃金を 18％引き上げることを命じた。さらに，政府によって統制されたテレビは，改革のメリットを宣伝するため，公衆の教育のために大量のフリーアクセスを提供した。改革の代表的発案者である労働大臣 Jose Pinera は，公衆教育運動の中心人物でもあった。

オーストラリアでもここ 10 年の間に，退職所得準備の体系に急激な変化が生じた。オーストラリアでは強制拠出制度の確立を合意によって行うことができた。1987 年，法定最低賃金を基準として年金の 2 階建て部分に対する法定拠出が導入され，1992 年，年金給付保証課税（Superannuation Guarantee Charge：SGC）としてよく知られる一連の法制のもと，さらに強制化がすすめられた。この改革過程を通じて，消費者や労働運動家に加えて，既得権を代表するグループである産業側，雇用者側，年金商品供給者側からも積極的な参加があった。退職年金諮問委員会の年次会合は，こうしたグループが政策に影響を与えることを可能にした。その他，政治的戦略として行われたもののなかには，公衆教育キャンペーンや，年金改革に関連して詳細を質問するための議会の委員会設置がある。上院退職年金特別委員会は，法制化の可能性についてモニターを続けている。

アイルランドも 3 階建て制度のありうべき改革に対して合意というアプローチを採った。年金委員会は，アイルランドのあらゆる部門に諮問し，どのような改革の方向が望ましいかを探った。アイルランドは，カナダやオランダと同様，主要な利害関係者すべての合意によって年金制度に対する国民

の信頼が高められることを重視している。

　対照的に，南アフリカでは，いかなる改革の試みや既存システムから脱却する動きに対しても，つねに産業界の反発が懸念されてきた。アパルトヘイト廃止後の政治日程では，緊急政策課題が優先されてきたが，将来は包括的な年金制度改革が必要であり，その範囲を拡大し，相対的に若い人口の圧力をうまく処理する必要がある。退職関連産業について，よりよい政治決定を引き出すには，より多くの消費者を参加させていくことが必要になるであろう。

2．規　　制

　年金の分野で政府，産業，消費者グループが直面する，より感情的な問題の一つとして，産業をどの程度，どのような方法で規制するかという問題があげられる。法定規制，自主・合意型規制は一般に，規制へのアプローチの範囲を表している。各国でみられる規制の多くは，冷静かつ現実主義的革新の結果というよりも，法的強制をめざしてきた歴史的・文化的アプローチの結果とみることもできる。究極的には，規制がめざしているものは，消費者に十分かつ適した退職後の生活手段を提供する効率的・競争的市場である。しかし，過剰な規制は，消費者にとって不適当で単なる有害なものともなりうるというのが経験の教えるところである。規制とそれに関連したコストが，産業の形や全体の構造を形成するのはいうまでもない。近年，賦課方式確定給付（defined benefit：DB）制度は，より容易に運営でき柔軟な確定拠出（defined contribution：DC）プランによって取って替わられてきている。確定拠出方式の人気は，管理コストを最小化し，相対的にコスト効率がよいことから来ていると論じる人もいる。「確定給付プランの人気低下と確定拠出プランへの移行には様々な説明が可能であるが，少なくとも理由の一つとして，確定給付プランの管理コストが増加していることがあげられる」[2]。

　過去30年の間には，規制へと向かわせるもっと強い圧力が存在した。米

2．D. M. McGill, K. N. Brown, J. J. Haley and S. J. Schieber, *Fundamentals of Private Pensions*, 7th edn (University of Pennsylvania Press, 1996), p. 40.

国，カナダ，オーストラリア，南アフリカ，デンマーク，マレーシア，シンガポール，オランダ，アイルランド，チリなどすべての国で，消費者に対して正負両方の影響をもつ規制が最初に導入された。規制や政府本体の管理運営方法は，生命保険や退職年金産業に対する国民の信頼の度合いに影響を及ぼす。国民からの信頼の高さは，シンガポールや英国でみられるような規範的規制には依存しないようである。

オーストラリアには，利害関係者と指名された規制機関と政府とが協力するという精神があるが，これは将来の規制の変化とその影響が密接に細かく調査され，批評されることを意味してきた。オーストラリア退職年金基金連合会（Association of Superannuation Funds of Australia：ASFA）のような主体は，加入者・雇用者たちのために教育や規制の展開を評価することに，一貫して努力してきた。最近のWallis調査で勧告されたように，業界の監督機関である保険年金委員会（Insurance and Superannuation Commission：ISC）は，他のいくつかの金融規制当局と統合されることになるであろう。現段階では，業界に与える影響は不明であるが，規制が複雑で頻繁に変更が行われることに対する批判もある。取引慣行法令のもとで厳しいペナルティーを伴う規制の負担が増えてきたことで，法令の遵守コストは近年急増してきた。また，オーストラリア競争消費者委員会（Australian Competition and Consumer Commission：ACCC）が金融サービス規制を撤廃する可能性も懸念される。しかしながら，オーストラリアの規制モデルは，すべてのオーストラリア人の退職ニーズを提供するべく，その目的意識のもと，力強く発展してきた。

アイルランドとデンマークの規制当局は，新しい規制を提案・実施するにあたり，合意の精神をはぐくむことや利害関係者を理解することに熱心である。このシステムは利害調整になってしまう傾向があるけれども，デンマークのArbejds-markedets Tilloespension（ATP）もアイルランドの年金委員会も，長期的に業界に与える影響などの問題への取り組みに成功してきた。

チリの規制は，各AFPによる投資と販売に対する広範囲の制限の存在を確保するものである。しかし，規制が販売上の問題を十分に防いできたとはいえない。チリは，年金改革で生まれた資本市場と経済成長によって，世界

から賞賛を受けたが，より洗練された規制アプローチをめざし，微調整を繰り返してきた。現在では国際投資についての規制が廃止されたが，チリ国外に投資されているのは全年金資産の1％未満である。これは基金からの全収益に影響を与えることになる。世界銀行は次のように述べている。

> こうした規制は関係団体にどのように貢献したであろうか。多くの国々で関係団体の純収益率は最初の4～5年間，マイナスであったかあるいはわずかにプラスであったにすぎない。長期においても，譲渡性預金（CD）のような単純な投資対象の収益率を上回ることができなかった。規制によって深刻な偏りが生じており，競争，効率，専門化が阻害されているようである。あるいは同時に，過剰なダイレクト・マーケティング費用がもたらされている。結果的な損失が小さいものであるとしても，退職貯蓄を大きな危険にさらしている可能性がある。その間，関係団体を不適切なリスクと収益のトレードオフに晒していることになるのである。われわれは，こうした問題を善意だが逆効果をもつ投資規制であると考える[3]。

ポーランドとハンガリーにおいては，最近年金産業の改革が行われたが，新しい規制当局が将来への挑戦に対して先見的であるかそれとも反動的であるかを注意深く見る必要がある。新しい消費者保護法制の導入や既存の消費者保護法制を実施するにあたっては，資源やスタッフの不足の問題や，既得権や圧力団体の相対的な強さについて考慮する必要がある。

自主規制は，政府でなく業界が年金基金を規制したほうが最適であるということが前提となる。理論的には，政府が規制上のかかわりを最小限にすることが望ましいが，こうしたアプローチがうまく機能しないという例もある。南アフリカは最小限の規制を続けてきている——業界によって規制の多くが動かされている。生命保険会社協会（Life Office Association：LOA）や南アフリカ退職年金基金協会（Institute of Retirement Funds of South Africa：IRFSA）のような業界団体は，金融サービス委員会（FSB）が業界のために採用すべき規制の方向性について効果的に擁護的発言を行ってきた。この協

---

3. H. Shah, *Towards Better Regulation of Private Pension Funds* (World Bank, 1997) p. 5.

力は他の国際的規制当局と同様，限られた資源で問題に取り組むFSBには歓迎されてきた。自主規制は優れたバランス感覚にもとづく行動を必要とし，その便益と害悪を測定することは困難であることが多い。

　米国の生命保険業界は，米国生命保険協会（American Council of Life Insurance：ACLI），全米生命保険営業職員協会（National Association of Life Underwriters：NALU）のような主要な業界団体を通じて，3階建て部分での年金商品の規制は最小限とし州法に基づくべきことを決定してきた。州法規制を重視する方向性によって，異なる法令遵守制度が無数に存在することになった。退職年金の取扱いに関連する情報開示要件は，フロリダ州とモンタナ州とでは大きく異なりうる。管轄権と規制の歪みはしばしば消費者に対して販売される商品の種類に影響をもたらす。全米保険監督官会議（National Association of Insurance Commisioners）によって多少の進展はもたらされたが，その成果については悲観的にみるべきである。

3. 販　　売

　税制優遇や強制によって将来の退職者の福祉に責任をもつ体制に移行することは，政府にとってはよい経済政策かもしれないが，産業にはどのような影響をもたらしただろうか。現在の販売方法，特に，仲介報酬が消費者に不利益をもたらしているという証拠がある。販売方法は，年金制度が受け入れられ，支持され，普及するかどうかを左右するうえで重要であり，また規制の効率性の指標でもある。販売手数料（commision）は即時支払の金銭的コストをあらわすが，不適切な販売が制度全体に構造的高コストをもたらす場合には，国民の信頼は損なわれることになる。世界中のどこでも，退職所得提供にあたっての直接・間接コストに対しては国や業界が関心を持っている。ベビーブーマー世代の影が見えてきて，予算に潜在的な影響が生じていることを受け，多くの政府は次第に社会保障を減速させるか拡大を食い止めようとしている。米国では，現在の社会保障プログラムのもとで，政府が退職所得提供者として最も効率的かどうかに関する議論が高まりつつある。連邦社会保障拠出金法（Federal Insurance Contributions Act：FICA）の拠出金受取

と比較したコスト発生額の大きさを理由に，社会保障支払を行う社会保障庁の役割には以前から懸念が抱かれていた。

　例えば，米国社会保障庁は同一基準で一人あたり年18.70ドルのコストがかかると報告している。しかし，これは内国歳入庁による従業員源泉徴収のため社会保障庁に支払われた小額支払いを含むに過ぎず，資本コスト測定に対応したすぐれた会計慣行に従ったものではない。ある推計によれば，米国の制度は報告による数値の2倍のコストがかかっているとされ，これは実態から大きく乖離していないと思われる[4]。

社会保障委員会議長（1937―46年）でプログラムの初代長官（1946―55年）の Arthur J. Altmeyer は，保険業界の販売する代替的商品と比較したうえで，社会保障のコストおよび認知された便益について，議会証言でより厳しい発言を行っている。Watson Wyatt Worldwide の Sylvester J. Schieber 博士は最近，社会保障を諮問する上院予算委員会において，この証拠について再度発言した。

　それゆえ，現在の掛金率をいつまでも続けるなら，いずれ従業員の掛金率を引き上げざるを得なくなる。その掛金率は，この保険を民間保険会社で買ったとするならば，将来の受益者の受益額を上回る保険料支払いを強いられる水準にまで達する。私は，この制度のもとでは民間保険会社に支払わなければならない金額より多くの金額を人々に支払わせることになり，不公平だと考えている。いずれ議会はこうした困った状況に直面することになるだろう[5]。

同様に，シンガポールとマレーシアの有力な消費者グループや学会の中から，国民プロビデント基金では代替的な資産運用商品と比べて低いリターンしか得られていないという懸念が表明されている。これを認めたうえで，両国政府は，雇用者プロビデント基金（マレーシア）や中央プロビデント基金（シンガポール）以外で積極的に老後の生活設計を行うことを認めるように

---

4. Diamond，脚注1の前掲書，p. 6.
5. I. S. Falk, *Questions and Answers on Financing of Old-Age and Survivors Insurance*, Memorandum to O. C. Pogge，老齢生存保険局（Bureau of Old-Age and Survivors Insurance）長官，1945年2月9日，p. 13.

なっている。

　南アフリカでは，業界・政府とも，販売方法やその報酬の受取方法が退職後の生活設計や生命保険制度への信頼に何らかの影響を与えてきたと考えている。南アフリカとジンバブェの報酬体系は，一定の算定方式に基づき決められるが，手数料は本質的に契約の最初の5年間で徴収される。これは新規販売を奨励することになり，不適切な販売につながりうる。南アフリカでさらに懸念となっているのは，高い文盲率が不適切な販売のリスクを高めることである。

　　アパルトヘイトというカーテンの陰に隠れていた国は，しだいに現実にさらされるようになった。海外の影響や方法論が退職所得業界にも影響するようになってきたのである。南アフリカで国民の信頼を維持し育てるための重要な努力目標は，国民全体における非常に高い文盲率と，この「黒人（暗黒）市場」でやっていこうとする企業に与えられた困難に打ち勝つことである[6]。

　仲介機関の活動と国民の信頼との関連について，オーストラリア政府は，1990年代に年金（老齢退職年金）勘定への拠出を義務づけた新たな取り組みを開始した。ノースクイーンズランド州の原住民の共同体で発生していた不適切な販売と不正乗換え募集（churning）に取り組むため，連邦政府は保険年金委員会（ISC）が担当する，厳格な「金融サービス商品の助言・販売への実務規範」を導入した。この実務規範は，適切な行為，法令遵守，さらに重要なことには適格性基準の改善にまで及ぶ。1974年取引実務慣行法（Trade Practice Act 1974）53節のもとで，企業は人々を誤解させたりだましたりするような販売促進書類や行為に対して罰金を課されるようになった。この法律のもとでは，仲介機関と商品販売元の両方が罰則・罰金を課される。さらに，業界団体も不適切な行動に取り組むための倫理規約を導入した。仲介業者の行為と専門家精神とに焦点を絞ったことがうまく機能したようにみえる。銀行，生命保険，資産運用会社との間で競争が激しくなったり，手数

---

　　6. O. O. Harris, *At the Intersection : An International Study of Public Confidence in the Life Insurance and Superannuation (Pensions) Industry* (Winston Churchill Memorial Trust, 1997), p. 29.

料（fee）ベースの報酬体系への移行がみられたりする中で，退職商品の販売手数料の上昇は止まった。競争はまた，仲介機関の全体の水準を向上させた。多くの代理店がフィナンシャルプランナーとして認められるようになり，成長するビジネスとして退職プラン設計分野への進出を目指している。

カナダもまた，3階建て部分の退職商品の販売を効率的かつかなり競争的に行わせることに成功した国である。税制適格退職年金制度（Registered pension plans：RPP）と税制適格退職貯蓄制度が既存の公的退職プログラムを効率的に補完している。報酬体系は次第に定額手数料に移行しつつあり，顧客のため仲介機関が親密にプランを練るような関係を維持することを促進しようとしている。規範と適格性のレベルは，カナダ・フィナンシャルプランナーズ基準協会（Financial Planners Standards Council of Canada；FPSCC）の努力によって改善しつつある。協会は，規範に問題がある場合には自主規制が解決に役立つと強く主張している。銀行に退職の相談と退職関連商品販売を禁じる規制が将来もし撤廃されたなら，手数料はさらに低下する可能性がある。

同様に，オランダとデンマークでは，国民が高い税率を受容していることに関連して年金の1階建て部分におけるコストの高さが関心を集めている。一方，自発的な3階建て部分の販売メカニズムの問題についてはほとんど議論が避けられてきたといってよい。

米国は引き続き，民間により規定された包括的な販売規範の改善に取り組んでいる。最近の訴訟と州法規制における処置は，適格性と法令遵守における規範の改善の必要性を示している。

一方，チリにおいては，販売方法に対する重要な懸念が持ち上がっている。ほぼ完全に民営化された強制制度の導入以来，販売コストは高水準のままでなかなか低下しない。囚われの消費者は，自分たちの拠出金額のうちかなりの部分を非効率な販売方法によって失っているのである。チリはまた，マレーシアやシンガポールに存在するような手数料率水準の上限がない。世界銀行の金融シニア・エコノミストである Hermant Shah は次のように述べている。

当初，AFP は固定手数料あるいは変動手数料を賃金と勘定残高に基づき自由に徴収することができた。同様に各預け入れ・引き出しなどからも徴収していた。残高にもとづく固定・変動手数料は 1987 年以来廃止された。保険費用を含む手数料合計は，1982 年には課税対象賃金の 5.1％であったが，1983 年には 8.27％，1984 年には 8.69％へと上昇し，1990 年までに賃金の 3.1％程度へと徐々に低下し，以来同じ水準を続けている[7]。

　懸念される特徴をもう一つあげると，1995 年に 15,432 と推計される代理店数を支える販売システムの中で AFP 間の乗り換えの発生率が高いこととそれに引き続き手数料の徴収額が大きいことである。乗り換えは消費者にとってはほとんど便益をもたらさないと考えられ，高い販売圧力を伴う。しばしば販売手数料のリベート，万年筆や電子レンジ等のギフトが乗り換えを奨励するために提供される。チリの販売手法の質について，世界銀行のコメントはさらに強く警鐘を鳴らしている。

　監督下にある 22,000 の登録代理店のうち 5,000 程度が免許を剥奪されている。その理由は，販売代理店が会員の振替用紙のサインを偽造したり，比較的軽い違反行為では誤解を招く情報を提供するといったものである。免許剥奪となった代理人は AFP の他部門で採用されることもあり，事実しばしばそうした事例がみられる[8]。

　The Economist 誌の記事にも，販売制度の非効率性に関するコメントが掲載された。

　AFP は 18,000 人もの販売員を雇用し，実働 300 人の労働者あたり 1 人の販売員がいる。文民であるすべての常用労働者はすでにこの制度に加入しているため，販売員はファンド間の乗り換えを推奨することに時間を割いている。1996 年には労働者の 4 人に 1 人は乗り換えを行った。こうしたコストはもちろん，労働者の支払う手数料に含まれているのである[9]。

---

7. Shah, 脚注 3 の前掲書の p. 5.
8. 前掲，p. 9.
9. 'Chile Finance: Rewriting the Pensions Textbook', *The Economist*, 1997 年 8 月，p. 78.

4．商品設計

　海外から得られる教訓の多くは，規制による方向づけや競争圧力によって刺激された商品設計やイノベーションに関連したものである。

　オーストラリアでは，強制制度が導入された後，市場はたくさんの退職関連商品であふれた。制度では複数の退職勘定を認めており，現在，1,800万人の人口に対して1,600万の個人勘定が存在する。1997年9月四半期の純資産は3,167億豪州ドルとなっている。活発な競争によってもたらされた有望な副産物の一つに，商品のイノベーションがある。ファンドマネジャーたちは，より柔軟で，オーストラリア人の働く役割や就労パターンの変化をより反映した，退職年金商品を提供している。さらに，被雇用者個々人がファンド選択を行うことについての議論によって，商品設計に対してますます注目が集まった。いまや企業は，異なるリスク程度に対応して投資の選択肢を拡大する必要性や，生命保険ニーズを満足させるための保険特約を提供する必要性を認識している。株式市場への投資を希望するがリスクを最小化したいという人々は現在，団体（雇用者）ごとにインデックス連動型ファンドを利用可能である。新しい法制のもとでは，企業は消費者に転嫁されるフィー手数料や費用の額に上限を設ける口座を提供することができる。こうした勘定は確定利付証券に投資を行うため，通常は収益率が低い。退職貯蓄勘定（RSA）の背後には，労働力として定期的に参加したり離脱したりする消費者のために運営コストを最小化するような勘定を提供するというねらいがある。

　業界の資金援助を受けた基金の展開の中で，労働組合運動が関わったこともオーストラリアの商品革新を進めることになった。多くの組合は，適当な年金給付範囲が獲得できるよう，参加者のニーズを強く支持してきたとともに，加入を奨励することにより，従業員の加入率を高めてきた。こうした年金制度ビジネスの運営者とファンドマネジャーの間で行われた活発な競争を通じた間接的効果として，制度の運営コストは比較的低いものとなった。こうした競争は，また，別種のファンドによって提供される同様な商品の手数料が上昇することをある程度抑制してきた。

間違いなく，オーストラリアは産業別企業年金制度（Industry Schemes）の導入によって恩恵を受けている。体力のある非伝統的な参加者として，産業別企業年金制度はコストを引き下げさせ，あらゆるレベルにおいてオープンで競争的なシステムをもたらした。産業別企業年金基金と規制当局は，受託者に独立的に行動するようにより多くの責任を課し，参加者とのコミュニケーションに多くの注意が払われるようになった。産業別企業年金制度はメンバーのコミュニケーションを革命的にもたらしてきた[10]。

米国では，雇用者の提供する401(k)退職プラン[11]が急速に成長した。この商品は，税制優遇の大きさや高い収益率，さまざまな投資手段が利用できることなどによって人々の関心を惹きつけた。従業員個人が投資選択肢を自分のリスク・リターンのニーズに従って選択できるケースもある。プランは洗練され柔軟なものであり，どちらかといえば低コストの構造である。また，個人退職積立勘定（Individual retirement account：IRA）も，消費者になじみのある投資手段である。人々は，転職時にも移転可能（portable）で弾力的，かつ税制上の優遇を受けたこの投資手段を用いて，退職後の生活設計を立てることが可能である。

カナダの税制適格退職貯蓄制度（registered retirement saving product：RRSP）は，ここ数年人気が続いている退職向け商品である。収益率は高く，不適切な販売が行われている様子は少なく，転職時に移転可能で，大きな税制優遇を受けており，老齢保障（Old Age Security）と政府年金制度の補完を求めているカナダのほとんどの労働者に特に人気がある。

オランダとデンマークでは，女性の一時退職と全労働者の受給権期間の問題に取り組む方法として，職域別年金制度が革新的かつ有利となっている。

---

10. Graham E. N. Rogers, *Australian Industry Superannuation : A Model for the UK?* (Offley House Group, 1996).
11. 雇用者拠出を含む退職対応商品は1980年代以降，米国で急速に成長した。こうした商品は確定拠出型として設計されている。401(k)に関する規定は，米国所得税法の規定を受けている。

5. 補　償

　海外の制度で注目すべき特徴は，公式な消費者補償制度がないことである。苦情処理や紛争解決は存在するが，これは規制の過程の一部というよりも，国民の信頼を高め効率的なビジネス慣行を維持し，総合的な責任を限定しようとする，業界のニーズの結果であるといえよう。

　オーストラリアには法定の紛争処理当局である，年金苦情審判所（Superannuation Complaints Tribunal：SCT）がある。SCT は 1993 年年金（苦情解決）法によって設立された。これは苦情を持つ人が利用できる二つの道の一つである。ただ，最近の法的な攻撃はこの紛争処理機関の将来に疑問を投げかけている。もう一つの道は，1990 年に業界によって設立された，民間独立企業の生命保険苦情処理機関（Life Insurance Complaints Service：LICS）であり，同社の経営陣には政府，消費者，業界代表が含まれている。SCT は，規制下にある退職年金基金や，認可された預託基金，生命保険の積立金，年金契約に関連した受託者，あるいは保険者の決定や行為についての苦情を取り扱う。

　保険契約者や受益者，一部の利害関係者，商業的理由によらずして保険加入を拒絶された人々の苦情を取り上げた LICS の対応にしたがって，企業は金銭的な支払いを行う。LICS のような補償制度は，権限規定（terms of reference：TOR）のガイドラインによって拘束される。ガイドラインでは，コモン・ロー上の損害は補償されず，保険契約による損失のみが賠償可能で，各種手数料，保険料，リスク割増保険料（risk loading）は，詐欺的行為のような問題に関連しない限り調査されないことが規定されている。現在，オーストラリアではワン・ストップ・ショップ（一箇所での受付）による苦情処理体制の確立について，議論が行われている。

　カナダの紛争処理は，オーストラリアのものに類似しているが，LICS のような公的制度は存在しない。カナダ生命・健康保険協会（Canadian Life and Health Insurance Association：CL & HIA）や生命保険営業職員協会（the Life Underwriters' Association）のような業界団体が，仲介機関や商品や企業に関する苦情処理を行う。また，州の規制当局は，税制適格退職年金制度

の加入者に対して紛争処理の役割を提供する。オンタリオ年金委員会のような機関は，委員会のガイドラインに該当する制度に関連した消費者問題を取り扱う審判所をもっている。これに加えて，審判所が関連する年金制度に資金を配分できる，オンタリオ州営年金給付保証基金（Pension Benefit Guarantee Fund：PBGF）が存在する。カナダ・フィナンシャルプランナー協会（Canadian Association of Financial Planners：CAFP）とカナダ生命保険営業職員協会（Life Underwriters Association of Canada：LUAC）は，州レベルで苦情倫理委員会を用いて積極的かつ強力な苦情処理手続きを行っている。また，近年，いくつかの生命保険会社の財務支払能力に関連した消費者の懸念が高まった。保険会社の倒産の結果として消費者が被った損失について解決するため，業界によってカナダ生命・健康保険補償会社（The Canadian Life and Health Insurance Compensation Corporation：CLHICC）が1989年に設立された。いまやカナダの年金産業に対する国民の信頼と，規制，法令遵守，情報開示，適格性，苦情処理システムのバランスの良さは非常に高い水準にある。

　1995年，業界の強い支持と金銭支援のもと，オランダで年金オンブズマンが設立された。これは法制化を必要としない制度であり，その決定は善意と業界倫理によって守られることになる。

　米国では補償のための公的組織は存在しない。紛争処理と消費者補償は主に訴訟を通じて行われ，いくつかの州では，州規制当局が訴えを起こす。

　デンマークとシンガポールのオンブズマンでは，単一の受付窓口制度が存在する。シンガポールでは，保険オンブズマン局（Insurance Ombudsman Bureau：IOB）が生命保険協会（Life Insurance Association：LIA）によって設立され，そのメンバーは保険監督官局，シンガポール消費者協会，会計，法律，医学の専門家の代表者から構成されている。IOBは消費者にとってアクセスしやすく，その費用は原則的に業界によって負担される。ただし，苦情の調査が行われるのは，法的行動がとられておらず係争中の仲裁・調停がなされていないケースのみである。IOBの決定は，企業を拘束するが消費者を拘束するものではない。南アフリカでは，年金審判所（Pensions Adjudicator）が1996年に設立され，企業年金制度に関連した苦情処理が行

われることになった。年金審判所は，苦情をもつ人と受託者とが紛争解決の合意に失敗した場合のみ，事情を聴聞することになる。また年金審判所の判決は，両当事者を拘束する。

　独立性，無料，アクセスの容易さ，効率的な紛争解決はすべて，業界に対する国民の信頼とその商品に影響することは疑いの余地がない。訴訟に頼ることは，消費者および業界にとってコスト高であり，傍聴者による情報の公表は業界と規制制度の評判を低下させるだけである。業界を中心にした解決は公的財政の負担にならないという魅力があるが，国民の信頼という点からは独立的な評価者の参加が必要になる。もしも迅速な解決が可能であり，その決定に拘束力があるならば，オンブズマンは，最も効率的な仲裁を提供できる形態であるようにみえる。異なる規制当局による解決が必要になる紛争では，代わりに，ワン・ストップ・ショップ（受付窓口の一本化）によって最初の段階で調査質問やアドバイスを行うことが解決になるであろう。1997年のOFTレポートには次のように記されている。

　　消費者にとって，国民年金以外のすべての年金問題について単一の受付窓口がないことは明らかに最大の懸念事項である。われわれは，さまざまな供給者が個人年金とは別個に職域別年金に携わっていることから，単一の規制者の確立が困難であることを認める。実際のところ，他の金融サービスに比べて年金ビジネスではサービス提供者が従わなければならない規制当局の数は増加気味であり，複数の当局の異なる性格によって混乱が生じることも考えられる。われわれは，国民年金に関連する以外のすべての年金問題について単一の初回受付窓口（single initial contact point）を設立することを勧告する[12]。

6．情 報 開 示

　ここ5年間の消費者保護領域でもっと全面的に行われたイノベーションの一つに各種手数料の情報開示があげられる。これに関する経済学的議論は，消費者が知識を使ってニーズにあった商品選択を行うことを可能にするとい

　12．公正取引庁（OFT）：*Report by the Director-General on Pensions*（HMSO, 1997）．

うものであった。十分な情報開示とは，商品の重要な特徴や契約内容の説明を含むべきであるとされる。契約内容の説明では，消費者に個々の退職関連商品が時間の経過とともにどう変化するのか，あるいは個々のニーズにどのように合致するのかという案内が行われるべきことになる。また，情報開示要件では，発売元による情報書類は最小限どのくらいの頻度で発行されるのか，苦情処理は企業内外でどのように行われるのかといった情報を提供すべきだとする。

　この問題に対して各国がとってきたアプローチには大きな違いがある。オーストラリアの業界規制では，法的手段の代用物（チラシや説明書）を通じて，どちらかといえば詳細な情報開示制度を採用している。主に販売過程で消費者に配布される，文書のための最低基準が規定されている。消費者情報パンフレットや実態データとともに，この情報は消費者が商品間の比較を行うことを可能にするはずである。オーストラリア型モデルへの批判は，消費者はしばしば「情報開示の超過負担」に直面する，というものである。大量の情報が提供されるが，これは消費者にとってしばしば恐怖にもなるようである。業界の行った調査によると，開示情報が多すぎることによって，消費者はそれを解釈するためにかえって，各種手数料に依存する仲介機関を頼りすぎるようになってしまうことがあるという。しかしながら，オーストラリアの情報開示要件は，英国のそれに比べると節度あるものに思える。

　米国では，職種別年金制度を通じて提供される商品の情報開示基準は，一般的に満足できるものである。これら2階建て部分の制度運営に向け，適度で効率的な制度を維持するよう，雇用者に対する税制上の優遇策が設けられている。雇用者はこれを，従業員に対して十分な教育資料を供給するための彼らの信託的・倫理的義務であるとみなす傾向にある。

　　企業は従業員退職所得保障法（Employee Retirement Income Security Act：ERISA）に合致する限り，プランの単独支配権をもつ。ERISAの基本的な目的は，年金の支払約束が満たされることを保証することにあった。少なくともERISAは基金積立と不完全・不完備情報のもとでモラルハザードを最小化することを目的に制定されていた[13]。

対照的に，米国の退職制度における3階建て部分の情報開示は著しく不適切なものであった。主な理由として，州ベースの規制によって求められる情報開示の程度に違いが存在することがある。伝統的な販売経路では情報開示を避けてきたため，消費者保護には失敗してきた。さらに，国民からの信頼は，大手生命保険会社が（国際的にみて）比較的低い情報開示基準にさえ違反したことで数百万ドルにおよぶ罰金を課された事件によって大きな打撃を受けている。不適切あるいは歪曲された契約内容の説明や主要な商品特性の不法表示にも問題がみられる。

南アフリカは，情報開示改善に向けての世界の圧力に抵抗してきたようである。業界団体によってゆっくりだが着実な改善が進められてきた。業界団体は参加企業のために業界基準を開発し実施してきた。しかし，これらはまだ十分ではない。Masterbondが引き起こしたような，高負債比率の金融商品についての最近のスキャンダルは，不適切な情報開示によって，こうした退職・投資商品における高いリスクがいかに消費者に対して隠されていたかを証明している。生命保険会社協会（LOA）はメンバーのため，業界のガイドラインを開発し発表することによって対応した。しかし情報開示は依然として最小限にとどまっており，そこには政府の規制当局によって強制される法定要件を避けようとする動機づけが存在する。

カナダは現実主義的で効率的な情報開示手段を採用している。州レベルでの合意精神の中で，政府，業界，消費者グループがともに積極的に，年金の1階建て及び2階建て部分の下で退職準備を購入したり補完しようとする消費者のニーズを満たす方法を探っている。カナダでは，消費者の期待するものと，職域別あるいは個人の年金勘定を通じてカナダ人が非常に熱心に取り組んできた退職貯蓄との間の乖離はほとんどなかったといえる。制度に対する国民の信頼は高く，その原因は退職関連商品に要求される情報開示が，効率的で簡素な形式を採っていることにある。

国際的な経験をもとに要約すると，情報開示の不在や，不適切あるいは過剰な情報開示は，消費者への不利益と競争不足をもたらしうることがわかる。

---

13. T. Ghilarducci, *Labour's Capital : The Economics and Politics of Private Pensions* (MIT Press, 1992), p. 89.

情報開示が国民の信頼を高めることをうまく利用すれば，退職貯蓄を奨励し，商品供給者により公平な基準でプランを販売させることが可能になる。

7．公衆の教育

政府が，「自分自身による蓄えが退職への唯一の快適な道である」ということを強制したり説得する必要に直面したとき，国民への情報キャンペーンを大々的に行ってきた。その動機づけでは，消費者保護というよりも政治的あるいは財政的実用性を説く場合が多かった。しかし，次第に，公衆教育は，年金制度の基本的部分であるべきで，それは自然の帰結であるとか情報開示を補強するものだと認識されるようになってきた。「消費者はあらゆる種類の年金について偏りない情報を提供できる情報源にアクセスする必要がある。特に，最小限でも適切性の予備的評価ができるようになるか，さもなければ自身の年金契約の予備的評価を可能にするためにはなおさらである」[14]。

投資信託協会（Association of Unit Trusts：AUTIF）は，英国大衆全体の知識と理解を改善するための政府の進捗度や，規制当局や業界が払った努力を調査して記録する AUTIF FACETS 指数を発表しているが，その広報担当である Anne McMeehan は次のように発言している。

> 大衆は一般に最も基本的な金融問題についてさえ非常に理解度が低い状態にあることが明らかになった。いまや政府は，教育水準改善のため学校のカリキュラムに個人金融のテーマを組み入れ展開することを求める必要がある。これを行わないと，金融的安定確保のために長期にわたって個人的準備を行う必要が高まるなか，若い人々は，十分な知識のないままに働く時期を迎えてしまうことになる[15]。

また，効果的な救済策を準備していない場合には，大衆に老後準備の必要性を確信させることを目的とした公的な情報キャンペーンは，適切な保護や「ベストアドバイス」を与えるという十分な意思をもたない業界の腕の中に

---

14. 前掲・脚注12の公正取引庁。
15. 1998年2月2日，投資信託協会のプレスリリース。

人々を送りこむだけということになってしまうことも認識されている。

　消費者に対する販売後の情報の質を改善するためにも多くの努力が必要である。費用や手数料は，依然として最も説明が不足している保険契約の特徴として上位にランクづけられている。1993年に個人年金に申し込みを行った人々は100万人を超えた。しかし30万人以上の人々は，3年後にはもはや支払いを行っていなかった。PIA オンブズマンに対する苦情の3分の2は，「不適切なアドバイス」についてのものであった。商品について公的な情報を配布するだけでは不充分で，消費者は規制と補償についても知る必要がある[16]。

　カナダ，デンマーク，アイルランド，オランダの政府は，年金制度の一般的理解を高め，必要性を理解してもらうため，公的キャンペーンを行ってきた。シンガポールの中央プロビデント基金ではメディアや会員向け雑誌，会員からの要求を処理できる指定スタッフを活用している。制度の選択肢が広いチリとオーストラリアの規制当局は，年金計画の必要性と制度の特徴について，活発に宣伝を行ってきた。オーストラリアでは，1,100万豪ドルの公的な情報キャンペーンが行われ，テレビ，ラジオ，印刷メディアを用いて，個人に退職後の生活設計を行うことの必要性を説いた。オーストラリア国税庁は，他の政府機関の支援を受けながら，退職年金地域教育キャンペーンの提供を依頼された。退職老齢年金への認知度，態度，理解の測定を支援するためにフォーカス・グループが用いられた。

　退職年金は理解しにくいというのが乗り越えるべき大きな障害である。政府も業界ももっと単純化した情報提供を行う必要がある。情報が理解しやすく，目標が適当に定められていれば，人々には教育を受けようとする準備がある。将来の展望に対する信頼度については，例えば次のような不安や疑念が存在する。人々は自分の貯蓄の長期的な価値がいくらになるか知らないこと，ルールや規制はこれまでしばしば変化してきたこと，二大政党提携の兆候がみられないといったことである。単純化と同様に，退職老齢年金は全体として高い予測可能性が必要である。人々は，自分たちの最終的な収入についてほとんどコントロールすることができないことに一種の不満を感じていた。人々は，政府や

---

16. 個人投資規制機構（PIA），*PIA Consumer Panel Report* (1997), London.

業界の手の中にある[17]。

 退職年金制度を概説し，退職準備の必要性を説明する印刷物が，オーストラリアのすべての家計に配布された。オーストラリア退職年金基金連合会（ASFA）や生命保険・年金協会（Life Insurance Superannuation Association：LISA）のような団体は受託者や業界関係者向けの教育を行った。年金普及率が現在81％に達する同国では，商品情報と販売資料の基準改善も活発に行われてきた。

 米国では約50％の労働者が三つの年金プランのうち一つによってカバーされているが，高卒未満や退職間近の労働者の半分以上はまったく年金を保有していない。国民の教育は政府と業界の責任と考えられ，政府機関は業界を国民教育の資料配布のために利用している。大部分の州が消費者教育政策を採用しており，一部の州では高校生に家計の金融意思決定を教えるべきことを規定している。B. Douglas Bernheim, Daniel M. Garrett と Dean M. Maki は次のように述べている。

> 規制当局は金融教育の比重を大きく増やし，究極的には個人の貯蓄率を引き上げ成人期間の富の蓄積を増加させようとしている。これらの結果から，教育が個人貯蓄を刺激するための強力な手段でありうるという証拠が積み重ねられていくだろう[18]。

 1996年に公開された研究では，1990年代に雇用者によって提供された金融教育の効果が調査されている。

> 任意の貯蓄プランへの加入と拠出は，雇用者が退職セミナーを提供した場合には有意に高かった。この効果は，雇用者による拠出が大きくない従業員のほうが，雇用者拠出の高い従業員よりも大きかった。セミナーの頻度も従業員の

---

17. オーストラリア国税庁，*Superannuation Research First Phase Results : Qualitative Study* (Brian Sweeney & Associates, November 1994).
18. B. Douglas Bernheim, Daniel M. Garrett and Dean M. Maki, *Working Education and Saving : The Long Term Effects of High School Financial Curriculum Mandates*, Paper 6085, National Bureau of Economic Research (1997).

貯蓄行動と特に大きな相関がみられた。ニュースレターやプランの説明要約資料などの印刷物の効果は，その頻度にかかわらず確認することはできなかった[19]。

1995年の調査によると，大企業の雇用主の88％が，何らかの形で金融教育を実施し，そのうち3分の2以上がこれらのプログラムを1990年以降に追加している[20]。

　一般的に雇用主は，退職後の生活設計に関連する幅広いテーマについて，情報やガイドラインを提供している。退職に関連した適切な準備を促進することで，雇用主は，今後生じうる，高齢で準備不足の従業員たちとの対立（例えば，より寛大な年金受給の要求）を回避することを望んでいるのかもしれない。金融の計画を支援することは，従業員の忠実性を高め，労働関係を改善し，モラルを高めるかもしれない。複数のプランをもつ組織がこうした教育の提供を行うことはより一般的になってきている。セミナー開催の頻度は，自主志向のプランにおいて参加に対して大きな正の効果を持ちつづけている。雇用主による拠出の大きくない従業員については，開催頻度の高いセミナーを受けた場合には，セミナーを受けていない従業員よりも11.5％ポイント高い加入率である。雇用者による拠出の高い従業員では，同様に6.4％ポイント高い加入率となっている。これらは，平均的な標準加入率よりも経済学的に十分に高い推計値―60％から80％―となっている[21]。

この調査は，―ニュースレターであろうとプランの要約説明であろうと―，従業員に対する情報および教育を提供する媒体は，加入率に大きな違いをもたらさないことを明らかにした。

　平均の（無条件の）掛金率は，給与の約3.4％であった。この推計は，セミナー開催頻度の高い企業において拠出額が20％近く大きいことを意味している。この結果は，退職教育（特にセミナーの頻度の高さ）が自主志向のプランへの

---

19. Patrick J. Bayer, B. Douglas Bernheim and John Karl Scholz, *The Effect of Financial Education in the Workplace : Evidence from a Survey of Employers*, Working Paper 5655, National Bureau of Economic Research (1996).
20. 'Employees Getting More: Investment Education, Planning Help on the Increase' in *Pensions and Investment*, 23 January 1995, p. 74.
21. 前掲脚注19，Bayerほか。

拠出額に正の影響を与えるという仮説と整合的である[22]。

　チリでは，激しい競争下にある AFP が情報政策を実行に移しているが，これは企業に便益をもたらすのみならず，労働者に教育を提供するものである。各 AFP のパネルは，手数料，年金基金，AFP に関する情報を提供する。各 AFP は制度の特定の側面について説明した情報小冊子を提供しなければならない。労働者が加入したときには，4ヵ月ごとの文書，個人口座の資本還元ベースでの利回りに関する情報と年金残高を記載した小冊子を配布しなければならない。

　デンマークでは，経営者連盟と労働組合連合の間の強い協力の結果，年金加入率は 80％を超えており，年金準備に対する態度はおおむね積極的である。消費者情報は，社会省（Ministry of Social Affairs）によって提供され，ATP と年金制度と消費者には，自分の年金計画を運営する機会が与えられている。政府の提供する情報は，どのような年金制度が提供可能であるかに集中している。

　シンガポールの中央プロビデント基金は，国民教育が最重要であるとの見方を採っている。CPF の提供するサービスが刊行物によって明らかにされ，加入者口座残高の情報提供は，CPF の目的を説明するために重要であると考えられている。残高は電話や電子的手段によって知る事ができる。こうしたかなりの情報のコストは，参加者によって負担される。

　対照的に，3人に1人が文盲であると推計される南アフリカでは，公的教育としては何も提供されない。回答者の5人に2人が，商品供給者に情報をもらって読もうとしているという。これらの情報は多くの場合，加入者がいくら支払い，いくら受け取ることになるのかを図や数式で示したものである。こうした情報開示は制度の中ではその場限りのものであり，規制による適格性基準を伴わないが，そこではアップフロントの手数料とダイレクト販売が一般的に行われ，その販売は専属代理店に集中している。退職関連商品の失効・解約は年間保険料に換算して 10 兆ランドにのぼり，新規契約の 25％が消滅する状況にある。

---

22. 同上。

各国の経験から判断すると，国民の教育においては政府，業界，消費者グループが相互に支え合う役割を果たすべきことが示唆される。人々に自分の退職所得に責任を持つ必要性を説くことをねらったその場限りのキャンペーンは限られた価値しかもたず，十分な情報開示要件と損害賠償がない場合には，消費者に損害をもたらす可能性が大きい。情報と教育の提供は，責任の恣意的な割り当てであってはならない。政府は，自分の老後所得に計画を立てるよう人々を説得し，最も生産的な制度を選ぶ手段を与え，約束された金額を提供できる効率的な規制を保障し，アクセスしやすい補償制度を確立することによって，将来の経済的安定を得ることができる。賢明な消費者に直面する業界は，商品のマーケティングに力を入れねばならなくなる。消費者や労働組合，雇用者グループは人々が容易に商品の比較を行えるようにそれぞれの役割を果たす。これらによって競争性は高まることになるだろう。

第8章

生命保険の販売に関する消費者問題

リチャード J. ブラッグ

1．保険の範囲

　本章は，金融サービス全般に関係するけれども，その範囲は生命保険業に限定されている。しかしながら，これは，ずっとより大きな問題の一部に過ぎないことを理解すべきである。

　英国の金融サービスに関する最も大きな市場の一つが，住宅ローンに付保され年金を提供するために販売される養老保険である。ユニット・トラスト，個人株主制度やその他の証券も有力な市場である。この市場の特徴は，利用可能な商品が非常に広範な点である。すなわち，すべての商品が，関係会社による将来の投資の成功に基づき，わずかに異なる投資成果をもたらすことになる。貧しい投資成果は住宅ローンを返済するのに不十分な資金，あるいは，乏しい年金を意味することになるので，投資成果が消費者にとって重要なのは明らかである。養老保険は必要な目的を達成する方法であるが，必ずしも最善の方法ではないことをその投資成果から理解すべきである。

　現在の住宅ローン市場には，消費者にとって利用可能な多くの取引がある。これは，すべての主要銀行が市場において非常に巨大なプレイヤーになった，激烈な競争の結果であった。固定金利取引は，広範に利用されている。元金均等返済方式住宅ローンと養老保険付き住宅ローンの間には，明らかに選択の機会がある。養老保険付き住宅ローンの大きな利点としては，保険料支払いの軽減となる免税が認められてきた点である。これは，数年前に廃止された。支払い保険料に対する税がいまは存在するのは確かである。高金利（および高インフレ）の時代には，一時金が死亡時に支払われることを保証する

一方で，契約の利源は満期一時金に積み増しされるので，そのような契約が消費者に高収益をもたらし，業界はいわゆる低コストの養老保険を投入できた。今日，いくつかの契約が満期一時金を支払えるかどうかという疑問がある。これは保険契約を購入したときには予期されず，したがって，消費者にはほとんど説明されないリスクである。今日，ほとんどの契約は2％から4％の収益をあげているが，リスクがあることを前提とすればそれは驚くほどの数字ではない。確かに，保障型商品（その他いくつかのリスクを保障する，本質的には終身保険）の付保された全くリスクがない元金均等返済方式住宅ローンの方が，よりよい賭けであるように思える。しかしながら，養老保険付き住宅ローンは，いまなお市場で恐るべき高い割合を占めている。この唯一の理由は，住宅金融組合，銀行あるいはその他のブローカーへの手数料である。これらの人々は養老保険による方法を強く推薦し，とくに二流の貸し手の場合には，住宅ローンを借りることのできる唯一の方法と言われた時もあった。

　同様に，公的年金の給付額の減少や高齢化の長期的問題とともに，個人による年金の自助努力が重要となっている。おそらく，据置年金に連動した養老保険が，これを達成する唯一の方法である。

　企業年金制度が最良の選択肢を提供すると思われるのは，ほとんど疑いない。多くの企業年金制度は従業員と雇用主の両方によって拠出が行われ，ある程度の物価スライドにより給与の約半分が退職後も保証される。企業年金制度の不利な面としては，完全な給付を受けるために40年間という長期的拠出を必要とすることである。今日の労働市場では，ほとんどの従業員は40年も一つの会社に留まることはない。いくつかの制度は雇用主間で移管可能であるけれども，多くの制度はそうではない。（退職まで支払いが残ったままの）四つあるいは五つの部分的な年金をもっているような従業員は，うまく移管できないであろう。たとえ移管できたとしても，ここで重要な点は拠出金の水準が高くなることである。（よく知られる支払い免除期間にもかかわらず）雇用主が拠出を行う以上，これは従業員のための無償の投資にあたる。

　たびたび定期的に企業を代わり，その間に多くの失業期間がある従業員に

関しては，企業年金制度はほとんどうまく機能しない。不幸なことに，これが，現在の労働市場でのますます一般的なシナリオとなっており，また，企業年金は自営業者には全く関係がない。したがって，そのような人達は自分で個人年金をもつことに意味があり，養老保険が役割を果たすのはその場合である。数年前に個人年金制度に関して政府が宣伝キャンペーンを行った背景には，以上のような理由がある。退職時に十分な年金がない，あるいは全く年金がなく，そのために社会保障給付により穴埋めをしなければならない人々が生じることを避けたいと政府は考えたのである。しかしながら，ほとんどの雇用主は個人年金に拠出をしたいと考えていないので，雇用主による拠出金部分は失われてしまう。したがって，個人年金契約は生粋の企業年金制度と同様の高い収益を期待できないように思える。

　消費者の主要な目標は，満期時に住宅ローンを完済するか年金を得ることであるけれども，養老保険も生命保険であることを忘れるべきではない。望まれる状況で，死亡時に家族保障を提供するので養老保険が適切である。妻は住宅ローンを心配する必要はなく，かつまた，年金資金をもつことになる。しかしながら，この要素は保険会社にリスクをもたらし，それが保険料に反映される。扶養者がいない人には，保険の要素がない純粋な投資の方がより高い収益を生むと思われるし，保険契約は適切ではないかもしれない。

　生命保険の購入は，一般的な消費者による購入予定のなかでは優先度が高くないのが普通であり，したがって，保険は「買われるのではなく売られる」というのが通説である。生命保険商品の販売市場に対して開かれている主な機会は，住宅ローンや年金分野であり，彼らが手に入れるのが遅れたのもその機会である。

　先の情報は，金融サービス業の知識をもつ人には非常に基本的なことである。しかしながら，大部分の人々はそれに気づいていないことを思い出すべきである。そのような問題は，一般的にはほとんど知られていない。したがって，通常の消費者が搾取される余地が大きく，本論の眼目として関心をもっているのはその点である。

2．消費者問題

　たとえ，すべてでないにせよ，ほとんどの生命保険会社は非常に名声があり，とにかく無責任な行為を見逃さない。しかしながら，会社は事業を続けるために継続的に生命保険を販売する必要があることを忘れてはならない。仕事が最も困難な状況での，販売人による保険販売には問題がある。

　この点に関して，消費者の誤解は非常に広範にわたり，それをすべて記述するのが主要な任務となろう。投資契約の不正販売は，訴訟の唯一最大の原因である。販売代理人が投資収益を誇張するのが，よくある問題である。収益の表示方法を監督する規則はあるけれども，これらは無視されることが多い。特別な例が，個人年金制度に関する政府の宣伝キャンペーンとともに明らかになった。多くの人々が極めて良好な企業年金制度から脱退し，その代わりに生命保険を購入させられた。雇用主の拠出という利点を失うので，個人年金契約は同様の高い収益をもたらすとは思えなかったが，しかし，販売人ははるかによい結果をもたらすと説明していた。（例えば，明らかに短期的な貯蓄のために，扶養者のない人に養老保険が販売されるなど）不適切なタイプの投資商品が販売された事例も多かった。ほとんどよい結果には繋がらない，契約を解約させて別の契約を購入させる「乗り換え」も多かった。養老保険は長期投資であり，先払い手数料が取られるので当初数年間は収益が生じないことを消費者は理解していない。

　不正販売を上回る紛れもない詐欺の例もいくつかある。保険証券を捨てて巨額の一時払い保険料をもって失踪した，代理人に関する多くの報告事例があった。

3．独立金融アドバイザーと専属代理人

　申込者や契約者の代理人として行動するのが一般的な独立金融アドバイザーと，一つの会社と多少の恒久的関係をもち，その会社の代理人であるのが一般的な保険会社の代理人とを区別する必要がある。その区別は多くの分野で納得のいくものでないことが明らかになっており，1986年金融サービ

ス法では新制度に変えようと試みたけれども，旧制度を完全に置き換えたというよりむしろ新制度が旧制度に追加されたために，「誰の代理人か」との旧来の問題はいまなお重要である。

独立金融アドバイザーは，いかなる保険会社からも独立である。独立金融アドバイザーは，その顧客会員のために保険会社に注文を出すことで，会員のために行動する。独立金融アドバイザーは契約者の代理人であり，規制上のルールに従い，保険会社はアドバイザーの不注意な行動に責任を負わない。

専属代理人は，専属関係にある会社の商品だけを販売できる。専属代理人は一般に従業員ではないが，保険会社の権限に基づき独立した引受人のように行動する。保険会社は，専属代理人の不注意な行動に責任をもつ。

正確に言えば，おそらく顧客は両タイプの代理人の違いを明確に理解していないと業界では一般に考えられている。確かに，知識のない多くの人々は，仲介者と保険会社を全く区別できないし，それらを同じものと考えている。これが多くの混乱を引き起こす。

3.1 金融サービス法と規制

保険等では巨額の資金が関係するので，業界規制にはいくつかの試みがあり，これは1986年金融サービス法を通して大いに実施に移された。同法律は業界を監督するために証券投資委員会（SIB）を創設した。さらに，最近，これはより広い権限をもつ金融サービス機構（FSA）に取って代わられた。

当初の支配関係はピラミッド状であった。同法律が適用される投資業に従事する人は，認可を受ける必要があった。認可なく行動するのは，同法律のもとでは犯罪である。

SIB は，企業が加入する一連の下部組織を認可するのが一般的であった。規制は，会員企業が契約により結んだ任意のものに基づいていた。

当初の（関係する）自主規制機関は，IMRO（投資顧問規制機関），LAUTRO（生命保険／ユニット・トラスト自主規制機関）およびFIMBRA（保険ブローカー自主規制機構）である。

一般的な観点からは，独立金融アドバイザーはFIMBRAによる認可を必要とし，保険会社はLAUTROの認可を必要とした。彼らは，また，いく

つかのタイプの事業に関しては IMRO によって認可を受ける。独立金融アドバイザーが人を雇う場合，FIMBRA による直接の認可が必要であった。専属代理人は，その利益のために行動する保険会社によって権限が与えられ，保険会社が LAUTRO に対して責任を負った。

　もし，その人が必要な訓練を積んだ「適切かつ適任である人物」ならば，どのレベルでも彼は認可を得ることだけはできる。

3.2　独立金融アドバイザー

　独立金融アドバイザーには多くの名前が使われてきた。1977 年保険ブローカー（登録）法のもとでは，より望ましいのは登録「ブローカー」であった。「ブローカー」という名前は保険ブローカー登録協会に登録した人によってのみ使用できることを，同法律は定めていた。必要な資本と資産額を有し，人格が良好で適切な資質をもち，実務規範に従うことに同意した人にだけ登録が可能であった。

　実際には，より望ましくない事業者，および「ブローカー」以外の呼称を使うことで協会費を単に支払わない人々の双方によって，同法律は迂回された。一般的に使用されるのは「アドバイザー」である。一般大衆はその言葉の意味を理解しなかったので，消費者保護法制という点で失敗であった。

　金融サービス法のもとでは，すべての独立金融アドバイザーは，彼らが自分自身をどのように呼称しようとも FIMBRA から認可を得る必要があり，1977 年法の自主的要素は消滅した。

　金融サービス法により規定され，FIMBRA のルールに反映された基本的義務は，独立金融アドバイザーが顧客に「ベスト・アドバイス」を行う義務を有することであった。これは，顧客ニーズに最も適したものが何であるかを理解し，保険契約が顧客利益を保護する最適な手段であるかを考慮するために，すべての範囲の商品の調査表を作成することを意味する。

　では，主要な問題は何か。独立金融アドバイザーは一つの会社の代理人ではなく，顧客のために義務を負い，したがって，1986 年以前の法律におけるブローカーの伝統的地位を反映すると考えられるけれども，独立金融アドバイザーは商品を販売する会社からの手数料によって報酬を得るのが普通で

ある。このことは，独立金融アドバイザーが完全に独立でないことを意味する。（以下で詳述するように）不正販売が蔓延している。独立金融アドバイザーが保険会社が発行した保険証券を所有し，しかも，保険会社の契約締結権および証券発行権を有する，あるいは有するように思われている場合には，困難な問題が生じるかもしれない。したがって，消費者は保険会社の活動を通して独立金融アドバイザーによって騙されるけれども，保険会社にその責任を負わせることは困難であろう。唯一可能な方策は，金融サービス法64条のもとでの法定義務の不注意[1] あるいは不履行である。

独立金融アドバイザーはベスト・アドバイスを行うことが期待されている。これには，利用可能なすべての契約の間で選択が行われる必要がある。事実，独立金融アドバイザーはこの点で不可能な任務に直面する。現在のコンピュータ化をもってしても，すべての領域を包括することは困難であろう。独立金融アドバイザーは，最も高い手数料を支払う会社の契約を勧めるように思える。最善の投資とはいえない保険契約の販売について，多くの証拠もある。

基金設立時の現実というのは，不正者の天国であった。独立金融アドバイザーは，彼の行動により資金を失った消費者を補償するための基金へ拠出することを，FIMBRA によって求められている。低水準で始まった基金は，補償金支払いが非常に多くなるにつれ，拠出金の水準が急速に上昇した。その結果，多くの独立金融アドバイザーはその地位を捨てて，生命保険業の専属代理人となった。新体制のもとでは，独立金融アドバイザーは数年前よりもはるかに少ない。

3.3 専属代理人

保険会社と関係をもつ専属代理人は，とくに多くの不正販売の罪を犯してきた。結果として，多くの保険会社は，規制者によって，あるいは金融サービス法64条のもとで消費者を補償する必要があった。LAUTRO，最近で

---

1. 例としては，*Osman v Moss* [1970] 1 Lloyds Rep 313, および *McNealy v Pennine Insurance Co* [1978] Lloyds Rep 18 がある。これらは生命保険に関する判例ではないが，その原則は同じである。

はその後継機関である PIA（個人投資規制機構）により，それも減少している。

専属代理人は，取引開始時に彼の地位（すなわち，専属代理人）および彼が代理をする会社の名前を明示しなければならない。専属代理人は，また，使用する事業関係書類にその地位を開示することを求められている。これは行われていないことが多い。代理人は，保険会社によりそれを目的として認められていない，いかなる書面による資料も使用しないと思われているが，しかし，実際は使用することが多い。代理人は，投資家の状況に関する適切な調査なしに，そして，真にこれが投資家の最善の利益になると思わなければ，いかなる契約の解約，転換あるいは失効も勧めてはならない。しかしながら，「乗り換え」は一般的である。

代理人は，一般の投資家の財政状況，もし関連があれば，企業年金制度のもとでの権利，および，その他関係するすべての状況に注意を払わなければならない。代理人は，投資家に適合する唯一の契約を推薦し，そして，投資家の目的をより有利に確保するそれ以外の利用可能な契約が，市場で購入できる商品のなかに全く存在しないことを保証するために最善の努力を払わねばならない。例えば，この段落で述べた責任には，住宅金融組合への貯蓄によってそのニーズが最も満たされる人には投資契約を勧めないことを含むことを，これは示唆する。

申込者がとくに要求しないならば，代理人は申込書に記入してはならない。この規則は現実的ではないし，また，ほとんど無視されるのが一般的である。しかしながら，代理人がこの規則を履行しない場合，代理人によるいかなる間違いも保険会社の責任となるであろう。数年前には一般的であったいわゆる名義書換代理条項[2] は，1994 年消費者契約の不公正条項規制のもとでは，今日ほとんど確実に無効であるのは明らかである。

---

2. *Newbolme Bros. v Road Transport & General Insurance Co.* [1929] 2 KB 356, *CCE v Pools Finance* [1952] 1 All ER 775, *Stone v Reliance Mutual Insurance Society* [1972] 1 Lloyds Rep 469 を参照。

4．IMROの失敗と保険業界の反応

　IMROの主要な問題は，Maxwell事件により表面化した。同事件においては，明らかに他の受託者による拘束なしに，Maxwell氏が自分自身のために企業年金の資金を搾取するという大規模な詐欺を，IMROが全く監督できなかった。この事件は，年金をもたない数多くの元従業員と年金準備のない現役従業員を生むことになった。

　これら多くの問題（および，有益でない税制）の結果として，生命保険契約の販売は，現在極めて低水準であることに注意すべきである。ある大手保険会社（ロンドン生命）が市場から退出した。

　規制の明白な失敗への対応の一部として，SIBは三つに分かれていた下部組織を取り壊し，すべての消費者の投資を取扱う単一の団体をそれに代える決定を下した。個人投資規制機構（PIA）が設立され，PIAの規則は前組織の規則に非常に似ているがより広範に及ぶこととなった。

　PIAの設立以前には，保険オンブズマンが25万ポンドまで消費者への返済を命令する権限をもち，保険会社を監督する責任を負っていた。この権限は廃止され，PIAのもとで設立される新しい金融サービス・オンブズマンに付与された。新しい制度は権限がより狭く，10万ポンドに制限されているという理由から納得のいくものではない。しかしながら，現行の制度は，以前は適用されなかった独立金融アドバイザーに適用される。本制度は，それ自身の制約のなかで，十分よく機能していると思える。

　PIAの最初の任務は，個人年金制度に関連する膨大な苦情を処理することであった。独立金融アドバイザーの反応は補償よりもむしろ訴訟の提起であったが，それはよい結果の前兆とはならない。にもかかわらず，PIAはそれらを規制するいくつかの手段をもっているように思われる。保険会社は，すべての不正を正すことを求められてきた。ここでの主たる問題は，彼らの行動するスピードの欠如である。PIAは，この点に関して，最終期限に間に合わない訴訟での実質の罰金と結びつく「アメとムチ（name and shame）」の政策を採用してきた。いまなお，多くの訴訟中の案件がある。すべての裁判が行われるかどうか，疑問が多く残されている。

5．保険会社はいかにすれば問題を回避できるか

　保険会社は，消費者の困難を防止するのにかなりの問題を抱えている。保険会社は保険を販売する必要があり，これを妨げることはキャッシュ・フローの問題を生じさせるであろう。一定水準の販売は必要であり，したがって，保険会社は販売のインセンティブを生み出す必要があるが，その対応策は常に手数料に基づく販売であった。正確には，これによって，販売人がその規則を破ることになるのが問題となる。彼の生活が契約の販売力にかかっているときには，制限的な規則に従おうとの意思は損なわれてしまう。

　保険会社は，専属代理人が伝統的に自営業者であり，緩やかに管理されているという事実によっても制限を受ける。販売できると考える人は多いが，継続的に販売できる人はほとんどいない。家族や友人に販売した後，販売を行うのは難しいと気がつく。したがって，代理人は事業からの出入りが激しく，わずか数ヵ月しか従事しないことも多い。年間80％に及ぶ代理人のターン・オーバーがあり，記録を保存することを困難にする。これは，また，訓練費用を発生させる。

　保険会社は，独立金融アドバイザーを制限的に管理することしかできない。申込者が保険会社に保険料を小切手で支払うことを多くの保険会社が求めているが，いまなお，自分の小切手で支払いを続ける独立金融アドバイザーもなかにはいる。危険性はあるけれども，保険証券は自分達を通して申込者に送付されるべきだと主張する独立金融アドバイザーも多い。規則を非常に強行に主張する保険会社は，独立金融アドバイザーからあがる業績が落ち込むことになるかもしれない。

　保険会社内部の管理体制はここ数年間で改善されてきたが，いまなお改善が望まれている。これに関して利用可能な情報量は限られている。すべての保険会社は，新しい代理人が適切かつ適任者であることを満たさねばならない。したがって，詳細な申込書，完全な照会および面談というのが時代の基調である。*Spring v Guardian Assurance plc.* に見られるように，このことさえも機能していない[3]。すべての代理人は，適切に訓練を受けなければならない。教程が規制よりも販売することをより強調しているいくつかの証拠

もあるが，少なくとも，代理人は規則を教わる。後に残された任務はモニタリングである。すべての記録が保存される必要がある。

　すべての苦情が調査されなければならないのは明らかである。潜在的に疑わしい問題の調査は，苦情として扱う必要がある。継続率には常に注意が必要である。本質的に「顧客を知る」ことの詳細とは，顧客が存在することと，販売されたものが適切であることの両方を検査する必要性である。この検査は，必ずしも実施されていない。すべての情報を調査して顧客と面談するような個々の代理人に関する無作為抽出の検査が注意を喚起するであろう。検査の費用や，検査が販売の抑制になるとの理由から，保険会社はこれら多くのことを最低の水準でしか行わないのが現実である。コンプライアンスの担当者は，販売管理者と喧嘩をすることが多い。過ちによって彼ら自身が現実を直視するようになるのは，解雇前に販売者の調査が実施される場合と思われる。

　純粋に手数料に基づく販売方法を変更した保険会社もある。現在では，少なくとも最低給与の要素がある。手数料だけというのは適正な販売行為と必ずしも一致してこなかったので，それは道理に適った動きである。

6．制　　裁

　規則のもとで，PIAは保険会社の検査を実施したが，これらがどのように実施されてきたか明確ではない。多くの保険会社で規則の不履行が発覚した。保険会社は顧客のために公正を期すことができるし，また，そうあるように教えられている。究極的な制裁は認可取消しであり，それにより事業を行えなくなる。しかしながら，極めて悪質な不履行でも，市場でこれを実行するのは難しい。自主規制において，その他どのような補償がPIAによって利用可能かを見い出すのは困難である。しかし，継続的な不履行の発生は，たとえ努力していても，現在の努力が必ずしも効果がないことを示唆する。

　実際，PIAが，長期的に見てとくに効果的であるとは考えづらいように

　　3．［1995］2 AC 996，照会を行う際の不注意に関する判例。

思われる。それは，立法化を前にした自主規制への最後の試みである。政府の変化が，SIBに代わる（より広い権限をもつ）金融サービス機構と来るべき立法化という新体制の始まりからの変化を促進した。PIAという形態で自主規制が存続するかは，未だ明らかではない。いくつかの制定法による規制が出現するであろう。

7. 結　論

　将来を予測することは難しい。消費者は問題があることに明らかに気づいているが，多くの人はそれが何であるかを実際には理解していない。もし業界がその問題を解決しなければ，非常に収益の高いいくつかの事業が失われ，現在の契約者は配当の低下によって悪影響を受け，それにより現在の状況はさらに悪化するように思われる。不正を正すことの費用は必ず利益に影響を与える。

　現在，消費者は，彼らの投資がよい投資であるという非常に揺るぎない約束を求めているが，しかし，避けがたいほど過度に熱心な販売人の不正話法が，刑罰により裏打ちされた法律によって，最終的に監督されることを求めているようにも思える。

第 4 部

保　　険

第9章

消費者利益のための保険法改正：オーストラリアからの教訓*

ジョン・バーズ

1．はじめに

　英国では，保険契約法の解釈によって弱者は厳しい影響を受けるという事実が長年にわたり知られてきたし，この事実は学者のみならず裁判官や法律改正の担当機関の関心を引いてきた。しかしながら，そのような関心や公式の報告書にもかかわらず，実際の法律改正は未だ全く実施されていない[1]。その代わりとして，われわれは自主規制による実務の指針をもち，有益であるが厳密には任意である保険オンブズマンの制度をもっている。1986年版保険実務の指針（the Statement of Insurance Practice）における比較的穏当な勧告を半ば強制力をもたずに「実施」するため，法律委員会が不告知とワランティ（warranty）の不履行[2]に最初に目を向けてから8年が経過した。

---

* 本論は，1996年9月のThe Society of Public Teachers of Law Consumer Law Groupコンファレンスで発表した論稿の修正・改訂版である。本論を作成するもとになった業績の多くは全英消費者協議会のために行われたものであり，同協議会は，本業績をもとに，1997年5月に*Insurance Law Reform : the Consumer Case for a View of Insurance Law*という報告書を刊行した。私の考えはそこでの議論，とくに同報告書の作成に共同で責任を負ったFrances Harrisonから助けを受けたのは明らかである。
1. 唯一注意すべき点は，1994年消費者契約の不公正条項規制（SI 3159）の保険契約への適用であるが，しかし，保険法に存在する多くの問題点に対して適用することは考えられていないように思える。この議論に関しては，*Birds Modern Insurance Law*の第4版，p.3からp.8，p.91からp.93，p.197からp.199を参照。また，本書の第10章も参照。
2. 彼らの報告書*Insurance Law : Non-disclosure and the Breach of Warranty*, Cmnd 8064は1980年に発刊されたが，そのワーキング・ペーパーは1978年に

それに対して，同じ期間内に，オーストラリアの法律改正委員会は実質的な法律上の改正に結びつく完全なる調査を行った。

本章のテーマは，オーストラリアが実施したことをわれわれが真剣に検討する時期が到来したということである[3]。英国の保険契約法は，消費者に公正であるために適切な修正を必要としており[4]，それ故に，英国と同じコモン・ローの基盤をもつ背景のなかで通過したオーストラリアの法律は，英国に多くのことを教示するモデルとなる。もっとも，オーストラリアで起きたすべてのことが，英国で引き続き生じるとは思えないけれども[5]。

発行されていた。

3. コモン・ローの基盤を有するその他の国々，たとえば，カナダ，オーストラリア，アメリカ合衆国も，数年の間に保険法の法律改正を行ってきた。もっとも，これらはオーストラリアのモデルほど包括的ではなく，内容よりむしろ程度の違いであり，オーストラリアの法律が適用されない領域には適用されない。

4. この文脈で「消費者」が意味すべきものに関しては，以下を参照。最近のいくつかの判例において，以前の判例法が示した以上に，裁判所が契約者により公正な結果を達成しようと試みているという事実は，一般的調査や法律改正の必要を排除するものではない。*Pan Atlantic Insurance Co. v Pine Top Insurance Co.* [1995] 1 AC 501 において，貴族院は告知義務の目的のために動機の要件を重大性の規準に導入したけれども，動機を前提とすれば実際にはそれほど大きな違いはないように思える（その幾分曖昧な起源は全く別にして：Birds and Hird, 'Misrepresentation and Non-disclosure in Insurance Law : Idential Twins or Separate Issues?' (1996) 59 MLR 285）。おそらく，潜在的により重要なのは，*Economides v Commercial Union Assurance Co. plc.* [1997] 3 All ER 639 における控訴院の決定であろう。その判決では，申込者が虚偽の申込みを行ったことが示され，かつ，明示的に尋ねられている問題の範囲外のことを告知する義務はないとの手がかりが存在して初めて，申込者の知識や信念に対して最善であることを求める（保険実務の指針から導かれた要件である）申込書の不実表示が訴訟可能となるという判決が実際に下された。しかしながら，この判決は厳密な法律の問題として少し疑わしいように思えるし，申込書がない場合，例えば，電話による申込や更新の場合の不告知の問題にはほとんど適用できない。

5. 本論は損害保険に焦点を当てており，法律上の相違点がある程度存在する。もちろん，生命保険の消費者保護は，ほとんどの形態の生命保険が1986年金融サービス法のもとでは投資であることから，多くの更なる問題を惹起する。

2．法律改正の必要性

　法律改正に対しては，非常に強力な圧力団体から，さらには，自主規制制度のもとで法律上の権利を「放棄」することが幸福であるような当事者からさえも，常に非常に強い抵抗があったけれども，なおも法律改正のための原因が強烈に残ったままであることを簡単に説明しようとする試みもまた価値があるだろう。

　保険に関する多くの報告書が，最近になって業界団体，政府，消費者から出されている。全英消費者協議会が，最近，法律改正について全般的に議論した報告書を出したが[6]，そこには法律が消費者に引き続き生じさせている問題に関して，かなりのケース・スタディが例証されている。自主規制が多くの消費者を改善してきたこと，そして今後も改善し続けるとの議論に対して，消費者は実際に日常的な恩恵を被ってきたかどうか明白でないと述べている。はるかにより大きな恩恵を享受できたのはおそらく保険オンブズマンのおかげであったし[7]，判例法に反してまであらゆる状況で公正かつ合理的なものは何かを考慮するオンブズマンの能力が，消費者にとってとくに価値があるのは明らかである。オンブズマンの決定は，会員である保険会社を拘束するので，任意に当該制度に加入した保険会社の行為や実務に影響を与えてきたことは疑いない。しかしながら，自主規制に任意にかつ完全に従う保険会社とそうではない保険会社の間のギャップは残ったままである。

　英国の保険消費者の90％近くをカバーする保険会社が，保険オンブズマン機関（IOB）かつまた英国保険会社協会（ABI）に所属するけれども，既存の自主規制制度に参加しない少数派がなおもかなり存在する。さらに，保険会社間のこのギャップは，単一的な欧州市場が開放されるに伴い広がるかもしれない[8]。これが主たる関心の原因であるのは確かである。

6．上記の脚注1を参照。
7．オンブズマンの最近の考察に関しては，とくに，James, *Private Ombudsmen and Public Law* (Dartmouth, 1997) の第2章，および，Morris and Hamilton, *"The Insurance Ombudsman and the PIA Ombudsman : a Critical Comparison"* (1996) 47 NLIQ を参照。
8．IOB は，英国内で個人向け保険の取引を行う欧州大陸諸国の保険会社に，同機

改正の立場から法律を適切に検証することがなぜ必要なのかに関しては，おそらくさらに二つの理由があり，それらはともに技術進歩から生じている。保険が，ますます電話や機械を通して購入・販売されるようになってきている。保険法にとって最大信義と告知の概念が中核的な重要性をもつならば，人物あるいは書面による接触なく契約が有効となるときに，これらが実際にどれくらい重要であり得るかに関して問題が生じる。すなわち，書面で記録された契約書が必然的に存在することになるであろうけれども，それは拘束力のある契約が実際に締結された後であるからである。

第二に，保険会社は，ますます共有化された電子データを利用するようになっている。これは増大する詐欺問題への法律的な対応かもしれないが，厳密に法律的な意味で重要でないかもしれない情報に保険会社がアクセスできるという理由から，消費者を困難な立場に立たせる。なぜならば，その結果として，契約者はそれを告知する義務を法律上負わないが，しかし，にもかかわらず特定の契約者に対する保険会社の見方に偏見を与えることになるからである。例えば，以前に起きた事故で，保険金請求が最近行われたわけではなく，かつ重大でもないのに，保険会社が，引受行為において告知を求めていない事故や保険金請求の詳細情報にアクセスするかもしれない。既契約の取消しという問題は存在しないが，最初からもう一件の契約が発効することは全くなくなるであろう。

政府により現実に法律制定が考慮される際に注意が必要となる重要な問題は，法律の範囲，換言するとこの関連において「消費者」が意味する範囲である。オーストラリアのモデルは個人消費者と企業契約者の間の区別をしていないが[9]，これまでの英国の慣例は，実務の指針やオンブズマンの管轄権

　　　　関の会員権を拡大することに同意してきたけれども，これがどのような成功をもたらすか明らかではない。欧州の保険会社は，もし望めば ABI の自主規制を無視できるだろう。欧州委員会が保険契約法のハーモナイゼーションの問題を再度取り上げるか否かは，いまだ明らかではない。保険サービスの自由化は，この必要性を排除するやり方に影響されてきた。もちろん，欧州委員会の不公正条項に関する一般消費者保護に関する改革は，保険契約法に適用されるが，しかし，実際にこれが保険契約に大きな影響を与えるかは明らかでない。上記の脚注2を参照。
　9.　もっとも，いくつかの範疇に属する保険は完全に免除される。以下を参照。

のもとで，個人の私的能力を個々に保障することを保護するだけであった。非常に規模の小さい事業者に対して個人消費者と同様の保護が必要かは議論の余地がある[10]。

3．オーストラリアにおける改正の過程

　1984年に実質的な法律制定に至ったオーストラリアにおける保険法改正の過程を簡単に整理することは有益であろう。この問題の解釈に関して，実務界と学会双方の法律家の間で，一般的な不安や不満が同じようにあったと考えられている。この感情は，英国の保険実務の指針と同様の指針が作られても全く緩和されなかった。このような状況において，法律改正委員会は，最初の実質的なプロジェクトのひとつとして，当該問題全般を概観する十分な正当性が与えられた。1977年に問題提起を行った報告書は，1978年のディスカッション・ペーパーに引き継がれ，1982年の二つの報告書と1984年の二つの議会法へと繋がったが，これには文書および口頭での聴聞，公開の会合での広範な議論や諮問を含んでいた。委員会の提案，および1984年保険契約法と1984年保険（エージェント／ブローカー）法により実施された変更が広い支持を得ていたのは明らかであり，最終的には勧告を実行するという政治的意志が非常に重要であったと思われる。

　さらに，オーストラリアは，大きな金銭的関与もなしに消費者の利益になり，かつ保険の供給者を敵に回さなかったという意味で，よく機能するように思えるモデルを提供したと考えられる。本論の後半で，この見方を支持するいくつかの証拠について言及する。その前に，オーストラリアの法律におけるいくつかの規定や，法律改正のためのモデルとしての適正さに関する批判について述べるのが適切と思われる。

　10．例えば，コモン・ローでは適切に補償できなかった，*Spring v Royal Insurance Co. (UK) Ltd*［1997］CLC 70における小事業者の裁量的な取扱いを参照のこと。

4．オーストラリアの法律における消費者保護規定

次節では，重要な消費者保護に焦点を置く（オーストラリア）1984年保険契約法[11]および1984年保険（エージェント／ブローカー）法の規定に関して簡単に概観[12]する。歓迎すべき法律改正をもたらした背景を検証する必要性は感じられないが，しかし，法律を標準的な実務慣行[13]に沿ったものにする工夫がなされ，また，消費者である契約者よりも企業契約者の利益のために運営されると思われる背景については検証する必要が感じられる[14]。

4.1 仲 介 人

保険仲介人に関する法律は，1984年保険（エージェント／ブローカー）法により改正された[15]。第一に，1977年（英国）保険ブローカー（登録）法に含まれるのと同様に，登録および財務調査の要件を課す規定がある。しかしながら，オーストラリアの法律に関して特筆すべきは，ブローカーを，意

---

11. 15条(1)項は，本法律が適用される場合に排他的な法定上の規約であると規定することに注意せよ。すなわち，特定の国法やその他英連邦の法律は，1984年法が適用されない保険契約（原則的には，海上，航空および運送保険）以外には適用されない。
12. 最も有益な批評は，Mann and Lewis, *Annotated Insurance Contracts Act*, 2nd end (LBC Information Services, 1997)であり，その中の参照文献には，オーストラリアの法律を解釈するための多くの判例法を見いだすことができる。以下の文章で，オーストラリアの法律の現状について権威的な説明を行うつもりはない。
13. 例えば，生命保険の被保険者利益に関する法律の改正規定（18条および19条）は，1995年生命保険（派生的改正および廃止）法によって現在さらに修正され単純化された。これらは，実際には，他人の生命に保険をかけることができるのは誰か，そしてその額はいくらなのかに関して，長い間慣習となってきたものを法律として制定したものである。英国の法律を適切に整理することがこれらの問題を取り扱うことになるのは疑いないが，しかし，金融サービス法によるほとんどの形態の生命保険に対する規制が，実際に問題を生じさせないことを意味するのも全く疑いないことである。
14. 例えば，損害保険における被保険者利益に関する法律の改正規定（16条および17条）。これらは，コモン・ロー以上に，誰かが財産を保障する際のはるかに広い定義を認めているが，しかし，個人消費者がこれを有利に利用したいと考えるのは極めて稀であろう。
15. 本法律は，継続的な立法化によって修正されてきた。

思のある契約者のために，代理人として保険契約を手配する仕事に従事する者と定義する点である[16]。したがって，英国で保険ブローカーと好んで自称するいかなる独立の仲介人も同法律により捕捉される。オーストラリアのブローカーは，該当する保険会社，または複数の保険会社との文書による契約をもとに仕事を行わなければならない[17]。

一般に，1984年法は，ブローカーは契約者の代理人であるとのコモン・ロー上の立場を保っている。しかしながら，ブローカーが，保険契約を締結または取引するために保険会社の権限をもつ締結者として行動する場合には，この点に関して彼は法律上は保険会社の代理人となる[18]。

ブローカーでないオーストラリアの仲介人は，「保険に関連するいかなる問題に関しても，契約者または意思のある契約者と保険会社との間では」保険会社の代理人と見なされる[19]。そして，契約者あるいは意思のある契約者という立場の人が分別をもって代理人に頼ろうと考える場合，11条は，保険に関連するいかなる問題に関しても，保険会社に代理人の行動に対する責任を課している点がさらに重要である。すなわち，契約者，あるいは意思のある契約者は，実際には信義に依拠することになる。代理人が彼の権限の範囲内で行動しないにもかかわらずこの責任は適用され，保険会社がその損失に対して法律上の責任を負う。この規定はコモン・ローをはるかに越えるものであり，代理人の実質的あるいは外見上の権限に関する調査の必要性を不要とする[20]。代理人の行動を監督するための日々の責任を保険会社に課すことは明らかに有益である。

---

16. 1984年保険（エージェント／ブローカー）法，9条。
17. 同上，10条。
18. 同上，15条。そのような目的のためにブローカーを保険会社の代理人と考える判例（とくに，*Stockton v Mason* [1978] 2 Lloyd's Rep 430 を参照。しかし，この見解への非難に関しては *Winter v Irish Life Assurance plc.* [1995] 2 Lloyd's Rep 274 と比較せよ。）があるように，これがおそらく英国の法律における位置づけであろう。しかし，もちろん，法定ルールの便益とは，その位置づけを議論の余地のないものとする点である。
19. 同上，12条。
20. *Estate of Bottom v Prudential Assurance Co. Ltd* (1992) 7 ANZ Ins Cas 61-129 参照。

4.2 不告知と不実表示

オーストラリアの法律（1984年保険契約法）は，1986年版実務の指針および保険オンブズマンの実務で「施行」された英国の法律委員会の勧告[21]とは，ある意味において軌を一にするがある意味では全く異なるやり方で，不告知と不実表示という悪名高い問題を取り扱った。保険会社が詐欺的な隠匿をあてにする以外は，告知の一般的特質や義務の効果を文書で通知する要件が保険会社にはある[22]。告知義務は，契約者が保険会社の決定に重要であると理解しているか，ある状況では合理的な人間が非常に重要であると理解することが期待できるであろう事実を告知する義務と整理し直されている[23]。さらに，契約者が事実であると誠実に信じていれば，契約者によって行われた虚偽の陳述は不実表示ではなく，その陳述が保険会社の決定に重要であったであろうと契約者が理解していた，あるいは彼と同じ状況にある合理的な人であれば理解していたことが期待できるならば初めて，法律上の不実表示となる[24]。

重要な不告知や不実表示が存在しても，実際にその決定が全く異なったものにならなければ保険会社は全く補償を行わない[25]。契約のすべてが無効になるという伝統的な補償は，詐欺による不告知または不実表示に対してのみ適用される。詐欺でない不告知または不実表示に関する保険会社の責任は，もし不告知または不実表示が全く存在しなかったならばそうなったであろう状況にまで減じられる。すなわち，基本的には，保険会社は徴収した超過保険料の控除が許されるだけであるけれども，保険会社が全くリスクを負っていなければ，その責任はゼロに減じられると思われる。

オーストラリアのモデルは，事実の「重要性」を決定する際に，慎重な保険会社，あるいは現実の保険会社の判断を参照することを排除している。そ

---

21. 上記の脚注3参照。
22. 1984年保険契約法，22条。以降の法律上の言及は，この法律に従う。
23. 21条。
24. 26条。
25. 28条。

れは，契約者あるいは合理的な契約者が重要と考えることに完全に依存する。不告知または不実表示の結果は，オンブズマンにより採用された割合填補原則による解決（proportionality approach）のもとでは同様のものにはならず，潜在的には消費者の利益がずっとより大きくなる。

　基本的な契約条項は無効となるが，保険契約のなかの，あるいは保険契約との関連でなされた既存の事実に関する言説は，単なる表示にしか過ぎず[26]，したがって，もしも虚偽であるとしても，重要でありかつ既述の規定と一致して初めて提訴可能となる。

4.3　最大信義

　保険契約法の14条は，同規定に依拠することが最大信義（Utmost good faith）に基づき行動しない結果になるならば，保険契約の当事者は同規定へ依拠することを禁止されると規定する。これは，13条において最大信義の義務を一般的に成文したものを支持している。

　　保険契約は最大信義に基づく契約であり，保険契約のなかには，契約のもとで，あるいはその関係で生じるいかなる問題に関しても，各当事者が相手方に対し最大信義をもって行動することを義務づける規定が含まれている。

　これを完全に導入した例は未だ見られない。しかし，契約法全般において見られ，私法制度の問題であり続けている信義と不誠実に関する学説が，オーストラリアの保険契約法における発展のために道を開いたのは明らかである[27]。不合理にも保険金支払いを遅延した保険会社は，13条の意味する条項によって契約不履行と判断されてきたし[28]，最大信義の義務は，契約のもとでの契約者の義務の一般的性質や効果に，契約者の注意が向かうように

---

26. 24条。
27. もちろん，これらの学説が英国の保険契約法で発展しているのは当然であり，オーストラリアにおける同様の制定法上の規定が特別な影響を与えることができる。
28. *Moss v Sun Alliance Australia Ltd* (1990) 6 ANZ Ins Cases 60-967. 損害とは何かを問わねばならない。それらが単に利益に過ぎないならば，コモン・ローがそれをいかに規定するかは議論の余地がある。

もっていくことを保険会社に求めている。すなわち，そうしなければ，保険会社は不履行に依拠することができないことを意味した[29]。

4.4 成立の問題

保険契約の成立に関して判例法が投げかけてきた，特別な問題に適用できるように多くの規定が変更された。仮証書，あるいは，他のいかなる中間的契約により成立した契約に関する限り，納得のいく申込みの受理を条件としても有効とはならず[30]，正味3日間で別の保険を手配することを保証する規定[31]によって，契約者は仮証書の満了または即時の解約から保護されることになる。

58条は，継続可能な保険契約（多くは損害保険契約）の継続通知を保険会社が送付することを求めている。保険の満期から少なくとも14日以内に文書により通知しなければならず，保険会社は保障について交渉するか継続する用意があるかどうかを示さねばならない。もし，保険会社がこれを行わず，契約者が別の保障を得られなかったならば，（そのような期間が満了する前に解約されているかもしれないけれども）満期契約に関して可能な限り，当該保険会社の保障は強制的に延長される。契約者は，同法律における公式に従い計算された保険料を支払う。

4.5 契約条項の禁止

当該保険契約法のもとでは，ある条項が無効と宣言され，その結果，そのような条項は，同法律が適用される契約において標準的形式の規定とはもはや見なされなくなる。問題の条項は以下の通りである。

---

29. *Australian Associated Motor Insurers Ltd v Ellis* (1990) 54 SASR 61. 脚注11のMann前掲書，13.40.8節（合理的な期間内にその決定を伝達する保険会社の義務）によって引用されている，1993年6月25日の *Gutterridge v Commonwealth of Australia* (unrepurted) も参照。保険契約のもとで利益を有する第三者は，また義務にも従う。*C. E. Heath Casualty & General Insurance Ltd v Grey* (1993) 32 NSWLR 25.
30. 38条(1)項。
31. 38条(2)項。

- 仲裁条項[32]
- その他の保険に関する規定。本規定は，ある保険が，本来的に別の特定の保険の超過損失のための保険でなく，当該リスクがその他の保険によって保障されるのであれば，その保険が無効となることを求める規定である[33]。
- 契約者が契約締結時に合理的には気づかなかった，（人の保険の場合における）病気や障害に関する保障の免責や除外，また，（物の保険の場合における）既存の瑕疵や欠陥に関する保障の免責や除外[34]。
- 同法律の解約に関する一般的規定と合致しない解約条項[35]。基本的には，契約者が別の保険会社を見つけるために，少なくとも3日前に解約を通知しなければならない。
- 保険会社以外の人の不利益になる，保険会社による契約条項の一方的変更を認める規定[36]。

4.6 保険会社の請求取消し権に関する一般的制限

おそらく，保険契約法における最も重要な消費者保護の手段が54条である。本条文は，契約者の行為または不作為という理由によって，契約におけるある規定の不履行が存在する場合[37]，一般的には，ワランティ（warranty）[訳注i]の不履行がある場合，保険会社が保険金請求を拒否する権利に関して一般的制限を規定する。原則的には，損失を生じさせない行為と生じさせる行為とが区別される。本条は重要な消費者保護手段であるとともに，解釈の難しさも生じさせる[38]。

---

32. 43条(1)項。
33. 45条。
34. 46条および47条。
35. 63条。これらは7部に含まれている。
36. 53条。これは，とくに生命保険契約には適用されない。
37. または，第三者。
（訳注i）英米の契約法では契約当事者の合意内容をなす約束または陳述のうちで重要なものを「condition」といい，補助的なものを「warranty」といっているが，保険契約では申込者がある事実の真実なることまたはある事項を履行することを約束する規定のことをいう。

損失を生じさせない行為に関する限り，保険会社は保険金の支払いを拒絶できないが，しかし，保険会社の利益が損なわれた程度に応じて公正に保険金額は削減される。実際，保険会社は損害賠償に対して反訴する権利をもつ。そのような状況の一般的事例は，損害の通知および詳細に説明することに関するワランティの不履行や，自動車運転免許の保持など特定の資格を必要とする条項の不履行であろう。ある場合には，保険会社が現実の損失を示すことが出来ず，したがって，保険金は全く削減されないであろう。もっとも，別の状況では，保険会社が割増保険料を徴収してきたこと，かつ，または割増のエクセス(訳注ⅱ)を課してきたことを示せるかもしれない。その額は，保険会社が権利をもつ「損害」および保険金が削減される額を決定するであろう。ある場合には，保険会社が全く保障を行わなかった，すなわち契約を解約したかのようになる結果として，保険金がゼロに削減されるのが不利益ということになろう[39]。

契約者の行為または不作為が，合理的に見て損失を引き起こすか，その一因となる可能性がある場合，以下三つの要件のうち一つが該当しなければ，保険会社は保険金の支払いを拒否できる。

(ⅰ) 損失のすべての部分が「実際には」契約者の行為や不作為によって引き起こされていないことを契約者が証明すれば，保険会社は保険金の支払いを拒否できない。たとえば，個人傷害保険では，飲酒中に契約者がケガを負った場合には責任が免除される。また，契約者は酒を飲んでいたが運転中ではない，すなわち，いかなる責任も有していない自動車事故でケガを負ったならば，彼は保障を受けることができる。

(ⅱ) 損失の一部に関して(ⅰ)が適用されれば，契約者はその部分に関して保障を受けることができる。

---

38. *Ferrcom Pty Ltd v Commercial Union Assurance Co. of Australia Ltd* (1993) 7 ANZ Ins Cases 61-156 におけるオーストラリア高等裁判所の解釈を参照。英国が同様の規定の導入を意図するならば，教訓が得られるのは明らかである。

(訳注ⅱ) 被保険者の自己負担となる損害額。

39. 上記の *Ferrcom Pty Ltd v Commercial Union Assurance Co. of Australia Ltd* を参照。例えば，*Australian Associated Motor Insurers Ltd v Ellis* (1990) 54 SASR 61 も参照。

(ⅲ) 行為または不作為が人の安全性を守るため、あるいは財産を保全するために必要ならば、あるいは、契約に従うことが合理的に見て可能でない場合には、契約者は保障を受けることができる。

4.7 標準保障

消費者が競争的な保険市場において情報に基づいた選択を行うことを確かとするには、両極にある二つの方法が存在する。もちろん、英国の現在のアプローチは、不公正条項に対して消費者のために一般的保護を行い、あとは市場の力に任せるものである。欧州大陸の体制のなかで好まれてきたもう一つのアプローチは、標準保障と最低限の責任を規定し、その結果、消費者は価格、提供される割増保障およびその他特徴に基づき選択できるものである。これは、オーストラリアの法律改正委員会によって好まれたアプローチであり、以下のタイプの保険すなわち、自動車、住宅建築、家財、疾病および障害、消費者信用、旅行保険に関して保険契約法35条[40]において法定化されている。契約者が文書により明白に通知された場合に限り、あるいは、保険会社がより少ない額しか責任を負わない、または保険契約によって特定のリスクが保障されないことを契約者が理解していた、あるいはある状況で合理的な人間であれば理解することを期待できたであろうときには、同法律は保険会社に標準よりも少ない保障を提供することを認めている。

例えば、自動車保険契約は自動車または付属品の窃盗や偶発的損害を保障しなければならないが[41]、契約者が酒や薬物の影響下で自動車を運転しているとき、あるいは自動車が種々の自動車スポーツで使用されている場合には、減価、磨滅、錆びや腐食に関して責任が免除されるかもしれない。このモデルは、標準保障という消費者保護の側面を認めるが、しかし、同様に、標準的な免責の正当性を認めることで保険会社を保護している。

本制度は、強制的保障という点で保険会社に対する最低限の金銭上の責任も規定する。損害塡補契約である上記の保険に関しては、これは、一般的に

---

40. 1985年保険契約規制のレギュレーション5，9，13，17，21，25による補足。
41. もちろん、1988年道路交通法のもと英国では強制となっている、財物損傷に対する第三者の責任も保護しなければならない。

は「請求を行った人を補償するに十分な額」となる[42]。

　消費者保護の手段として実際にあまり効果がなかった，35条に関する問題がある。第一に，契約者が理解している，あるいは，合理的な人間なら理解しているであろうことの中身に関しては，大きな議論の余地がある。第二に，標準保障以下であることの文書による通知は，申し込まれた契約の写し，例えば，保険会社の関連する契約の写しを渡すことで十分であると思われる。同法律は，保険契約の包括性に関する全般的な支配関係を有していない。そこで，契約が法定上の最低限を下回る保障しか提供していないが，しかし，契約者が事前に写しを受け取っていた状況では，契約者は，コモン・ローの解釈の原則が規定するあらゆること，および最大信義の一般原則に従って保障を受けることになる。後者の原則が，単に通知の問題を取り扱うというよりも，保険契約のもとで提供される基本保障に影響を与える条項で利用できるかどうかはまだわからない。オーストラリアでは，以下で言及する実務規範（the Code of Practice）においてこれらの問題点が取り扱われており，標準保障を取扱う公式の法律規定を廃止することがいまや積極的に考慮されている。オーストラリア人が発見した問題の一つを処理したのと同様，英国でも1994年規制[43]が実際に「平易な英語」を求めているように，現況からみて，保障提供の問題は市場の力に委ねるようにとの忠告を受け入れるのがよいであろう。

4.8　規定されない契約における保護

　35条により保護されない契約に関しては，損失の発生前に，保険会社が契約者に契約書あるいは規定の写しを渡していなければ，または，保険会社が規定の効果を文書で契約者に明確に伝えていなければ，同様の保険保護を提供する保険契約に一般的には含まれない類いの規定に保険会社が依拠する

---

42. 加えて，建設保険に関しては，もし修理を行う必要があれば，緊急の宿泊施設，破壊および残骸の除去，関連する破壊や損失の原因を特定化し突き止める等のための合理的な費用をカバーするのに十分な額。地震の損失に関しても認められたエクセスがある。
43. 上記の脚注2を参照。

ことを37条は禁止する。「含まれるのが一般的」とは何かを決定する際の訴訟の困難や費用の可能性によって，契約者がすべての場合において契約の写しをもつことを，保険会社が確保する必要があるのは疑いない。これは，本質的にはおそらく悪いことではないであろう。すなわち，完全な契約が必ずしも容易に利用できない多くの例が存在する。

4.9　オーストラリアにおけるその他の改正

保険契約法は，その場しのぎの性質をもつようなその他いくつかの改正に影響を与えたが，しかし，それが契約者である個人消費者の利益になるように意図されたのは明らかである。契約者の家族や契約者である雇用主の従業員に対する請求権代位については一般的な制限がある[44]。これは，ともに十分に信頼に足るとは思えない，契約条項あるいは保険会社の不作為によってのみ利用可能であるような，保証された保護を提供する。契約者が，保険会社の請求権代位に影響を与える契約当事者であるという理由によって，保険会社の責任を免除したりあるいは制限する条項は，条項の効果について契約者に契約締結前の警告が行われていない場合無効となる[45]。

保険契約法が取り組む関連性のあるもう一つの問題は，エクセス条項と請求権代位との関係である。契約者が損失を十分に補償されるのを担保するに適切かつ十分であれば，保険会社が請求権代位を行使した場合でも，67条は本質的には契約者が保険会社から回収する権利を認めている。これは，ほとんど確実にコモン・ローの立場に反するものであり[46]，さらに，同様の規定が，請求権代位の回収がある場合の一部保険や比例塡補条項のケースを扱えるように義務づけられるべきであろう。

一般の比例塡補条項（average clauses）に関する限り，オーストラリアの法律は，契約者と保険会社の利益の均衡をかなり図っていると思える有益なモデルを提供している[47]。契約者が比例塡補条項の性質と効果について文書

---

44. 65条。
45. 68条。
46. *Napter v Hunter* [1993] AC 713 を参照。
47. 44条。

による契約締結前の通知を受け取っていなければ，比例填補条項に依拠できないことが第一に規定されており，これが満たされている場合でさえも，（主要な住宅かつ，またその家財を保障する）住宅総合保険での本条項の運営においては，契約者に有利なように査定額の誤差に20％のマージンを認めている。

5．オーストラリアの法律制定への反応

　1984年保険契約法および保険（エージェント／ブローカー）法の影響を評価しようとする試みのなかで，筆者は，同じ分野に興味をもつ法学者だけでなく消費者や業界利益を代表するオーストラリアの多くの人々と文書を取り交わした。これが科学的な調査でないのは明らかであるけれども，得られた解答はかなり多方面からの意見であり，結果はほぼ完全に納得のいくものである。

　消費者の観点からは，法律におけるより望ましい均衡がもたらされたと言われているが，主な前進としては以下のような点があげられている。

- 情報の質に影響を与える告知義務の強制的な通知とそれに対して払うべき注意事項。
- 継続的に通知書を発行すべきとの保険会社への要件。それは，失効契約に関する訴訟を実質的に減少させてきた。
- 代理人が実質的なあるいは外見上の権限の範囲外で行動する場合でさえ，代理人の行動に対する責任を保険会社に負わせることは，代理人のより注意深い選別と訓練に結びついてきた。

　おそらく，いくつかの点でより興味深いのは保険業界の反応であったが，それは，ABIに相当するオーストラリア保険協会のテクニカル・サービスの国内責任者，Robert Dormondからの有益な解答によって得られた。彼の一般的な見解は以下の通りである。

　　保険業界とオーストラリア法律改正委員会間の激しい諮問のゆえに，業界は最終的には法律を受け入れるべきと納得したと言わねばならないだろうし，そ

れ以降のわれわれの経験は，それが正しいことを確認してきた。ある面で，この法律は，責任ある保険会社が採用してきた多くの実務慣行を単に反映した，すなわち言葉として表現したものに過ぎず，さもなければ，すべての当事者にとって公正かつ合理的と一般に考えられるいくつかの一般的規則を規定したものである。しかしながら，このことは，裁判所によって規範的でない，あるいは主体的でない条項と位置づけられたいくつかの条項の解釈に関して，業界がいかなる問題も有していないとは言えない。

言及された特定の問題点は以下の通りである。業界は，前もって契約の写しを渡すことで例外を認めるように議会を説得したので，標準契約に関する規定上の保障を受け入れることができた。業界は，いくつかの問題点はあるが，ワランティの効果が弱まることを甘受しなければならなかった。告知義務に関する法律は，保険会社と契約者双方にとって最も困難な領域の一つと言われてきた。とくに，保険会社がいかに契約者に義務を説明すべきか，告知を行う際に契約者に期待されるのはどの程度の理解なのか，そして，保険会社は不告知の場合にどの程度反訴することが許されるべきなのか。この問題は，無知である共同契約者，すなわち，英語以外の言葉を話す習慣をもつ人々に関して，あるいは，保険を直接電話で販売するという流行によって複雑になっていると言われた。これらは理解のできる問題点であるが，しかし，もちろん，それらが存在しないことが法律改正の議論を台無しにすることもない。もっとも，それらが，法律改正に影響を与える最善の方法を評価する手助けとなるのは当然である。

業界のためになされたもう一つの点は，アマやパートタイムの仲介者をプロから公式に分離することによって，保険（エージェント／ブローカー）法に対して向けられた次のような歓迎の言葉である。「一般大衆は，両グループの違いへの理解を徐々に改善させており，いずれのケースでも不適切あるいは不注意による行為がある場合には保護が受けられるという事実によって安心することができる。」

オーストラリアにおける1984年の法律制定への反応は一般に積極的であったけれども，それは改善が行われる必要があるとの認識があったからである。消費者の側から表明された一つの見方は，これは少数派の見方である

けれども，以下で述べる苦情制度の設立以前には，法律は，消費者や業界にほとんど影響を与えていなかったという見方である。法律改正は消費者にいくらかプラスの利益をもたらしたが，基盤となる法律を変更するだけでは十分でないことが明白だと考える者もいた。適切な政府部門が，法律を管轄するための特別な権限を全くもたなかったのも一つの問題であった。結果として，保険契約法は，1994年保険第二号改正法により修正された[48]。これによって，（長い間保険会社の最終的な監督責任を有してきた）保険／スーパーアニュエーション監督官に1984年法における監督責任が付与された。この監督責任には，契約者のために代表訴訟を行う権限，および仲介者の教育マニュアルを含むその他の文書や契約の写しを請求する権限を付与することを含んでいる。

　オーストラリアの法律も，適切な代替的紛争解決手続きがない法制度のなかで運営されていた。そして，上述のように，法律が代表訴訟を認めるように修正されたとしても，個人消費者は個人的な訴訟請求を効率的に行える手段が必要である。さらに，保険の消費者を取扱う際の適正な実務に関する枠組みは法律において規定されるけれども，詳細はより柔軟な実務規範型の構造において最もうまく規定できる。これら両方の欠点が，最近採択された自主規制と表される実務慣行のなかで明らかにされたけれども，政府が陰で策動してきたことは疑いない。英国の方法と明らかに軌を一にする，これらの実務慣行は以下で説明される。

6．オーストラリアにおける自主規制

　自主規制の最初の発展は，1993年における損害保険[訳注iii]調査・苦情制度 (General Insurance Enquiries and Complaints Scheme)，いわゆる保険調査・苦情有限会社 (Insurance Enquiries and Complaints Ltd, 以下IEC) のオーストラリア保険協会による設立であった。これは一般的調査機関と代替的な紛

　48．その他細かな改正があったが，そのいくつかは簡単に既述されている。
　（訳注iii）損害保険 (general insurance) には，自動車，住宅建築，家財，疾病および障害，消費者信用，旅行保険等が含まれる。

争解決制度の両者であることを義務づけており，その独立性は，保険業界苦情協議会（Insurance Industry Complaints Council）を監督するという構造により保証されてきた。

　二番目の方法は，1994年12月において，IECと1984年法の両方を補足するように企画された，損害保険実務規範（General Insurance Code of Practice）の採択であった。同規範の導入は政府により指導されたものであり，規範に従うことが全保険会社に強制され，保険会社は取締役レベルでコンプライアンス委員会をもつように期待されている（もともと，それは制定法による規範を意図したが，政府はその三年後，調査に従い自主規制の主張を受け入れた）。同規範が強調するのは，告知，契約書の表現，販売資料の内容，苦情の取扱いと内部の紛争解決手続き，販売仲介者の訓練および行為に関することである。これらの点が，法律の枠組みを補完する。この実務規範は印象的な文書であり，英国における既存の実務規範や実務の指針よりも，範囲はずっとより包括的である。

7．オーストラリアからの教訓

　結論として，英国にも役立つように応用できるオーストラリアの経験から，どのような教訓を得ることができるのか。彼らが採った法律上の解決策を，われわれ自身の解決策と比較できるのは明らかである。英国における保険法の問題にオーストラリアの解決策を全面的に採用すべきだと提唱するつもりはないが，しかし，多くの良い面を「盗み取る」ことができるすべてのことを検証する価値はある。

　最も重要な教訓は，新しい法体系を適切に支持する構造の確立である。これには，適正な実務規範や苦情手続きのみならず政府の責任の明確化[49]を含んでいる。法律改正は，これらその他の制度と緊密な連携をとって進められなければならないことを学ぶべきである。既述のように，オーストラリアの実務規範は，英国の様々な指針や規範に比べてずっと印象的であるけれども，

49．1982年保険会社法のもとで保険会社の金融規制に責任をもつ部門に，責任は帰属すべきなのか。

われわれがこれらの制度を既に有しているという事実は大いに助けになる。適切な規範と手続きに従うことは強制的なものでなければならないし，それが保険業界に対して行うべき継続的監督の一つのあり方である。これはIOBの実質的な変革を意味し，IOBは賛意を示さないであろうが，消費者の大多数がIOBの保護を受けている一方で，少数の者が公正であると現実には認められていない現況をどう考えるべきかは難しい問題である[50]。

　最も重要なのは，懸案である法律分野の全面的な調査に引き続いての完全な改正が，すべての関係者の理に適った満足感へと繋がることを，オーストラリアの経験が示してくれたことである。おそらく，業界を従わせるのに役立ったのは，法律のすべてが調査されたという事実であった。われわれがかつて英国で行ってきたことは，主に，告知義務の周縁に集中する，保険契約法のわずかな側面に注目することのみであった。私は，個人的には，この問題だけは全体を通して適切に考えられていると思う。それは商法の他の分野とはかなり異なっている（異なっていても，その他の分野が存在することを受け入れているが）。

　保険業界は，強力なだけではなく非常に特殊な業界である。保険契約は，かつて間違って起草され整備された，しかも，現在でさえ，平易に表現されていても法的不安定性が高い，非常に風変わりな形態の契約である。しかし，全体として眺める必要があるのは，例えば，ある契約では法律上リスクに対する免責であることが，別の契約では（ある意味において先例であろうとなかろうと）ワランティあるいは契約条項たる条件（condition）の対象，すなわち，リスクの規範的条項であるというように，異なる法律の手法が同じ結果を達成できないからである。私の見解では，保険会社はどのようなリスクを保障するのかしないのか，どのような条件（conditions）（広い意味でこの言葉を使用している）を課し，またどのような人を保障するのかを法律に則って決定できる。必要なことは，すべてが明確に分かりやすく規定され，保険会社が純粋に技術的な理由から保険金支払いを逃れようと求めないこと

50．（法律あるいは自主規制上の方法だけでなく）IOBが「小事業者の」訴訟に権限をもつべきかに関しても問題があり，それは最近オンブズマン自身によって提起された問題である。

である。いまや，不公正と宣せられる危険性のある，その風変わりな法律を下手にいじ繰り回すことは，消費者の真の利益にならないというのが私の考えである。われわれの進むべき方向を示すためには，おそらくオーストラリアのモデルを利用できる。

第10章

保険契約における消費者保護

クリス・ウィレット&ノーマ・ハード

1．はじめに

　本章は，保険会社と消費者間の契約関係における不公正さに関するいくつかの側面について検討する。この種の議論は，近年起こった三つの進展により活発化してきた。第一は，保険契約法における告知義務，および，保険契約におけるワランティ（事実性の保証）を扱ういくつかの重要な決定が行われたことである。第二は，1994年消費者契約の不公正条項規制[1]により履行されることになる，消費者契約の不公正条項に関するEC指令[2]であった。当該規制は不公正さの規準を導入する。しかしながら，告知義務を含むいくつかの不公正さの問題の段階になると，この規準は適正でない。さらに，この規準は保険契約における多くの条項に適用されないであろう。また，当該規制は，すべての条項は単純明快な文言で起草されるべきとの要件を導入する。最後に，自主規制の分野における発展があった。申込書や保険契約の表現に関する原則を定める保険実務の指針が存在する。これらは，例えば，告知すべき事項と不告知の意味，および，忠実でないワランティを与えることの意味などを消費者に明らかにすること等々，契約締結段階での透明性の改善によって，不公正さを軽減するための前進となる。また，事後的に紛争を解決する保険オンブズマンも存在する。オンブズマンはこれまで，コモン・ローの肌目の荒さを軽減する公正性の原則を活用できた。この関連で重要なこととして，オンブズマンは，告知義務違反があった時に，保険会社がすべ

---

1. SI 94/3159.
2. 93/13/EEC.

ての責任を免除される権利を制限することができた。

2．コモン・ロー

2.1 リスクや価格の条項，手続きに関する条項や自由裁量を与える条項

　保険契約は，保障の範囲を定義し保険金支払いの手順を扱う多様な条項を含む。多くの消費者契約に関してそうであるように，約款は，一方の当事者，すなわち，この場合には保険会社により定められた標準的な条項の塊という形式をとるだろう。したがって，約款が消費者の利益以上に保険会社の利益を優先する傾向があるとしても，驚くべきことではない。

　例えば，保険会社は，引き受けるリスクの種類，また，リスクを引き受ける条件を大きく制限する条項を用いるかもしれない。約款は，多くの点でこれらの効果をもち得る。リスクは暗黙的に，また明示的に除外できる。リスクが引き受けられる代わりに，請求権に条件が付け加えられるかもしれない。例えば，ある特定の方法，また，ある期間内に消費者は保険金請求をしなければならないというような，ある種の手続きに関する条件が存在するかもしれない。もう一つの可能性は，保険会社が，特定の形の保険金請求を実行するかを決める裁量権を保険会社自身に与えることである。これに関しては，保険金請求の性質に保険会社が第三者に支払いを求めることを含む場合が，よく引き合いに出される。第三者は個人，また，保険会社であるかもしれない。ある特定の形の保険金請求に関して，保険会社の保険契約者に対する唯一の義務は，この第三者からの回収を達成できれば支払うことであろう。問題の条項は，第三者への請求が価値あるかどうかに関して，保険会社のみが決定を下すと記しているかもしれない。

　これらの条項を支配するために利用される，公正さまたは信義のいかなる一般的規則も現代のコモン・ローは認めていない[3]。価格やリスクを定義する条項の場合，そのような支配が全く存在すべきでないことは適切であると

---

3. C. Willett, *The Development of Fairness in Consumer Contracts* (Dartmouth, forthcoming 1999) を参照。

の議論があろう。保険契約の本質は，保険を提供する予定のリスク群団に基づき，保険会社が価格を設定することである。この価格とリスク群団は他の保険会社が提供するものとの比較によって消費者の評価が可能であり，そして，消費者の選択によって何が利用可能となるかを規定すべきである。このシナリオでは，公正さを検証する必要性がないとの議論があろう。しかしながら，様々な保険会社によって引き受けられたリスク群団が容易に相互比較できる場合に初めて，このシナリオは可能となる。約款は適正な大きさの印刷物であり，かつ平易な文言であるべきことを，これは求めている。また，保障するリスクを規定する条項が一緒に分類されるように，保険契約が体系化されることも必要である。これにより，異なる保険会社が提供する保険群団間で明確な比較を行うことが可能となる。もしリスクを定義する条項が，手続き上の問題を扱う条項のなかに「点在」する，すなわち，おそらく平板に組み込まれていれば，この比較は不可能となる。消費者がリスクを定義する重要な条項を容易に識別し，他の保険会社により提供されるものと比較できるように，契約は合理的に体系化されなければならない。

　印刷物の大きさ，平易な文言，および合理的な体系に関するコモン・ローによる明示的な要件は存在しない。もちろん，これらいくつかの問題を達成するのに，間接的に有効であろう原則は存在する。曖昧な条項を消費者の利益になるように解釈するとの解釈の原則は，平易な文言を推奨することになるかもしれない。しかしながら，この解釈の原則は，用いられる印刷物の大きさには影響を与えないだろう。約款が，読むのが困難なほど小さな印刷物であるが，しかし，全く曖昧ではないこともあり得る。さらに，約款が全く非合理的かつ不透明な方法で体系化され，なおも，技術的に曖昧なままであることも起こり得る。

　契約に組み込むためには，煩わしい，または通常でない条項は強調されねばならない[4]との原則も一定の効果を有するであろう。ある条項が強調されなければならないならば，確かに，それは適正な大きさの印刷物で，かつ平易な文言でなければならない。しかしながら，一つまたはわずかの条項にだ

---

4. *Interfoto Picture Library v Stiletto* [1989] QB 433 (CA).

け焦点が当てられ，そのなかのいくつかの条項は，リスクに関する条項やその他手続きに関する条項であるかもしれない。煩わしい条項に焦点を当てることによって，リスクを定義する条項が一緒に分類されるような合理的に体系化された契約であることが保証されるものではない。

したがって，コモン・ローは，公正さの一般的規準がそのような条項には適用されない，あるいは，市場規律を促進する形での透明性を保証しないという点で欠陥を有してきた。

保険会社に裁量権を与える条項に関して同様，手続きに関する条項の問題も様々である。リスクと価格に関する条項は，保険を購入するかを決定する拠り所となるコアの条項である。透明性の高まりにより，もしより合理的な決定を行うことができれば，(そのような条項が市場の力により規律づけられることを前提として) その決定を他の点においても公正にすべきことを考慮しないでよい。しかしながら，手続きに関する条項や保険会社に裁量権を与える条項は，保険を購入する消費者の決定の根拠になることは，たとえあるとしても，めったにないだろう。たとえそれらに透明性があっても，リスクの問題に対して二義的であり，その結果市場規律に従うようには思えない。したがって，それらは，公正さの一般的規準に常に従うべきである。ある法外な短期間の内に保険金請求を行わなかったという理由で，または，保険会社が請求を求めないという裁量権に依拠するという理由で，結果として，消費者が保障されるリスクの対価を支払ったのに，保険金請求をできないのは受け入れ難いことのように思われる。もちろん，もしその条項が煩わしい，または不合理であるならば，それは強調されるべきである[5]。しかしながら，これでは不十分である。つまり，規定することのできる手続きに関する条項の種類，および，保険会社が自分自身に裁量権を認めることができる程度に対して実質的な支配が存在すべきである。コモン・ローはそのような支配を規定していないが，しかし，以下で見るように，不公正条項規制はそれを規定する。

---

5. 同上。

2.2 ワランティ (Warranty)

　消費者にとって特に問題のある条項は「ワランティ」である。これは，いくつかの問題に関して消費者によってなされる約束である。たとえば，自分の車を道路での使用に適した状態にしておくことやわが家を安全にしておくことを，消費者が保証することである。当事者に事実であることを保証する意志があったと見なされれば，ワランティが生じる。消費者が何かを「事実と保証する」ことを当該条項が明示的に表明していることから，このような意志が推論される。もう一つの可能性は，「契約の根幹」であることを表す申込書に基づき，申込書の解答および約束がなされていることである。ワランティは，いくつかの関係ある理由のために消費者には不公正であろう。第一に，ワランティは，保障されるリスクにとって重要でない問題に関して生起し得る。第二に，ワランティは非常に幅広く，したがって，簡単に破られる。第三に，消費者にワランティの不履行があった場合，契約は自動的に消滅し[6]，保険会社は契約上の責任を免除される。たとえ消費者が保障されている類の損害を被り，その損害の原因となる出来事がワランティの不履行に関連しないとしても，これは適用される。消費者が車を盗まれたかもしれないのに補償されないのは，車を道路で使用に適した状態にしておくとのワランティを履行しなかったからである。この不履行により保険会社は責任を免除されるが，とにかく，車の盗難とは因果関係がない。ワランティに関する最後の，しかし，非常に重大な問題は，消費者がこれらの深刻な結果に気づいていないかもしれないことである。

　そこで，ワランティに関連して，どんな支配が行使されるのであろうか。もちろん，一つの可能性は，不履行の問題に関する法律を単に改正すること

---

6. *The Good Luck* [1992] 2 AC 223 を参照。この判例以前では，不履行の効果は，保険会社に契約を終了させる「選択肢 (option)」を与えることと考えられてきた。しかしながら，消滅は自動的であり，その結果，保険会社が積極的な行動をとる必要がないように思われる。しかしながら，一つの概念上の問題は，保険会社は契約を終了させる権利を放棄する権利が常にあると考えられていたことである。おそらく現在，保険会社は，消滅契約を復活させるという選択ができるであろう。しかしながら，これを「権利放棄」と呼ぶのは奇妙に思われる。

である。その考え方は，保険金請求を生じさせる出来事が何らかの形でワランティの不履行と因果関係があるときに初めて，請求権が消失すべきということだろう。もう一つの可能性は，煩わしい条項は強調すべきとの原則を発展させることであり，その結果として，ワランティは重要なだけでなく特別であるべきこと，および，その効果が説明されるべきことを求められる。もし上記の可能性が現実とならないならば，ワランティは契約に組み込まれなかったものとして扱われよう。コモン・ローはまだいずれの方法もとっていないが，異なるメカニズムによってではあるけれども，保険実務の指針や不公正条項規制がこれらの領域で進歩してきた。

しかしながら，コモン・ローは，起草者の不利になるような解釈（*contra proferentem* construction）によって，「ワランティの継続」問題に関しては，これまでいくつかの進歩を遂げることができた。「ワランティの継続」とは，文理解釈すれば，契約更新の度に契約の根幹となる基本的条項であり続けることを示唆する。換言すると，当該条項は明示的に更新される必要はない。つまり，保険契約が更新される際に（長期に及ぶものであっても，典型的には1年ごとに），条項は自動的に更新される。Birds が語っていたように，「保険契約者が，元の申込書で自分が事実であることを保証したと正確に記憶しているようには思えない」[7]。ある些細な点で履行されず，かつ請求権と関係のない約束が行われたために，時間が経過すれば保険会社によって請求権が無効にされ得ることを，以上のことは意味する。

ある条項がワランティの継続を生じさせるかどうかに関しては，曖昧であることが多い。もし裁判所が不公正さを制限する必要性を認識していれば，裁判所は消費者の利益を優先する解釈を主張できる。たとえば，*Kennedy and another v Smith and Ansvar Insurance Co.*[8] において，契約者は「自分は全くの禁酒家である」と供述したが，当時その言葉は事実であった。しかしながら，彼はクリケットの試合に行き，食事をせずに1パイントのビールを飲んだ。それから，友人達を車で家へ送った。車は事故に巻き込まれ，2人の同乗者は死亡した。当該契約者は，自分が支払った不法行為の損害に

---

7. J. Birds, *Modern Insurance Law* (London: Sweet & Maxwell, 1993) の p. 405.
8. 1976 SLT 110.

関して保険会社に補償の請求をした。保険会社は，ワランティの継続が破られていたと主張した。この主張はスコットランド最高民事裁判所の第一審部では支持されたが，上訴部では棄却された。裁判官は次のように述べた。

> もし……保険会社により準備され，契約者に受け入れられた将来に関して，申し立てられた約束により，保険会社が契約上の責任の制限を求めるならば，保険会社が使用する文言は，申し立てられた約束の条項とその範囲が，明確かつ曖昧なところがないように表現され，また，平易に述べられていなければならず，……そのように申し立てられた約束も，疑いをもって起草者の不利になるように（in dubio, contra proferentem）解釈される[9]。

2.3 原　則

不公正さは，保険会社が用いる条項の結果として単に生じるのではない。消費者の利益に反して運用される可能性がある，保険契約法上の原則というものが存在する。

保険契約は，コモン・ローによって最高信義の契約と見なされている。このことによる必然の結果は，保険を求める当事者に，保険契約の締結前に，保険会社に対して自発的に重要な事実を告知する義務が存在することである[10]。以下のことが Rozanes v Bowen[11] で判示され，長い間に確立した。

> 海上保険，火災保険，生命保険，保証保険などすべての保険種目，および，保険引受者は何も知らず，保険引受者に保障するよう求めてやって来る人がすべてを知っているようなすべての種類の契約に関して，すべての重要な状況を尋ねられなくとも，保険引受者にすべてを告知するのが……契約者の義務である。

不告知の事実がリスクの引受に関して重要であり，保険会社に保険契約を締結させる誘因になったとすれば，告知義務の不履行は，何も知らない当事者が契約を免除されることを認める。

---

9. 同上，pp. 116-7.
10. *Carter v Boebm* (1766) 3 Burr. 1905.
11. (1928) 32 Lloyds Rep 98.

Pan Atlantic Insurance Co. Ltd v Pine Top Insurance Co. Ltd[12] において，貴族院は「重要性（materiality）」の定義に関して最終的な決定を求められたが，この点に関しては引き続き近年かなり不確実性を有するままであった。この不確実性に関して最近の背景を構成するものとしては，*Container Transport International Inc. v Oceans Mutual Underwriting Associations (Bermuda) Ltd* の控訴院判決[13] と，*Pan Atlantic* 自身の控訴院判決がある。*Container Transport International Inc. (CTI)* の判例のなかで控訴院は，その告知によって，リスクを引き受けるかに関し，また保険料を設定する水準に関し，慎重な保険会社であれば「異なる決定」を下す結果になるほどには，事実または状況は必ずしも重要ではなかったと判示した。告知されなかった事実または状況が，慎重な保険会社にとって重要であったと考えられることのみが必要であると，控訴審は判示しているようにも思われた。そのようなことが告知されないのは重要であろう。しかしながら，これは重要性の基準を非常に低くしているように思われる。Bennett が述べるように，「もし慎重な保険会社がその状況をすぐに関連性がないと軽視しなければ」，いかなる事実または状況も重要と判断されるように思える[14]。

しかしながら，*Pan Atlantic* で控訴院は，*CTI* の判例で控訴院が示したのは，積極的な意味で重要性の意味について判示しておらず，「異なる決定」という規準を却下することだけであったとの見解を採用した。そのために，*Pan Atlantic* において控訴院は，慎重な引受者がそれを，リスクを増加させるまたは変化させるとみなすか，またはそうなる「傾向がおそらくある」とみなすならば，その事実または状況は重要であるとの見解を採るようになった。これは，明らかに，*CTI* の判例で控訴院が必要と考えたように思われる以上に重要性の基準が高くなっている。

Pan Atlantic で貴族院の多数は，*CTI* の判例で支持された重要性に関する低い基準を支持して，このアプローチを受け入れなかった。しかしながら，

---

12. [1994] 3 All ER 581.
13. [1994] Lloyds Rep. 476.
14. C. Bennett, 'Utmost Good Faith, Materiality and Inducement' (1996) 112 LQR 405 at 406.

この拒絶によって，消費者が，人々が当初前提としたのと同様に弱い立場に置かれたままというわけなのではない。*Pan Atlantic* で貴族院は，不法表示に関する一般的法律におけるのと同様，当該保険会社には，不告知の事実が実際には契約を締結する誘因となったに違いないとも述べた。特定の保険会社の主観的な誘因を証明する必要性はないと，以前には考えられてきた[15]。誘因の要件が含まれるという事実は，現在必要と思われている重要性に関する比較的低い基準との均衡を図るための進歩と考えられよう。

　Mustil 裁判官は，重要性が証明されるならば誘因の推定（presumption of inducement）が可能であろうとの考えを示した[16]。誘因の推定は原則を推進する相当強力な方法であり，「事実上の公正な推論（fair inference of fact）」という意味でさらに正確に表現されているように思える。これは，重要性と誘因の間の関係を表現するために，*Smith v Chadwick*[17] で用いられた言い回しであった。*Smith* の判例（そして，*Pan Atlantic* で Lloyds 裁判官により承認された）[18] において，重要な情報を告知しないことは，保険会社の誘因となった「事実上の公正な推論」につながり，実際の誘因の推定について語ることは「異端」であると述べられた。重要性に関する低い基準に従うことが求められるときには，素直な推定は，保険会社に不公正と思われるほどに有利になる決定的影響を与えるように思える。

　「事実上の推論」というアプローチは，当事者双方の利益間での公正な均衡を図っているように思われる。それは，*Halsbury's Laws of England*[19] でも採用されたアプローチであり，*St Pauls Fire and Marine Insurance Co. (UK) Ltd v McConnell Powell Constructor Ltd* で控訴院の Evans 裁判官が支持し，次のように引用している。

---

15. 実際には，誘因の要件は当然のこととして悪法である（J. Birdsa and N. Hird, 'Misrepresentation and Non-disclosure in Insurance Law', 59 (1996) MLR 285 を参照）。
16. p. 549 において。
17. (1884) 9 App. Cas. 187 at 196.
18. p. 570 において。
19. 14 版，31 巻の 1067 節。

法律においては，誘因は重要性を証明することによって推論できないけれども，被代理人にとって実際に誘因となったとの事実上の推論を正当化できるほど，重要性が非常に明白であるような場合が存在し得る。しかし，そのような例外的な場合でも，推論は明らかにただ一つであり，反対の証拠により反論できる[20]。

Bennett が述べるように，このアプローチでは，「法律上の推定は全く存在せず，単に，事実上の推論の可能性やそのような推論の説得力が，重要性に関する証拠の質や重みを反映して変化するだけである」[21]。そのため，重要性の程度が低くなればなるほど，誘因の推論もますます弱いものとなり，保険会社が事実に基づく誘因を証明するのもますます難しくなる。

これらの問題への正当なアプローチにもかかわらず，消費者にとっては更なる問題が存在する。第一に，消費者が関連性のある事実であることに気づいていないならば，告知義務の不履行とすることはできないが（*Economides v Commercial Union Ins. Co. Ltd*）[22]，消費者はそれが重要な事実であることに気づく必要はない。消費者には，どの事実が重要と見なされるか分かるはずがないではないか。第二に，既述の通り，もし消費者が重要な事実を告知しないならば，保険会社は契約を取り消すこともできる。このことが，一定の保険料で保険契約を結ぶ（また，すべて保障する）という保険会社の決定が，重要な事実に気づかなかったことにより悪い影響を受けたとの考えに基づいているのは明白である。しかし，既に述べたように，消費者は告知すべきことを分かるように無理強いされている。実際，保険会社はどういう類のことを知りたいかを消費者に示すのに有利な立場にあることが多い。もし保険会社が消費者にこれを示さなければ，保険会社が責任を免れるのは不公正であると思える。ある事故で，不告知の事実が保険金請求を生じさせた状況と関連性がなかった場合には，この不公正さはずっとより大きなものとなる。このことは，契約を締結する段階における消費者の知識の状態へとわれわれを立ち戻らせる。消費者は何が重要な事実であるかに関して「おそらく」無

20．[1995] 2 Lloyds Rep. 116 の p. 127.
21．脚注 14 の Bennett 前掲書の p. 410.
22．[1997] 3 All ER 639.

知であるだけでなく，そのような事実を告知しない結果の深刻さに関しても「おそらく全く」無知であろう。

　これらの点を考慮すると，実行可能性のある一つの改正は，消費者が告知することを合理的に期待されなかった事実を告知しないことに関しては，保険会社が無効として拒絶しないことである。そして，また保険会社が重要であろうと考えること，および告知しないことの結果に関して，保険会社は消費者に説明する必要もある。もう一つの可能性は，割合塡補原則（proportionality rule）を導入することである。割合塡補原則のもとでは，悪意なしに重要な事実を告知しなかったならば，保険会社が保険金支払いを拒否することを認めるよりもむしろ，法律によって，事実が知られていたならば増加したであろう保険料額に応じて支払い可能額が減額されることになる[23]。次節でわかるように，前者のアプローチが保険実務の指針により，後者がオンブズマンにより採用されてきた。

3．公正性に対する法律上のアプローチ

　契約上の不公正さに関する問題に適用される，二つの主な規制がある。1977年不公正契約条項法（UCTA）と1994年消費者契約の不公正条項規制[訳注i]である。UCTAは保険契約には適用されないので，不公正条項規制の方が残る。これらの規制は，「条項が個々に交渉されない場合に，（財やサービスの）販売者または供給者と消費者間で締結された契約におけるいかなる条項」（不公正条項規制2と不公正条項規制3を参照）にも適用される。保険は明らかにサービスという定義のなかに含まれており，不公正条項規制が適用される。しかしながら，また明らかなことは，不公正条項規制が「条項」に適用されるということである。それらは，不公正に運用されるか，ま

---

23. 割合塡補原則はフランス（保険法典（Code d'assurance）の113-8条および113-9条），デンマーク（1930年保険契約法の16条(2)項），フィンランド（1994年保険法の24条および25条）やオンタリオ（RSO, 1980 C. 218, s. 265）で用いられている。また，M. Clarke, *Policies and Perceptions of Insurance* (Clarendon Press, 1997) のp.103における議論も参照。

（訳注i）第4章にならい，以下，不公正条項規制と訳出する。

たは本質的に不公正であるような法規範には適用されない。告知義務により惹起した不公正さの問題を軽減するために，不公正条項規制が全く何もできないことを，これは意味する。

　保険契約の条項に関連して，不公正条項規制は何ができるのか。第一に，不公正条項規制6のもとでは，すべての条項は「平易かつ明解な文言でなければならず，かつ，いかなる曖昧さも消費者に有利なように解釈される」。第二に，「信義の要件に反して，（それが）消費者の損害に対する当事者の権利および義務に重大な不均衡を生じさせるとすれば」，条項は不公正であると判断されるという不公正さの規準が存在する（不公正条項規制4(1)）。もし条項がこの不公正さの規準を満たさないならば，当該条項は消費者を拘束しない（不公正条項規制5）。この不公正さの規準は，契約が主に対象とすべき問題を構成する条項には適用されない（不公正条項規制3(2)）。（不公正条項規制の履行を求める）不公正条項に関するEC指令の序文のなかで，「主に対象とすべき問題」の条項とは，「引き受けられたリスクおよび保険会社の責任を，明確に定義または制限する」条項と記されている（Recital 19）。

　引き受けられたリスク，および保険会社の責任を定義する条項とは何か。それは，リスクに関して対象とすることと対象としないことを規定する条項であると思われる。これは，保険会社が，明白な表現で何を保障するかを表明することを含む。しかしながら，保険会社が保険を提供する用意があるというこれらの約束に従うかは消費者次第であるので，それはおそらく消費者によってなされるワランティも含むであろう。もちろん，保障されるリスクを明白に定義するワランティおよび条項の両方に関して忘れてはならないことがある。不公正さの規準からそれらを除外する主たる正当化の理由は，それらは市場の力により規律づけられるとの期待を有していることである。先に議論したように，条項が平易な文言で書かれる（すべての条項がそうでなければならない）だけでなく，適度な大きさで印刷され，かつリスクを定義する条項として明白に一緒に分類されて初めて，このことは成り立ち得る[24]。

---

24. このアプローチは，公正取引庁により支持されているように思われる。公正取引庁は，不公平条項規制のレギュレーション8の下で，不公平条項に関する訴訟の調査を行い，その継続的な利用を防止する禁止命令を求める権限を有している。

議論の余地があるけれども，確かに，ワランティがリスクを定義する条項と見なされ，さらに，リスクを定義する他の条項と物理的に同じ条に配置されるならば，当該リスクとそれ自身との関係について実際十分に言及したことになる。保険会社によるその他様々なリスクの引き受けは，例えば，消費者が事実を保証する約束を遵守しなければ，保険会社はすべての責任を免れることなど，消費者が自分の交わした約束に従うかどうか次第であることをワランティに関する条項は説明すべきである。主に対象とすべき問題の議論に対するこの種のアプローチは，序文のなかで，主に対象とすべき問題の条項とは「明確に」リスクおよび責任を規定する条項であると，効果的に表現されているというその考え方に合致していると思われる。この種のアプローチを用いるときには，主に対象とすべき問題の条項として適格性を付与し，その結果として不公正さの規準を全面的に回避するために，高い水準の透明性が達成されなければならない。ワランティが生じる条項の場合には，その効果の説明が含められるべきである。

　もし条項が主に対象とすべき問題の条項として適格性が付与されないならば，その条項は不公正さの規準に従うことになる。対象となる条項には，考えられる二つの範疇が存在するように思われる。第一に，リスクを定義する条項であることを十分に明示していないような，リスク定義に関する条項がある。第二に，対象とすべき問題によって，決して主に対象とすべき条項にはなり得ない条項が存在する。第二の範疇としては，保険金請求の過程を取り扱う条項，例えば，保険金請求に関する時間制限を規定する条項や，保険

公正取引庁は，本問題に対する彼らのアプローチを表明する会報を出版している。主に対象とすべき問題である条項に関する疑問点について，公正取引庁は次のように述べてきた。「われわれの見方では，もし消費者が取引をどのように理解するかが中心的問題でないならば，いかなる条項も，コアの条項であると主張するのが難しいであろう。契約の主に対象とすべき問題は，消費者が署名前に見たり読んだりする実質的機会を全く与えられなかった条項によって定義される，換言すると，その条項が消費者の注意を適切に引かないような当該条項によって定義されるとの議論を供給者は主張するのが難しいと明確にわかるであろう。コアの条項と主張されているが，しかし，他よりも目立つわけではなく，むしろ実際には，恥ずかしいくらいに小さな印刷物に押し込まれている条項を，我々はよく目にする」(Issue No. 2, September 1996, p. 13)。

会社による第三者からの回収に依拠するような保険金請求を実行しないとの裁量権を保険会社に与える条項などがあげられよう。そのような条項に不公正さの規準を適用可能かに関して詳細な分析を行う余地はここではない[25]。しかしながら,不公正さの規準は,条項が消費者の損害に重大な不均衡を生じさせ,信義に反するかどうかに依存することを思い起こすべきである。これらの概念すべてが,条項の本質と契約の全体的な均衡に対するその効果にまで及ぶ。例えば,手続きに関する条件は,消費者が従うのが非常に難しいかどうか考慮すべきである。また,実際に,不公正さの規準があるワランティにたまたま適用されることになっても,そのワランティが従うのが困難なほど極端に曖昧で幅広いものかどうか考慮すべきである。また,全体の均衡がどうなのかを理解するために,他の条項との関連で当該条項を見るべきである。

しかしながら,不公正さの規準にはもう一つの側面もある。当該条項の本質に関してと同様に,信義はまた,契約締結を取り巻く取引環境にも及ぶ。実質的に不公正と思える条項が,ある状況の下では,信義のなかに組み入れられ,それ故に公正であると見なされるかもしれない。例えば,消費者が自分自身のことを配慮できるほど十分に強力な取引上の地位に立っているか[26],または,おそらく,契約締結時に消費者にとって条項を非常に透明性のあるものとすれば,このことが成り立ち得るだろう。

4. 自主規制

関連を有する二つの形態の自主規制が存在する。第一に,保険実務の指針により効力をもつ事前的規制がある。この規制は,申込書や契約締結段階で保険会社の行為に影響を与えることを意図しているという意味で事前的であ

---

25. 脚注3のWillett前掲書とC. Willett編, *Aspect of Fairness in Contract* (Blackstone, 1996) 所収のR. Brownsword, G. Howells and T. Wilhelmsson, 'Between Market and Welfare: Some Reflections on Article 3 of the Directive on Unfair Terms in Consumer Contracts' を参照。
26. 不公正条項規制の付属規定2を参照。

る。具体的には，提示された条項に関連した適正な実務慣行や，その重要性を保険契約者に説明する方法を定める。二番目の形態の自主規制は，事後的に機能を発揮するものである。オンブズマン制度は，消費者のための代替的な補償制度を提供するが，後で見るように，オンブズマンは，コモン・ロー以上に消費者に有利な原則も導入してきた。

4.1 実務の指針

実務の指針は，最初1977年に英国保険会社協会によって導入された。英国の保険会社は，事実上，UCTAの支配を免れている対価として，いくつかの形態の規制を効果的に導入することを強いられてきた[27]。1986年に指針は改正された。実務の指針の主たる影響は，ワランティと告知義務に関するものである。

4.1.1 ワランティ（Warranty）

リスクにとって重要でない問題に関して，コモン・ローは広範なワランティが生じることを認めており，また，ワランティの不履行が存在するならば，たとえその不履行が保険金請求を生じさせた事故に関係ないとしても，保険会社はすべての責任を免れるということも思い出されるであろう。これらは，消費者が当然に気づいていない結果である。不公正条項規制は，いくつかの点で助けになるかもしれない。ワランティは平易な文言で表現されなければならない。不公正さの規準を回避するためには，ワランティに関する条項は目立つ場所に配置されてその効果を説明すべきであろう。ワランティが不公正さの規準に従うとしても，ワランティが広範なものであれば機能しないであろう。しかしながら，不公正さの規準が正確に求めていることはいまだ明らかではなく，しかも，それが関連性のある問題の条項というだけでなく，他の条項と均衡がとれているかどうか，および取引環境がどれほど公正であったかという事実によっても，不公正さの規準はさらに一層不明確なものとなる。

---

27. 'Do Insurers Know Best?' (1992) AALR 123におけるI. CadoganとK. Lewisの議論を参照。

実務の指針は，ワランティの問題に対してより明確かつより直接的なアプローチを提供する。1条(b)項（生命保険に関する指針，1条(b)項）では，保険会社は，リスクにとって重要な問題に関して特別なワランティを求めるべきであると述べている。2条(b)項(ii)は，ワランティの不履行に関して，保険会社に利用可能な補償に対して現実に効果を有する実質的な支配にまで及ぶ。「詐欺に関係しないならば，損害発生の状況が不履行に無関係な場合」，保険会社は支払いを拒否できないであろう。

4.1.2 告知義務

告知されないことの重要性が非常に重要であると上記で指摘した。重要性の程度が大きくなればなるほど，告知されないことが契約の誘因となったことを保険会社が証明するのは容易となろう。もしそうすることができれば，保険会社は責任を免れる。しかしながら，消費者は告知すべきことに関して，無知なのが当然であることを指摘した。実務の指針は，この問題に直接取り組んでいる。1986年に改正された損害保険に関する実務の指針2条(b)項では，次のように述べている。「(1)保険契約者が合理的に告知することを期待できないような重要な事実を告知していないとの理由で，保険会社は保険契約者を補償する責任を拒絶しない。」

非常によく似た（さらに不体裁に起草されているけれども）規定が，生命保険にも適用される（生命保険に関する指針，3条(a)項）。

（指針に従うならば）告知義務にはその効果はほとんどないことになる。Birdsが述べてきたように，「もし告知義務が，合理的人間が告知すべきと考えるであろうことに限定されるならば，……稀な場合を除いて，合理的人間が……明示的な質問に答える以上を（望めない）ことを……このことは確かに（意味する）」[28]。指針に従う場合には，せいぜい怠慢や詐欺により告知しないことを防止する義務が存在するだけである。

しかしながら，もし保険契約者である消費者がなおも，この基準に抵触することがたまたま生じるならば，保険会社は契約を取消すことができるだろ

---

28. 脚注7のBirds前掲書のp. 107.

う。重要と見なされること，および重要なことを告知しないことの意味を保険契約者に明らかにすることを保険会社に求めるような原則を用いることによって，損害保険に関する実務の指針はこの問題を処理している。損害保険の指針の1条(c)項は次のように述べている。

> たとえ告知書に含まれないとしても，以下の文言が申込書に目立つように表示されるべきである。
> (1) 保険会社が申込みの引き受けと評価に影響を与えそうだと見なすであろう事実として説明できる，すべての重要な事実を告知しないことの結果に対して，申込者の注意を引くこと。
> (2) 申込者が重要な事実と考えられるかについて疑問をもつならば，申込者はそれを告知すべきであると警告すること（同等の規定に関しては，生命保険に関する指針，1条(a)項を参照）。保険会社が一般に重要と考えるこれらの問題は，申込書における質問事項の対象となる（生命保険に関する指針，1条(c)項を参照）。

注意深く考えるべき問題，すなわち，消費者のために透明性を高めて重要な事実が告知されない機会を減らそうとする試みに，消費者の考えを向けさせるのが，ここでの考え方である。

さらに，1条(e)項は，「実務的であろうとする限り，申込者が有していたり得たりできると合理的に期待されること以上の，また，申込者側に価値判断を求めること以上の専門知識を必要とする質問を，保険会社は行わない」と記している（生命保険の指針，1条(d)項を参照）。

4.2 保険オンブズマン

保険オンブズマンは，1981年に設立された，初めての民間オンブズマン制度であった。明言されたその目的は，「独立的，不偏的，費用効果的，効率的，非公式的かつ公正な方法で，会員企業と消費者間の紛争を解決すること」である[29]。制度設立の主導権は，法改正を回避しようとした保険業界が

---

29. 1995年の年次報告。保険オンブズマン制度の運営に関する優れた調査に関しては，R. James, *Private Ombudsman and Public Law* (Dartmouth, 1997) の2章を参照。

握った。

　オンブズマンは，当該契約が制度の会員企業に関するものであれば，保険契約あるいは申込みのあった保険契約と関係のある，あるいはそれらから生じるいかなる苦情も調査する権限を有する[30]。多くの民間オンブズマン制度と共通するように，保険オンブズマンは，不正行為だけを調べるだけでなく，紛争や苦情の事柄本来の理非に基づいて裁定を下すことができる。しかしながら，オンブズマンは，いかなる契約の引き受けにも関与できない。多くの制度と同様に，消費者はオンブズマンに苦情を申し出る前に，まず最初に保険会社の苦情処理手続きを経なければならなかった。

　意思決定に際して，オンブズマンは，当事者間の契約条項や関連性のある法規則を尊重し，適正な保険実務慣行に関する一般原則に従い行動しなければならない。後者が，おそらく，上述の生命保険会社協会による保険実務の指針だけを意味するのか，それともそれ以上のものを意味するのかは明確でないであろう。しかし，とにかく，この指針が消費者の利益になるのであれば，オンブズマンは厳しい法規則に対して指針の方に優位性を与えなければならない[31]。

　オンブズマンの最終的な役割は，あらゆる状況において，公正かつ合理的なものは何かを評価することである。オンブズマンがこの行動原理をいかに解釈しているかは，最も厄介だと指摘してきた法律の特定分野に対する彼のアプローチを検証することで最もよく理解できる。

　オンブズマンが大きく踏み込んできた一つの分野が，不告知である。悪意のない不告知に対するより公正なアプローチは，割合塡補原則を支持して完全な取消しという補償を容認しないことであると先に主張した。オンブズマンは，1989年のオンブズマン報告書で，不告知の場合に適用される「割合塡補」原則について議論しており，以下はその抜粋である。

　　公正であるとして採用された基本的な解決法は，実際の保険料額と適切な保険料額に相対的な均衡が図れるように考慮しながら，保険金が支払われるべき

---

30. 最新の年次報告によれば，保険会社の約90％が会員企業である。
31. 権限規定C(1)(c)。

というものである。例えば、家屋の事業利用（別荘）について告知された場合には、その保険料は25％（つまり、100ポンドから125ポンドに）増加したとする。割合填補原則による解決法は、保険会社は保険金請求の80％に責任を持つべきというものである（なぜならば、100ポンドは125ポンドの80％だからである）。（たとえば、保険契約者の保険金請求記録と照らして）保険料の増加率が簡単に確かめることができる自動車保険の場合も、同様の結果に至る（保険オンブズマン局、1989年、2.127節）。

5. 将来の方向性

われわれは、保険契約における不公正さの問題をいくつか考察してきた。不公正条項に関する限り、コモン・ローは解釈の原則、および、煩わしいまたは通常でない条項は強調されるべきとの要件を越えることはできなかった。告知義務に対するコモン・ローのアプローチもまた、消費者に不公正である可能性をもっている。不公正条項規制は、不公正な条項から消費者を保護するという点で進歩してきたが、告知義務により引き起こされる問題に関しては全く役に立たない。

多くの点で、自主規制は消費者保護に関して最も進んだモデルを提供してきた。ワランティや告知義務により引き起こされる問題は、詳細かつ特別な方法で処理される。もちろん、問題は、保険実務の指針とオンブズマン制度の両方が任意であるという点である。すべての保険会社が指針に従うこと、あるいは、オンブズマン制度によって保護されることを選択するわけではない。保険会社が指針に従っているか否か、また、オンブズマン制度によって保護されているか否かに基づいて、多くの消費者が保険会社を選択しているとは思えない。以上の基準で選択した保険会社と取引する利点に関して、消費者は十分によく知らされているようには思えない。

多くの保険会社は、オンブズマン制度の会員であることを宣伝する。このことが、その保険会社を利用するように奨励する積極的なメッセージを、消費者に曖昧ながらも伝えることは明らかである。しかしながら、本当に問題なのは、会員でない、または実務の指針に従っていない保険会社である。こ

れらが重要な問題であるということに基づき，消費者が保険会社を捜し求めるようでなければ，オンブズマン制度の会員であることを宣伝していない保険会社を消費者が利用することを防げないだろう。実務の指針に関する限り，これが保険会社が積極的に宣伝する傾向をもつ問題でさえないので，この基準による選択は一層行われそうにないように思える。

　可能性のある一つの解決法は，英国保険会社協会や公正取引庁が実務の指針やオンブズマン制度の利点を教宣し，忠実でない保険会社を名指しで明らかにするという「アメとムチ（name and shame）」の政策である。もう一つの可能性は，忠実でない保険会社に，このことを明確かつ目立つように開示することを求めるものである。これらの開示アプローチは，消費者契約の「情報に基づく選択」モデルに合致する。

　しかしながら，すべての消費者を保護するための基準を確実なものとするためには，ワランティや告知に関する専門的な規制が，最終的に法律的基盤の上に整備されなければならない。可能性のあるモデルが，John Birds によって第9章で議論されたオーストラリアのモデルである。

第 5 部

消費者信用

第11章*

信用市場における低所得層の消費者のための社会的正義を求めて

ゲライン・ハウエルズ

1. はじめに

　「消費者法と貧者」をとりあげた1967年の *Yale Law Journal* の注釈は，「家計の生活水準は，収入の大きさと収入が費消される方法との関数である」という自明の理で始まっている[1]。多くの人々は収入額を増やすことにとらわれているようである（長時間労働，資格取得，上司との協調など，多大な努力を払うのである）。しかし，それと対照的に，大多数の人たちはどちらかといえば貧困な消費者である。疲労と短い余暇時間のため，貧困な人々の購入選択は，購入の簡単さに左右され，かつ，ほとんど市場を調べることなく購入が行われる傾向にある。その結果，貧困な人々はしばしば商品やサービスを，市場で得られたはずの価格より割高に，あるいは低品質のものを，また割高で低品質のものを購入することになってしまう。労働時間を減らしたくさん買い物をすることで，どの程度富が最大化できるかを調べてみることができれば，それは興味深い研究となるだろう。賢い買い物によって得られたお金が非課税であるならなおさらである。効率的な購入決定によって生

---

* 本章は I. Ramsay (ed.), *Consumer Law in the Global Economy* © Ashgate Publishing Limited 1997 からの転載である。本書にこの章を転載したことで，弱者としての消費者をいかに保護するかについての現在の論争に貢献できることを期待したい。OFT は現在，弱者としての消費者と金融サービスに関する報告書を作成しているところであり，貿易産業省もまた，新政府が *Unjust Credit Transactions* (1991) についての提案を再考する必要があるか検討している。

1. 76 *Yale Law Journal* 745.

活水準を高めることができることに人々が気づけば，消費者法，消費者政策の地位は高まるだろう。

2．低所得層の消費者と市場

 どちらかといえば低所得者は，自分たちの限られた購買力の価値を最大化することに強い関心をもっているようである。実際，多くの貧困な消費者たちはむしろ注意深い消費者であり，社会の他のグループに比べ劣悪な状態にないという証拠もある[2]。しかし，貧困な人々が市場を完全に利用し尽くすことを妨げる構造的な問題もある。ある種のショッピング・アウトレットが利用できないということがある。例えば自動車をもっていない人は，郊外のスーパーマーケットや巨大ショッピング施設に行けない。また，収入の制約によって，セールやバーゲンを利用した買い物を計画する機会も少なくなる。
 むしろ，貧困な人々の購入ニーズは個人的な危機的状況に迫られたことによる場合が多く，商品やサービスをすぐに購入しなければならず，最良の買い物をするためには十分な時間がなかったり，買い物をするために借金をしなければならないことも多い。こうした構造的障壁はおそらく，多くの時間を持て余している低所得層の消費者が買い物を行うにあたり，資産（と時間）を使うことの妨げになるだろう（なぜならば，これらの人々の多くは失業者や年金生活者だからである）。しかし，すべての低所得者に時間があると考えるべきでない。実際のところ，多くの低所得者は長時間働いており，貧困は単純に低い時給に起因するものが多い。一方で，低所得層の消費者の多くは家族との関わり（片親，子育て中の夫婦，病気や年老いた親戚がいるなど）があり，これはよい消費者となるための時間を奪うことになる。
 低所得層の消費者はほかにも市場で不利な扱いを受ける。これらの人々は相対的にお金を使わないので，主流の取引業者にはほとんど関心をもって

---

2. G. Parker (1990), *Getting and Spending* (Avebury) 参照。以下，Karen Rowlingson は低所得者による貸金業者の利用は合理的であるとみなしていることが確認できる。*Moneylenders and their customers*, (Policy Studies Institute. 1994) を参照。

扱ってもらえない。その代わり，これらの人々は「市場の底辺」に特化した業者のターゲットとなる。しかし，こうした業者は，販売量の少ない取引を行うことにあたって，割高な料金（プレミアム）を課すのである。貧困であっても注意深い消費者は，多くの商品やサービスについては，市場の底辺の人々を「搾取」しようとする業者を避けることができ，主流の市場で購入することができる。売り手は金持ちと貧困な人々とを差別することはできず，もし売り手が消費者全体の市場を確保することに敏感であったなら，貧困な消費者は消費者集団の一部となることで利益を得ることができるであろう。しかしアフターサービスや苦情についてだけは，貧困な消費者は，一般の販売の場でも不利益を被るかも知れない。業者はここで，継続的にあまり商売になるとは思えない消費者には親切にはならないからである。

3．低所得層の消費者向け信用市場に特徴的な問題

しかし，信用市場では，消費者は消費者集団の一部としての広範な保護を受けられない。消費者との多くの取引では，いったん販売が行われると売り手の関心は失われるが，与信取引では反対に，貸し手の関心は，いったん購入が行われ返済の受け取りが開始されてから始まるのである。このように，与信の提供者は，自分の取引相手の性質と環境に真の関心をもつのである。

貧困な消費者には高い貸倒れリスクがあるため，高金利が正当だといわれることが多い。この説明は注意深く考える必要がある。貧困な消費者が他の消費者に比べてローンを返済する意思が小さいという証拠はない。実際のところ，借入を得る機会が少ないことから，これらの人々は自分たちがもつクレジット・ラインを維持することには熱心である。しかしながら，負債返済を滞ってしまうまでの余裕（マージン）が少ないことで，これらの人々は簡単に一週間分の支払ができなくなったり，病気や失業といった出来事によって支払いが遅れたりしやすいのである[3]。

3．例えば，Harlemにおけるデフォルト率は5％から25％であったが，取立代理人は問題事例の97％を貸倒れと判定し，その75％を貸倒れとして処理している。Note (1967) 76, *Yale Law Journal* 745の注110より引用。

貧困な消費者に信用を供与するときの返済方法は，とても割高であることが多い。それらは，しばしば，各戸ごとに徴収することになる。英国で戸別訪問貸業者（doorstep moneylender）が大規模に運営されているのはもちろん事実であり，われわれはこれについてこの章で後ほど検討する。これは貧困な一部の消費者たちの選択の表れでもある。この方式は貸し手たちが「投資」について密接に管理することを認めるものでもある。さらに，このことは，この種の貸し手に対して，公益企業のようなもっと遠距離にある匿名の貸し手よりも自分たちを選ぶように説得する機会を与え，新しい販売機会を提供する。このように，戸別訪問集金の利点は，主として貸し手にとってのものであり，貸し手たちに安定と販売機会を与えるものである。しかし，これは事業としては割高な方法であり，そのコストは消費者によって支払われることになる。

　貧困な消費者は，小額の借入を行う傾向にある。このため，ローンに付される管理コストはローンの額に比べて非常に高いことになる。

　このように，信用市場は明らかに個人主義的性質をもつといえる。信用市場は，消費者が群集の一部となることで得られるあらゆる保護を顧客から奪い，状況の許す限り最善の条件を探し出すことを顧客に強いる。与件となる貸倒れ（支払い遅延）リスク，費用のかかる管理業務，消費者が通常要求するローンの非経済的規模から判断すると，魅力的な取引ではないことが多い。もしそれにもかかわらず，結果としての取引が個々の消費者によって課せられるリスクを十分に反映しているならば，共産主義的価値観が欠如していることを残念がる人もいるかも知れないが，少なくとも市場機能の透明性の要素は評価できるだろう。しかし，市場は貧困な消費者に，このような個別的な評価という便益を与えることさえもない。これに伴う取引コストは割高すぎる。その代わりに，市場の答えは，異なる「レベル」の消費者毎に契約を提供するように，貸し手を階層化するということである。貸し手は様々な信用照会手法を用いて，高すぎるレベル（例えば，その消費者の属する範疇で発生しうるリスクを保障するには過小な金利）で借入を申し込んだ消費者を除外するであろう。しかし，もしも消費者が貸し手を選ぶにあたって悲観的になりすぎ，実はもっとよい条件で別の貸し手から借入をできたかも知れな

いとしても，それを消費者に警告するような対処を行うサービス業は全く存在しないのである。実際のところ，借入を申し込む機会を過小評価する傾向があるかも知れない。それは，拒絶され気まずさを感じることを避けるためでもあり，別の貸し手にもう一度申込み手続きをしなければならない場合には，結果的に時間がかかってしまうことを避けるためでもある。

　信用市場のなかでの各階層は，異なる貸倒れの可能性をもつ一定範囲の消費者を対象としていることは明らかである。このため，消費者によっては，自分がどの範囲に入るかによって，別の貸し手から借りることを強いられるものもあることは避けられない。これが借入の手数料として明確化されている限り，これは不可避的かつ受け入れ可能である。しかし，しばしば，戸別訪問貸金業者に対して求められる利点は，返済がなされなかった場合に貸倒れの手数料を通常徴収しないので，実際の広告よりも低い手数料となることである[4]。これはどちらかといえば，消費者に親切なように見える[5]が，実際には，透明性の欠如の一例である。なぜなら，定期的に返済を行っている人々は，支払い遅延に耐え得るように借入コストが組み込まれているために，本来必要な金額以上に支払いを行っているからである。もし取引への市場アプローチを受け入れるならば，貧困な消費者は，公開市場取引の便益を得るべきである。これは，借入の手数料の完全な透明性を要求するものであり，それによって消費者は市場のなかで最良の選択肢を得ることが可能になる。これは，消費者の一部に知られていなかったり，「制度を悪用」（play the system）しようと準備している人に利益をもたらすような，非公式のルールも必要としない。市場メカニズムは最良の取引を見つけるため消費者を助けるというより，むしろ，市場制度は当然支払うべき以上を消費者には提供しないように（そして明らかに，しばしば少額しか提供しないように）決定しているように思える。

　4．前掲脚注2のRowlingson, p. 126参照。
　5．実際，貸し手は純粋な言い訳に対しては特に同情的に見えた（おそらく，貸し手が社会的な「不可抗力」を経営において「事実上」受け入れる珍しい例であろう）。T. Wilhelmsson, 'Social Force Majeure: a New Concept of in Nordic Consumer Law' (1990) 12 *Journal of Consumer Policy* 1. を参照。

4．戸別訪問貸金業者

　この節では，英国の信用市場の1部門を集中してとりあげる。戸別訪問貸金業者（doorstep moneylender）——これは，キャッシュローンまたは割賦販売という形式をとる。このケーススタディを選んだのは，戸別訪問貸金業者が貧困な消費者と取引することを公言していること，また最近，実証分析の対象となってきており[6]情報を入手しやすいためである。全体としてのこの研究の結論は，免許を受けた貸金業界に対してどちらかといえば好意的なものである。このことは容易に理解できる。この分野には，非常に効率的な取引集団，消費者信用協会（the Consumer Credit Association）がある。この業界の第一線で働いている人々が，単に正直に生計を得ようとしているだけの信頼できる人々であることは疑いようもない。彼らは小資本の小規模事業者であったり，有名大企業の代理店であったりするかもしれないし，顧客と同じ環境から採用されていることも多い[7]。（企業の収益性についてのデータはないが）代理店は法外な利益を得ているとも考えにくく[8]，社会的な時間外に働かねば利益は得られず[9]，彼らは弱い立場に置かれているようである[10]。多くの代理店は，顧客と友好的関係を構築させてきており，消費者心理には安心感を与えている[11]。

---

6. 前掲脚注2のRowlingson参照。
7. 英国ではおよそ1,200の公認貸金業者が営業している（6つの全国企業では少なくとも1,000人の代理人を，50社から60社ある中規模地域企業が50人から100人の代理人を，700社程度ある小規模企業が平均10人程度の代理人を雇用しており，個人経営または従業員1人の小規模事業者が約400存在する）。脚注2の前掲Rowlingsonのp. 25を参照。明らかに，いくつかの企業は顧客と同じ社会的階層に属する代理人の採用を選好する一方で，他の企業はわずかに上の階層からの申込者を好んだ。脚注2の前掲Rowlingsonのp. 31を参照。
8. Rowlingsonによれば，額面での週給300ポンドは代理人の給料の中では最高水準に相当する。
9. 集金活動の多くは，夜または週末に働くことによって行われる傾向にある。集金業務技術の一つは，確実な支払いを要求しやすい最善の時間を知ることであり，その時間は顧客によって異なる。前掲脚注2のRowlingson, pp. 45-6を参照。
10. （しばしば夜中にかなりの額を持ち運んでいることを知っていた）人々や犬などによって攻撃されるかも知れないという危険も存在した。前掲脚注2のRowlingson, pp. 48-9を参照。

第11章　信用市場における低所得層の消費者のための社会的正義を求めて　　*271*

　貸金業者は，一方で，主流の信用供与機関にアクセスできない人々に貸付を行うだけでなく，中心街にあるような貸し手（High Street creditors）の貸付対象となる人々に対しても小額で短期の貸付を行う[12]。この業界は，社会的必要性を満たしており（時折，これらの業者は社会福祉事業としてみられることを望んでいるのかと思わせられることもあるが），主流の金融機関が関心をもたない経済部門に信用を供与していると主張する。この業界は，これらの消費者に貸し付けることを可能にするには家庭での徴収が重要なポイントであり，このため高コストになり高い手数料（charge）も当然であると指摘する。

　しかしながら，この業界が過剰な利益をあげていないことを認めるとしても，それでも不快感を持つという人もいるかも知れない。問題は貸金業者によって課される金利にある。Rowlingsonは，年率換算した金利（APR）は約100％から500％の間に分布することを見いだした。この金利は，ローンの期間に依存している。例えば，ある会社では，12週間のローンの金利は年率354％であるが，24週間のローンはちょうど230％に割り引かれていた。興味深いことに，金利は会社によって異なる。おそらく驚くべきことであろうが，小さい企業ほど，小額かつ短期のローンを提供する傾向にあるにもかかわらず，しばしば低いレートを提示している[13]。驚くべきことに，このような法外に高い金利が人々に課され，貸金業者は（おそらく多少貸倒れはあるだろうが）ローンが返済されると信じているのである。換言すると，貧困な人々が利用可能な与信の形態には懸念があるが，それは最貧の消費者についてのものではない。一部の企業は，例えば，（安全性・信用度に劣るとみなされる）失業者や一人暮しの老親の人々を顧客として受け入れることには消極的であり，一部の居住地域は単純に融資・保険契約差し止め地域指定（redline）とされていた[14]。このことから，この分野の信用市場が社会福祉事業であるというあらゆる主張が嘘であることがわかるとともに，高金利

11.　同上，第6章を参照。
12.　例えば，大企業のうち1社は，20週超・50ポンドから100週超・1,500ポンドの範囲にわたるローンを提供している。前掲脚注2のRowlingson, p. 30を参照。
13.　同上，pp. 28-43.
14.　同上，pp. 52-5.

もおそらく貸倒れ率よりむしろ徴収コストに基づくものであるということが示唆される。

5．高金利と消費者保護

　人々がこのような高金利を支払うことは問題であろうか。市場で人々がよりよい購入を行うことができる限り，人々がこうした失敗をしてしまうことは，市場メカニズムの失敗というよりむしろ，人々の無関心が原因だといえよう。貸金業者の利用が人々にとって最良の選択肢である場合，他に選択肢がないよりも，高金利であってもこの種の借入を人々が好むかどうかが議論の対象となってきた。これらは，この問題をめぐる規制に対する強力な反論であり，取り組みが必要である。当面，われわれは信用市場における競争状態を改善することによる（おそらく新しい形式の社会的貸付の導入を伴う）市場の再編成や，市場がそれに基づいて機能すべき基本的ルールの変更によって，多くの貧困な消費者の状態を改善する可能性については無視することにする。代わりに，われわれは，もしこれが提供可能な最良の市場であれば，貧困な消費者はこれにアクセスできたであろうかという厄介な問題に取り組むことにする。

　低金利での借入を得ることができたにもかかわらず，そうしない消費者については，同情の余地はそれほどないと思われがちである。しかし，こうした人々の多くは，高レベルの貸し手にとっての与信可能な境界線上にあり，多くの社会的要因（無知，複雑さ，恐れなど）がこうした人々から耳慣れない金融機関への申し込みをためらわせるのかも知れない。また，何世代にもわたって家族と取引を続けてきたかも知れない貸金業者との関係維持を促進するような要因（安全性，申し込みの容易さ，親しみやすさ）が他に存在するのかも知れない。実際，借入は評価の難しい商品である。APRは，比較購入を可能にする道具であるが，筆者の実施したある調査では，この用語を聞いたことがある人は債務者の4分の3を少し上回る程度であり，その意味を十分に理解していると見なされ得るのは7人に1人に止まった[15]。実際，APRは小口ローンについては特に役立つ比較指標ではない，と論じる人も

ある（筆者はこれに反対である）[16]。社会の効率的な消費者教育の不足のツケを個々人が支払うべきではない。というのは，消費者が最も安価な信用提供者を徹底的に探そうとしないことに対する説得的な理由はたくさんあるからである。貸し手の間の違いが限界的である場合，金利からほとんど害は生じないが，しかし，例えばその違いが20％と500％という場合，これは単に個人を非難することによって無視することができない，重大な問題となる。

こうした高金利でしか借りることのできない消費者の地位とはいかなるものであろうか。もし本当に全く代替的な選択肢が存在せず，これらの人々がそうすることが自分たちにとって最も利益になると信じていれば，借入は認められるべきではないのだろうか。消費者信用に関するCrowther委員会[17]は，社会的にみて，これ以上は有害となるような金利水準が存在すると考えた。この考え方は評判がよくないが，確かに真実である。この主張の背後に何が個々人にとって最良であるかを知ろうとする要求がある限りは，このようなルールは確かに温情主義的である。また，能力が劣りおそらくは欲求不満である消費者によって行われた判断よりも，誰かの判断が明らかに賢明である場合には，おそらく温情主義的になっていることを素直に認めるべきであろう[18]。ある人の行動が助けを求めている人に害をもたらすという議論に反論するために，利用方法に応じて高コストの借入が受け入れられる可能性について明らかにしてみたい。借入利用は四つのタイプに分類できる。

(i) 奢侈品の購入を認めるため。現金価格を管理しないのに，信用で購入する財やサービスの価格を管理すべきという議論になるのはなぜか。それは，財・サービスの現金価格は，一般的には一般市場の圧力によって管理されているのに対して，貧困な消費者に対する与信の価格は特別に

---

15. I. Grow, G. Howells and M. Moroney, 'Credit and Debt : Choices for Poorer Consumers' (G. Howells, I. Corw and M. Moroney (eds), *Aspects of Credit and Debt* (Sweet & Maxwell, 1993) 所収), at p. 36 を参照。
16. 同上。
17. Cmnd 4596, 1971 at para. 6. 6. 6.
18. D. Kennedy, 'Distributive and Paternalist Motives in Contract and Tort Law, with Special Reference to Compulsory Terms and Unequal Bargaining Power' (1982) 41 *Maryland Law Review* 563 参照。

高いからである。割高な与信の利用は，貧困な消費者の有限な資源を浪費する。
(ii) 予算管理を助けるため。しかし，週ごとの金利手数料支払いは，長期的な予算問題の解決策とならず，問題を拡大するだけである。
(iii) 一種の強制的な貯蓄，すなわち貯蓄が費消されるのを防ぐ役割を果たすため。これは，この範疇に属する多くの消費者にあてはまるとは考えにくく，このような莫大なコストをかけて貯蓄を守るのは非合理的である。
(iv) このような割高な借入を利用することが合理的となる唯一の環境は，緊急時の基本的なニーズが存在しかつ，貯蓄がない場合である。高金利市場をこれら特殊なケースに限定して運営しようとするならば，多くの貸金業者の倒産につながる可能性があることを認識する必要がある。なぜなら，これらの業界は，どちらかといえば裕福な消費者が奢侈品を購入するための借入を続けるように推奨することに依存しているからである。

借入の利用目的に基づくアプローチには，真の目的が何かを決めるのは必ずしも容易ではないという問題がある。このことと，（以下で議論する）温情主義への一般的な批判から，単純な禁止よりも，高金利貸付を阻止するような代替的手法を採用すべきことが示唆される。

温情主義とは，しばしば社会改革を嘲笑するために用いられるレッテルであり，神の役割を演じようとしたり一部の市民（この例では貧困な人々）の自由を制約しようとするとして改革提案者を批判するものである。別の見方をすれば，人々が自分自身を傷つけようとしないのはあたりまえであり，貧困が危険を引き起こす環境のひとつであるとしても，それによって立法化に必要なモラルを取り除くわけではない。しかし，このような傲慢さの代価は危険なものである。その指摘が事実でないとしても，こうした主張によって，温情主義はその救おうとする人々が求めるものと対立的な立場にある困った状況とあわせ，提案・進行中のあらゆる改革のチャンスをせばめてしまうかも知れない。これらの理由から，筆者は高金利を直接禁止せず，むしろ市場を支配するルールの構造を変更し，債権者がこうした（戸別集金のコストに

ついて消費者がある程度の価値を認めてしまうような）状況の真のリスクを負担し，消費者がその取引が割高であるという特質を知った上でこうした取引に参加することを保証し，貧困な消費者に多くの高金利ローンを借りさせることを制限することを目的とした改革を提案する。これは消費者にとって公正であるのみならず，社会全体にとっても公正である。債権者の行動は単独では行われない。負債によって債務者が支払不能となる場合には，社会もまた疾病や離婚，ホームレスの増加に付随するコストを支払うのである。戸別訪問販売員が割高な財やサービスを販売する場合には，これは他のもっと効率的な供給者と債権者の犠牲のもとで行われることになる。戸別販売貸金業者が毎週ごとに現れ優先的返済を確保する場合には，これは，他の債権者，特に公益企業の犠牲のもとに行われていることが多い。

6．現在の市場の価値観に対する挑戦的仮定

　英国の戸別訪問貸金業界に対する人々の態度は，この業界が現在の市場のルールに反する立場であると判断するか，あるいは，貧困な消費者を不利に階層化してしまう市場に対して批判的立場をとるか次第で異なるにちがいない。重要な点は，合法的事業のすべてが必ずしも社会的に望ましいわけではないということである。この表現の中には，現在の合法性の概念に対する本質的な疑問が含まれている。人々が貸金業者の活動にどのように反応するかは，人々が現在の市場取引（market arrangement）を神聖なものと見るか否かに依存する。公平なビジネス慣行の意味をめぐっての一般的な価値観に挑戦するような改革を提案することは常に困難であるが，低所得者向け信用市場を支配するルールや態度にはこうした挑戦が必要なのである。Rowlingsonは最近の研究の中で三つの文章によって反論を行っている。彼女の結論を要約すると，免許を受けた貸金業界は全体でみると「詐欺的または圧迫的な」取引慣行にかかわっているわけではなく，それゆえ「社会的に有害な貸出」の範囲内には入らない[19]とせざるを得ない，という。

　19．前掲脚注2のRowlingson, pp. 157-8参照。

これは，何が社会的に有害な貸出であるかについて，非常に狭い見方をとっている。Crowther委員会の見解によれば仮に過剰な利益を得ていないとしても，高金利それ自体が社会的に有害な貸出に該当する[20]。詐欺的または圧迫的手法による契約獲得は，人々の正義感に背くものであり，契約者の尊厳を損なう。たとえ契約を獲得したとしても，耐えがたい負担によって経済的被害がもたらされる。消費者の家内のプライバシーに関する，一部の戸別訪問貸金業者のやり方に不安を感じる人もいるだろう。しかし，実際の反対理由は単に，これは資金を融資するにはあまりに割高すぎるやり方であり，それゆえ貧困な消費者にとっては社会的に有害だとするものである。しかし，Rowlingsonは自分の研究が低所得者が所与の環境下で合理的意思決定を行い合理的に行動しているという，これまでの研究成果を支持するものであると主張している[21]。

　この評価は，貧困な消費者が貸金業者の利用によってもたらされる生活水準への影響について，幸せなことに知らないままで満足している場合のみ有効である。低所得層の消費者のうち貸金業者を利用する人々の比率が高いことを考慮すると，貸金業者のサービスを受けずにより大きな幸福を求めるように，こうした人々を教育（あるいは規制まで）することには意味があるように思える。もしも，これらの消費者が，日常的かつ知ってもらっているという安心をその価格によって断ち切らざるを得ないことになっても，これは有意義だと思われる。

　しかしながら，改革へ向けた筆者の議論の要点は，消費者がどのような目的で貸金業者を利用するかに関するRowlingsonの指摘に対する，筆者の様々な議論の中にある。Rowlingsonは次のように論じている。

　　人々が貸金業者から借入を行うのは資金的に絶望的なときであり，彼らがこの種の借入で生活必需品を購入したり請求書への支払いをすることに対する批

---

20. 前掲脚注17のCrowther, at para. 6. 6. 6.参照。このレポートでは，「もしもコストがリスクに対して不釣合いとは言えず，コストが貸し手によって負担されるものであったとしても，コストがある水準を超えた場合，こうしたローンを提供することが社会的に有害となる水準がある」と述べている。
21. 前掲脚注2のRowlingson, p. 161.

判もある。業界は，顧客は耐久消費財を購入したり生活の質を向上させるために貸金業者を利用していると主張している[22]。

筆者の論点は，もしこのような割高な借入が正当化されるならば，それは基本的な生活必需品を満たすための極端な状況のみに限るべきだということである。消費者は，このような割高な借入で耐久消費財を買わないならば，より高い生活水準を維持できるかも知れないのである。

7．介入の正当性

もし割高な貸金業者が望ましくないなら，どのようにしてそれを撲滅することができるだろうか。あるいは少なくとも，基本的ニーズを満たすためのわずかな実用的手段としてその利用が正当化されうる限られた状況にのみ，いかに制限することができるだろうか。ここでは大きく分けて三つのアプローチを提示する。二つは既存の市場概念を対象としているが，三番目は，現在の市場構造の基盤に挑戦するものである。筆者はこれらの三つのモデルをそれぞれ，競争，代替的金融機関，市場再編アプローチと呼ぶことにする。筆者の見解は，三つの手法とも，低所得層の消費者を助ける効果をもつが，最適解は，契約に関するもっと社会的に敏感な基本的ルールを導入することによって市場の再編を行う必要があるというものである。

7.1　競　　争

競争アプローチは，市場に競争性を求めるだけでなく，市場を本当に消費者需要に敏感にさせるため，透明性の概念を要求するものである。それゆえ，このアプローチでは情報が提供されることや，この情報を使いこなすために消費者が教育を受けることが必要になる。また，弱者がだまされることを防ぐためのルールを制定し，市場が本来達成するはずの成果を再生することをめざすことも必要になる。これらすべてが，契約の中身を規制しないが契約の過程を規制するルールは受け入れるような，市場において自発的に契約を

22．同上，p. 70.

取り交わすという概念に基づく伝統的契約法モデルに適合する。このアプローチには，競争的な市場の力を生み出す競争政策に対する信頼が不足している，残念ながら，消費者は十分に教育されてはおらず，結果として市場環境の中で最良の利益を享受するように参加するような動機付けも不十分である，などという批判も多い。

7.2　市場再編

　より基本的な問題は，競争モデルが，既存の市場状況を所与として受け入れていることにある。信用市場では，市場秩序についての基本ルールの中で，政府の介入を正当化するような，拠り所になる特別な理由がある。信用市場に対する認可は特に，免許という形式によって認められた特権として扱われる。社会的に容認可能な方法で必要な資金を貸し出すという条件で免許を認めることは合理的なことである。免許交付が地域にとって「便利かつ有利」であるという基準に基づき正当であることを申請者が証明しなければならないような米国で，このような正当化はもっとも強力になされているであろう[23]。市場は自然状態ではなく，社会によって確立された，それゆえ社会によって変更され得る基本的ルールによって作られているので，信用市場における介入のための特別な申し立ては全く必要ない[24]。過去に確立されたルールは変更可能である。同様に，過去ルールの確立に失敗したとしても，それは当時の市場に対する見解によって規定された政策決定であったにすぎず，将来の時点でルールを立法化するという決定が行われる可能性もある。

　実際のところ，例えば，貸金業者に低所得層の消費者の利益を考慮に入れるような倫理義務を負わせること，あるいはローン取引を商品提供契約と区別するように求めることによって市場ルールを再編するという提案を考えた

---

23. R. Jourdan and W. Warren, 'The Uniform Commercial Code' (1968) 68 *Colombia Law Review* 387 at 390 を参照。彼らは，上限金利規制を公的企業の独占権に付随した状況に類似するものとして正当化されると説明している。
24. Collins は，「法の機能は……参加者が市場参加するときに暗黙的に従うような基本ルールを確立することにある。この意味で，契約法は市場秩序を構成する」と評している。H. Collins, *Law of Contract*, 2nd edn (Butterworths, 1993), p. 14. 参照。

とき，市場の機能を強化する競争モデルによって正当化されるべきルールと，現在の分配目標のために確立された市場秩序への介入を求めるルールとの間に明確な境界線を引くことは，筆者は困難だと考えている。本来は，競争アプローチに似た，現在の市場状況の範囲内でよりよい解を求めようとする代替的金融機関アプローチについて最初に考えるほうが論理的であったにもかかわらず，市場再編アプローチを競争アプローチのすぐあとで論じることにしたのはこのためである。

詐欺，強要，不当な影響力を規制する現在のルールは，この種の儲け方を糾弾しているように見えるが，富や市場構造における不公平によって生み出された利益機会を活用することは容認されている。この区別は必ずしも明確でないとともに，容易に賛成できない[25]。実際，現在の市場構造に関与している人々でさえ，貸し手に慎重貸出義務を課すという準備が出来ているのに，なぜこれらの義務が，債権者の元本・利子返済の確保に限定されるべきなのか，そして，容易に債務者の福祉の斟酌を求めるところまで拡大されるのか，理由は全くないように思える。このように，市場についての基本ルールは前もって定められたものではない。これらが変更されるのを妨げるものは何もなく，これらの変更は取引内容に影響を与え再分配上の結果をもたらすであろう[26]。

---

25. A. Kronman, 'Contract and distributive justice' (1980) 89 *Yale Law Journal* 472 を参照。
26. D. Keneddy, 'The Stakes of Law, or Hale and Foucault!' in *Sexy Dressing etc* (Harvard University Press, 1993) を参照。消費者信用と関連してこれらの問題について刺激的な分析を行ったものとしては，I. Ramsay, 'Consumer Credit Law, Distributive Justice and the Welfare State' (1995) 15 *Oxford Journal of Legal Studies* 177 を参照。Ramsayは，消費者信用の市場ルールは何年もかけて確立され，そのルールは「蓄積され，他の学説や前提を共有しながら，その結果，個人の決定の影響はつねに単純で直接的というわけではないものの，分配上重要な」影響力をもつと指摘している（at 184）。この過去の悲観的分析は将来に対する楽観論をもたらすかも知れない。というのは，取引の環境は，一連の進歩的改革により時間の経過とともに変化し得ることが示唆されるからである。社会改革者の価値は，もしも過激な改革が受け入れられなかったとしても（それはよくあることであるが），より革新的でない一連の施策によって貧困者の窮状を緩和できるという事実の中にある。これは，（競争，代替的金融機関と同様に市場の再編など）あらゆる面での施策を採用する必要性の根底になっている。

もちろん，法規範の変更が，必然的に貸金市場の参加者の行動に影響を与えることはいうまでもない。Rowlingson は，貸し手と借り手の関係の多くは，長い伝統をもち，しばしば友情にまで成長していることを指摘する[27]。彼女は，顧客に編みカゴ販売しているある経営者がいて，その顧客自身もなんと！編みカゴの代理店を経営していたという例を引用する[28]。このような例は，法規範が人間の相互作用の全段階に浸透することはあり得ないことをわれわれに警告する。多くの経営者や顧客は，自分たちの関係に影響を与える法規範をできる限り無視することになるだろう。

7.3　代替的金融機関

もちろん，市場再編アプローチには異論も多い。新しい社会的貸付機関 (social lending institution)[訳注i] を市場に導入することによって，割高な貸金業者から貧困な人々を引き離すほうが，政治的にはより受け入れやすいだろう。信用組合のような一部の金融機関は，それぞれの自立哲学が一般的な個人主義へのこだわりと調和しやすいという利点をもつ。しかし，社会的貸付にもコストがかかる。政府は，補助金付きローンを直接提供したり，低所得層の消費者が自分たちで信用組合を組織することを認めるためのインフラとして融資を行うこともある。このことは，社会的ローン (social loan) はもはや，信用市場の中で低所得層の消費者にサービスを提供する限界的なプレイヤー以上のものであることを意味する。社会的貸付の他の制約については後で議論するが，いまは，次の点に注目すべきである。すなわち，貸金業者が顧客との間で確立してきた関係が，従来彼らを法規制から保護してきたのと同様に，割安な社会的ローンがあるとしても，この関係は顧客の忠誠心を

27.　前掲脚注 2 の Rowlingson, pp. 140-4 を参照。Sally Falk Moore の言葉によれば，これは「想像上の友情」と説明することができよう。'Law and social change: the semi-autonomous Social Field as Appropriate Subject of Study' (1973) 7 *Law and Society Review* 719 を参照。
28.　前掲脚注 2 の Rowlingson, p. 105.
（訳注 i ）以下，social lending (institution), social loan, social banking 等は単に「社会的貸付（機関）」「社会的ローン」「社会的銀行」等と訳出しているが，ここでの「social」は「社会福祉的な目的をもつ」という意味である。

維持するうえで十分に役立つであろう。これは，社会的貸付が奨励されるべきでないとか，低所得者がその便益を教育されるべきでないということではなく，むしろ，われわれが市場構造における失敗を救済することを放置する限りは，市場の失敗を救済するという社会的貸付の可能性の中に，信義を位置づけるべきでないことを示唆するものである。

8. 解　　決

　貧困な人々のための借入コストが安くなれば望ましいということには，誰もが同意するだろう。少なくとも違法貸付の拡大のような副作用や，一部の評論家が正当化できないと主張するローンに対する政府補助金のようなコストなしに，この目標を達成することが可能かどうかについては意見が分かれる。筆者は，前者のリスクについては強調されすぎており，市場への理性的な介入によって避けることができると考える。さらに，違法活動を受け入れるのでなくそれに対処するように反応すべきであり，こうした経営方針を緩和するように強制すべきである。違法貸付については現在研究中であるが，法律の執行は，（おそらくこれを規制の問題と考えている）警察と（おそらく，自分たちが規制している多くの取引実務慣行よりも実際にもっと違法なものを処理するには，十分な体制が整っていないと考えている）取引基準監督機構（Trading Standards Authority）の間での責任分担によって妨げられているものと思われる。貧困な人々にサービスを提供する政府の補助金交付対象たる金融機関の問題は，貧困者層にどれだけの資源を与え，どのような方法でそれを供給するかという本質的には政治的問題である。個人的に，筆者はより多くの富の再配分を歓迎するし，その一部がローンへの補助金の形で行われることに利点を見いだしている。すなわち，ローンへの補助金は，簡単に浪費されてしまいやすい直接の現金支払いに比べ，長期のニーズや家計の問題を助けることになる。しかし，筆者は，このより広範な議論にさらに踏み込みたいという誘惑を抑えて，代替的金融機関が活用されるためにはどのように展開されるのが最適であるかという枠組みについて議論する。

　明らかと思われるのは，多くの貧困な消費者が割高な借入に依存すること

を抑制するために何かをする必要があり，その目標に向かって努力するにあたり，借入における多くの貧困な消費者の状態を改善するために用いられる手法について，空論を唱えるべきでないということである。競争，市場再編，代替的金融機関の創設に基づく政策は，これらの組み合わせが状況を改善するという希望のもと，実験されるべきである。以下では，英国における現在の状況への批判と，低所得層の消費者向け信用市場の改善を目指したある種の改革についての実行可能性や妥当性について，広範な議論へのいくつかの論評とを結びつけて議論する。

8.1 競　　争

低所得層の消費者向け貸付市場は競争的か。もちろん，これは，多くの中心街にあるような貸し手は参入していない分離した市場であるが，このことが必ずしもこの市場が特に非競争的であるということを意味するわけではない。低所得者向け信用市場で営業している業者間で競争が存在する限り，競争的市場という目標は必ずしも脅かされない。Sheffield の債務者に関する研究の中では，何人かが，5社から6社の異なる戸別訪問貸金業者から貸付を受けていることがわかった[29]。Rowlingson の研究でも，業者の選択を行う顧客の例が述べられており，このことが支持されているようである[30]。しかし，業者の選択は，借入の手数料に基づいて行われるというより，むしろ返済条件の容易さや返済できないことに対する企業の態度や代理店の性格によって選択が行われているような印象を受ける。

これらの仮説から，いくつかの重要な帰結が得られることになる。例えば，貧困者向けの新しい代替的金融機関は，（おそらくコストが多少上昇するであろうが）可能な限り，容易で柔軟な返済条件と個人的サービスという潜在的顧客の選好を満たすような努力をしなければならない。しかし，市場の競争度が重視される限り，価格弾力性の低さは重要な意味をもつ。なぜなら競争度の伝統的尺度は金利であったからである。もちろん，貧困な消費者が，

---

29. この調査および他のサーベイ結果の説明については，前掲脚注15の Crow *et al.* を参照。
30. 前掲脚注2の Rowlingson, p. 104-8.

親しい代理店，容易で柔軟な返済という利便性を評価し，これらのサービスへ対価を支払う用意があるかも知れない。このように，提供されるサービスを考慮に入れると，市場はまだ価格弾力的かも知れない。しかし，消費者が与信の価格に注意していないために，過剰な手数料が課され，したがって過剰な利益を得る機会があるのではないかという疑いは消えない。

　消費者信用規制の多くは，金利に関する情報開示を増加させることを志向してきた。この政策は，低所得層の消費者にとって不適切なものであろうか。貧困な消費者は市場でうまく行動する自信がないかも知れない。Rowlingson は，戸別訪問貸金業者の顧客の多くは，これらの業者を最後の与信の拠り所とみなし，彼らとの接触を失うことを恐れていると指摘している[31]。これは，集金者の見かけ上の親切な励ましや，支払いに自信を持てるような，あるいは将来も貸付を受けられる機会を失う危険を回避できるような返済条件という要素を，彼らに過大評価させることになろう。このような分析にもとづき，「恐怖要因」を取り除くことによって競争的市場条件を近似する助けになるという根拠から，上限金利規制のような政策が支持されてきたのであろう。

　しかし，たとえ現在の多くの低所得層の消費者が最も安い形でのローンを探しだそうとしていないとしても，そうすべきだと教育する必要がある。これは，代替的な社会的貸付が展開することによって支援を受けることになるだろう。これらの金融機関は，教育上明示的な役割をもつこともあり，また単にそれが存在するだけで，貧困な消費者を教育する助けになるはずである。これらの金融機関によって提示される低金利は，自転車に乗って玄関にやってくる業者のローン金利と比較したとき，消費者の心に明確な違いを刻むであろう。こうした比較を行うときに重要な指標は，年換算金利（APR）である。APR は，課せられる金利および他のコストと返済スケジュールとを考慮に入れて，借入の実質コストの正しい比較指標を提供する。APR の計算方法には，多くの技術的問題点があるが，基本的原理は健全なものである。しかし，これは複雑な概念である。すでに述べたように，債務者に関する研

31.　同上，p. 108.

究の中で、4分の3以上の人々がこの用語を聞いたことがあるが、7人に1人しかその意味を十分に理解しているとは見なせない[32]。こうした無知は容認できるものではなく、むしろ、最も高い APR に晒されている人々の消費者教育を通じて対処すべきである。

相対的に高い管理費用が APR を法外にするので、APR は小口ローンには有効でないと主張する人もいる。しかし、確かに小口ローンについては、消費者が実際の利子支払額のほうをより気にするのは事実ではあるが、APR はそれでも借入コストの有効な指針となる[33]。小口ローンの APR が高いことは、これが割高であるとの真実を暴露する。公正取引庁（Office of Fair Trading）による、150 ポンド未満のローンについては APR を公表する必要はないとする勧告は、正当化できないと考えられる[34]。消費者信用協会が免許を受けた 800 の会員に対して、すべてのローンについて APR を公表すべきであると勧告したことは歓迎すべきことである[35]。もっとも、これらの企業が自分たちの高い借入コストを公開することに前向きなのが事実としても、この部門を規制するにあたり透明性や競争が不十分であることは間違いないだろう。

関連貸付（connected lending）に関しては、透明性が改善したと思われる。これは、信用販売で消費者に売られた商品に関連するものである。Rowlingson は、関連貸付の借入コストは一般のキャッシュ・ローンよりも安いと指摘している。これは疑いなく、企業が取引のうち商品の部分で利益を得ているからである。しかし消費者は、（高い金利であっても）キャッシュ・ローンを受けて、どこかで安い財を購入することによってより有利な取引を行うことができるかも知れない。選択肢が自分たちの目の前にあると消費者に気づかせることは困難である。筆者は、関連貸付取引については、金利が（規定された数値を超えて）高い場合には禁止すべきだと提案したい。戸別訪問

---

32. 前掲脚注 16 を参照。
33. 消費者運動と貸金業者は APR の意味を説明することについて共通の利益を共有している！
34. *Consumer Credit Deregulation* (Office of Fair Trading, 1994)
35. Rowlingson, 'Moneylending and the Disclosure of APRs' (1995) *Consumer Law Journal* 170.

販売は今後も商品を売ることができるが，しかしその資金は別にローンを組まねばならないことになる。消費者には，ローンを別の業者から借りて，同時に現金で財を購入できるための自由が存在しなければならない[36]。加えて，低金利で割高な商品価格をごまかすことに対する規制の効果を高めるため，偽りの現金価格の使用を取締るため制裁規定がなければならない[37]。現実的には，販売と与信取引を分離する結果として，貸金業者と顧客の関係が変化することはほとんどないだろうが，少なくとも商品の価格と借入コストがどれくらいかを正確に知りたいと思っている人にとっては，透明性は改善される。

8.2 慎重な貸し手

最近，英国の消費者信用法において，慎重貸付原則（the principle of prudent lending）が発展してきている。これは主に，1980年代の無責任な貸出慣行によって，1980年代の終わりから1990年代はじめにかけ景気後退が始まったときに，多くの消費者を絶望的なほどの過重債務者にしてしまったことに対応したものである。こうして，銀行や住宅金融組合，カード発行者の実務規範では，銀行や住宅金融組合会社に対して市場で取引をする際に，責任をもち慎重に行動するよう要求している[38]。しかし，実務規範では，消費者の返済能力に関して配慮する義務はなく，信用を供与するかどうかを決定するときに考慮すべき情報の種類を単に列挙しているだけである。公正取引庁長官は，さらにこれを進化させるべく提案を行ってきた。「不公正な与信取引」という概念によって，1974年消費者信用法における過大な与信取引規定を置き換えようとする改革の一部として，彼は，いくつかある要因の一つをもとに不公正の評価を行った。すなわち，借り手が信用供与に相応しいか，契約の全条件を満たす能力があるかどうかを調査し確認する段階を含むような，与信の際の貸し手の注意と責任の評価が行われた[39]。

---

36. これは，現金販売以外の商品販売に関する広告禁止の延長ということになるだろう。Consumer Credit Act 1974 の s. 45 を参照。
37. Consumer Credit Act 1974 の s. 138 (4)(c)を参照。
38. *Good Banking*, 2nd edn, 1994.

同様の流れとして，契約上の責任を保証人に確実に理解させるために，債権者に課せられた限定的義務があげられる[40]。しかし，保証人を保護するルールは明らかに，保証人を保護するために慎重な貸付実務慣行を奨励しようとする願いによってのみ動機づけられるのに対して，慎重貸付ルールそれ自体は貸倒れを防ぐためのものである。貸倒れを減らそうとする動機はもっと折衷的なものである。債権者自身，消費者保護に対する関心はあるものの，過大な不良債権に晒されている結果から自らを守ろうとする強い欲求がある。また，同様に，過剰債務の存在がより広範な社会的利益に反するという判断もある。

しかし，慎重貸付原則は，債権者が不良債権のリスクに晒されることから身を守るための関心の一つから，債務者の利益が考慮されることを保証しようとする手段へと発展する可能性もある。他でよりよい条件で取引できるとか，その購入が消費者の立場からみてあまり意味がないという理由によってセールスマンが自発的に，消費者に契約締結を思い留まらせることを期待するのは非現実的であろう。同様に，あらゆる個人向け債務は強制執行不可能とすべきであり，債権者による制裁規定は商品の差し押さえの可能性と信用照会機関に対する否定的な報告だけに限定すべきだ[41]とする，Ison が提案するようなところまでは考える必要はない。しかし，筆者は Ison から多少のヒントを得て，賦課された金利が高い場合には，裁判所に，既に実行された貸付を強制執行できないようにする権限を与えるべきと考える[42]。裁判所は，ローンが締結された環境や，債務者の地位と最良の利益に照らしたローンの利用目的について斟酌する権限をもつべきである。こうした審問は，金利が規定された水準を超えているときのみ行われることになる結果として，債権者は，ローンがこれら特別の基準によって精査される可能性から護られる。割高な与信は違法とはならないが，裁判所の裁量によって強制執行の対

---

39. *Unjust Credit Transactions* (Office of Fair Trading, 1991).
40. *Barclays Bank v O'Brien* [1993] 4 All ER 417.
41. Ison, *Credit Marketing and Consumer Protection* (Croom Helm, 1979), at pp. 284-92.
42. 筆者は，Ison より厳しい見方をとっており，こうした権限を金銭ローンにまで適用すべきと考えている。

象外となる可能性をもつことになる。

　強制執行ができないという制裁規定は潜在的には深刻なものであり，公正的観点から当然かつ合理的な金額について裁判所が返還命令を出すことを求めているような，法外な与信取引に関する制裁規定以上に厳しいものである。しかし，その契約は，裁判所が顧客からこれらの新しい権限に関与するよう求められるまで有効である。例えば，関係が破綻したり，消費者が財務的困難に直面する（この場合，他の債権者は破産手続きから，このような高金利のローンを除外することが可能になる）ような場合である。取引相手が，与信契約が強制執行されないように訴える必要性があることは，この提案の弱点と見なされ得る。しかし，すべての私法ルールは訴訟が生じたときに初めて有効であり，このアプローチは，債権者と債務者が法律から直接の影響をほとんど受けることなく，関係をうまく築き続けることができるという現実を単に受け入れただけである[43]。しかし，自分たちが度を越した場合，顧客が関係を終結させ債務を払わずに去ることができるということについて債権者が理解しているならば，消費者は新しい法律に訴えるまでもなく恩恵を蒙ることが可能である。

　少なくとも，この提案には三つの目標が存在する。(i)低所得層の消費者信用市場における販売行為を改善する，(ii)債務者と債権者の間の力関係を公平にする，(iii)債務者にその種の負担を負わせたことがないような，別の債務者を優先する。この提案は，したがって，目に余る不正販売に対抗しようとするものである。例えば，公正取引庁長官によって注意が換起された，不公正取引慣行に取り組もうとするものである。すなわち，(i)県裁判所の判決を既に受けた消費者を販売対象として統合ローン（consolidation loan）を不正に販売すること，(ii)「ロールオーバー」「トップアップ」契約といった取引慣行をもつ貸金業者に対する特別な懸念がその一例である[44]。

---

43. 前掲脚注27のSally Falk Mooreを参照。Mooreは，法律改正に抵抗するような強力な社会的取り決めの能力についてコメントしている。
44. 前掲脚注39の*Unjust Credit Transactions*，およびSir Gordon Borrie, 'Lending to Those in Need: the Responsibilities of Lenders, Borrowers and Regulators', (Howellss *et al* 所収) 前掲脚注15を参照。

後者の取引慣行は、前のローンが終わらないうちに新しいローンを取得する消費者に関連するものである[45]。前のローンを清算するうえで、早期返済に対しては全く、あるいはほとんど信用が供与されることはない。これは、割引を規定する制定法上のルールが、特に短期ローンについては、非常に不利なものになっているためである。一部の貸金業者は、実際には法の要求する条件よりも有利な割引を行っているが、このことは「トップアップ」のような契約で消費者にとって最善の利益となるのかという問題を避けているにすぎない。もっと有利な道は、既存のローンが終わるまで待つか、新しい統合ローンを得ることである（融資する側の企業は、未決済のローンの数が少ないことを好む傾向にある）。

しかし筆者の提案は、債権者と貧困な債務者の関係を支配する基本的ルールにもっと根本的な変化をもたらすことを目的としたものである。この割高な商品の過大な販売促進、特に、与信が奢侈品の販売に用いられる場合を制限することを目指している。たとえば、筆者には、低所得家計にとって、救急箱やクリスマス用の食品を入れるバスケット、羽毛のカバーを購入することが最優先課題であるとは信じられない[46]し、超高金利の与信による支援を行うことでこうした販売を押しつけることは無責任であると信じている。同様に、われわれは、顧客の家計状態が改善する可能性があると提案することで獲得した販売[47]には疑問をもつ。また、返済予定が満たされないと集金者が困ることを示したり、予定通り返済すれば集金者がボーナスを得られることを示すことで[48]、顧客の忠誠心を苦しめるような提案をし獲得した販売にも疑問をもつ。あるいは、もし顧客が口座を維持しなければ、将来の借入の利用に影響が出ると脅す[49]ことによって獲得した販売にも疑問をもつ。このような支配力は、合法的だが非倫理的ないくつかの販売手法、特に貸金業者が「不要な奢侈品」の購入を貧困者に提案し、割高な与信契約を提供する手

---

45. 契約更新の実務慣行に関する議論については、前掲脚注2のRowlingson, pp. 109-12 および pp. 161-2 を参照。
46. 同上, p. 57.
47. 同上, p. 104.
48. 同上, pp. 106-7.
49. 同上, pp. 107-8.

法に使われるであろう。

　こうした提案はおそらく，関係する人物次第でありニーズ次第であると見なされるだろう[50]。筆者の提案は，貧困な消費者のニーズと顧客が置かれている立場を考慮することを契約の理論的枠組みの中に位置づけるべきだとするものである。また，商品販売における倫理基準を債権者には要求したい。その倫理基準は，単に不実表示や不注意を避けるだけでなく，債権者が経済的，社会的，心理的に支配している顧客に対して，債権者の責任を知らせることを要求するものである。必然的に，こうした強制執行を否定する原理は，裁判官に多くの裁量の余地を残すことになる。例えば，ローンが本来のニーズを満たすための唯一の手段であったり，過度の圧力が消費者に加えられたことが全くないというケースでは，債務契約が強制執行されるような状況もあろう。この評価を裁判所に委ねておくということには危険もある。というのも，裁判所は，法外な与信取引に取り組むうえで，現在の保守的な権限でさえも行使することを嫌がってきたからである[51]。

　消費者の紛争を解決するための一つの解は，新しい裁判所（forum）を設けることであろう。おそらく，銀行オンブズマンや住宅金融組合オンブズマンの経験に基づいた信用オンブズマンが，あるいは消費者審判所のような，より理想的なものが設立されることであろう。しかし，もしも裁判所に新しい権限が与えられたならば，もっと効率的になると期待できるいくつかの理由がある。債権者が従うべき上限金利規制もその一つであろう。境界値が設定される一つの理由は，債権者に取引が調査されるかもしれないと警戒させることにある。もう一つの利点は，裁判所に介入を行ううえでの信任を与えることである。このような介入を奨励することは，革新的な解決策を提案する動機が，最も伝統的基準から判断した場合さえ自明でなければならないという事実にもとづき支持されるべきである。これらの要因が，「自由」市場

---

50. *Critical Studies in Private Law* (Kluwer Law International, 1992) における T. Wilhelmsson の用語法を利用。
51. L. Bentley and G. Howells, 'Judicial Treatment of Extortionate Credit Bargains' (1989) *Conveyancer* 164 および前掲脚注 39 の *Unjust Credit Transactions* を参照。

を作った，神聖な合意に基づく契約法主義の時代に十分挑戦できることを望むのみである。

8.3 上限金利規制

ほとんど経済力がないうえに，搾取的なほど高い金利を課されることによって悲嘆に暮れる人々は，筆者自身のように，しばしば，上限金利規制が解決策になると期待することが多い。他の場合でも，筆者は上限金利規制の検討に賛成であったが，不公正な基準と結び付いた推定値の利用に基づくこうした政策を本気で支持することを控えるようになってきた[52]。こうした現実への妥協は，人々は市場には逆らえない（作り直すよりははるかにましである）という議論にも一理あって，上限金利規制導入の帰結として，貧困な人々が与信を得る機会が制約される（このこと自体は必ずしも悪いことではない）かも知れず，人々が違法な貸金業者に頼らざるを得なくなる（これは確かに厄介なことである）とも思われることにもよる。

しかし，上限金利規制に賛成することを控えるようになった主な理由は，本質的に反対であるからではない。結局，結論の多くは，法外な金利の推定値から導き出されたものであり，これらの反対理由に対しては，例えば社会的貸付機関の展開や違法な信用市場に対する効果的な監視によって反論できると筆者は信じる。筆者は，英国に上限金利規制が導入された場合に起こり得る抵抗という政治的現実を認めており，それに加えて，代替的な社会的貸付機関が十分に展開する前に，こうした法律が導入されるならば，純粋に借入を行わなければならない人々に何が起こるのかという懸念を払拭できないとする現実的な立場をとっている。

裁判所が高利の与信契約を無効とする権限をもつべきであるという前述の提案は，推定に基づく法外な金利という考え方を多くの点で修正したものであるが，上限金利規制という言葉を避けることによって，受け入れられやす

---

52. Howells, 'Enhancing the Choice of Credit for Poor Consumer', in R. Mayer (ed.), *Enhancing Consumer Choice* (ACCI, 1990); G. Howells, 'Controlling Unjust Credit Transactions: Lessons from a Comparative Analysys' in Howells *et al.*, 前掲脚注 15。

くなることが期待される。上限金利規制の導入や不公正な基準の採用を通して，金利規制を取り巻くことになる基本的な緊張の一つは，競争的市場の支配力の状況を単に近似することを追求するだけなのか，あるいは現状の市場の中で債権者が効率的に行動できる場合でさえも契約を禁止することを追求するかどうかである。筆者の見解は，規制を正当化するのは債務者への影響であるべきで，供給側の経済性ではないというものである。

筆者は，固定的上限規制に関して良心的とは思えないアプローチを支持してきたので，市場における介入はいつ正当化されうるのかという問いへの解答を試みてきた。その答えは，市場における移転（transference）という単純な作用以上のものを追求する中にある。介入への口実として，不当な圧力を探すことは適切でない。伝統的契約法原理のもとで，異議申し立ての対象となってきた方法，すなわち，不実表示，経済的な強要等を行う貸金業者の例はいくつかあるだろう。しかし，問題の多くは，関係の中で債権者が有している優位な地位を微妙に利用することから発生しているのである。

こうした優位性の利用は，例えば債権者が債務者の忠誠心を食い物にしているような場合に散見される。他に，債権者が貸倒れリスクのすべてを債務者に転嫁できるような市場構造から単純に発生するときもある。筆者の提案は，取引における債務者の真の利益の評価を行うことによって，市場構造の再編を行おうとするものである。これは，人々が締結すべきでない取引が存在するという信念を前提としているという意味ではやはり温情主義に属する。人々は，それが自分の最善の利益であると誤って信じこんでいるかもしれないが，筆者は，何が彼らの真の利益であるかに関して意見が全く異なるため，彼らの自由を制約すべきと考える。

しかし，温情主義に対する最も厳しい批判は，信念を他に押し付けることにあるのではなく，そうすることによって，助けようとしている人々を害するということにある。筆者は，裁判所がローンの利用目的について考慮することによって，こうした問題が回避されることを望んでいる。こうして，必需品を買うためのローンは，不適切な行動でないことを前提とすれば，奢侈品のための借入に比べて再交渉（re-open）の可能性は低くなる。貧困な人々は，奢侈品を購入するには少しだけ長く待たねばならないが，より多く

を購入する余裕ができることになるであろう。また，筆者の提案では，金利も制限しない。大富豪は，救急箱を500％の借入金利で買うことに合意できるだろうが，彼の基本的ニーズを満たす能力が脅かされているわけではないため，裁判所は介入する必要がない。裁判所がローンの利用目的を調べ信用販売の倫理を精査することが正当化されうるのは，貧困者の状況と，その状況において取引が与える影響についてである。

8.4 代替的金融機関

ここまで，われわれは与信を利用する多くの貧困な消費者の状況を改善するための二つの可能なアプローチについて考えてきた。限定的楽観主義のもと，われわれは，市場がより競争的で透明になるための方法について検討してきた。また，債権者が貧困な債務者の状況や利害を懸念することなく，債務者に対して有している経済的権限を行使した搾取を行うことが許されないように市場を再編するべく，基本的な契約ルールの再編制という野心的提案を試みてきた。この第二のアプローチに異論が多いのは，市場が与えられたものであるという前提に挑戦し，単に自分自身の利益に基づいて行動するだけでなく，倫理的および社会的責任を承知すべきことを，契約当事者に要求しているからである。以下で検討する第三のアプローチは，代替的な社会的貸付機関の展開についてである。

このアプローチは潜在的には革新的であるけれども，基本的ルールを変更することによって市場を再編することを目指したアプローチよりも受け入れられやすい傾向にある。それは，既存の参加者にとっての「ゲームのルール」を変更することなく，貧困な消費者のための信用市場に新しいプレイヤーを参入させるからである。社会的貸付機関に支払われる補助金に反対する人もあるかも知れないが，このアプローチが比較的あまり論争にならないのは，少なくとも英国では，現在までの歩みが，低所得者向け消費者信用市場に限定的な影響しかもたなかったという理由からのみである。

世界的に，社会的銀行（social banking）が復活してきている。バングラデシュのGrameen Bank[53]や，シカゴのShorebank Corporation[54]がしばしば例として引用される。その他ヨーロッパ内でも，オランダでは地域信用

銀行や貧困者にローンを提供する社会扶助ローンの制度がよく発達している。フランスでは，15世紀には慈善質屋機関であった公営質屋（monts de piétés）から発達した市町村信用金庫（Caisses de Crédit Municipal）を通じて，社会的ローンの供給が続けられている[55]。しかし，ここでは現在の英国における二つの代表的な社会的貸付機関についての簡単な議論を行うに止める。一つは信用組合[56]であり，もう一つは生活保護助成基金[57]である。おそらく，社会的貸付についてある種の可能性を示すことができるとともに，貧困な消費者の問題を解決するためのこのアプローチの限界に注意を喚起することになろう。

　貸金業者と顧客間の関係が強力で長期的であることが多いのは明らかである。われわれは，このことが，法体制の変更が実際の実務慣行に影響を与えることを妨げている障害となり得ることを既に指摘した。同様に，もし消費者にその忠誠心を改めるように説得できないならば，社会的貸付機関の展開

---

53. 前掲脚注26, at 187のRamsay, およびG. Howells, 'Contract Law: the Challenge for the Critical Consumer Lawyer' in T. Wilhelmsson (ed.), *Perspectives of Critical Contract Law* (Dartmouth, 1993) を参照。
54. Shapiro, 'Shorebank Corporation: a Private Sector Banking Initiative to Renew Distressed Communities' (U. Reifner and J. Ford (eds), *Banking for People* (Walter de Gruyter, 1992) 所収).
55. 前掲脚注15のG. Howells and M. Moroney, 'Social Lending in Europe' (Howells *et al*, 所収) を参照。
56. より詳しくは，R. Berthoud and T. Hinton, *Credit Unions in the United Kingdom* (Policy Studies Institute, 1989); G. Griffiths and G. Howells, 'Britain's Best Kept Secret: an Analysis of Credit Unions as an Alternative Source of Credit' (1991) *Journal of Consumer Policy* 443; G. Griffiths and G. Howells, 'Slumbering Giant or White Elephant: Do Credit Unions have a Role in the United Kingdom Credit Market?' (1991) 42 *Northern Ireland Legal Quarterly* 199; G. Griffiths and G. Howells, 'Credit Unions in the United Kingdom and Possible Legislative Reforms to the Credit Unions Act 1979', in Howells *et al*., 前掲脚注15。
57. Howells, 'Social Fund Budgeting Loans: Social and Civil Justice?' (1990) 9 *Civil Justice Quarterly* 118; J. Mesher, 'The Legal Structure of Social Fund' (M. Freeman (ed.), *Critical Issues in Welfare Law* (Stevens, 1990), 所収); G. Craig, 'Classification and Control: the Role of Social Fund Loans' (Howells *et al*, 所収) 前掲脚注15。

の障害になり得ることを指摘した。多くの消費者の債権者選択は，ほとんど価格弾力的ではないように思われるので，社会的貸付機関の最大の魅力である低金利は一部の潜在的顧客にとっては期待されるほど魅力的でないかも知れないために，特にこの懸念は大きい。それゆえ社会的貸付を行う者は，低所得層の消費者を引きつけるような提供方法を確保すべく，可能な限り努力しなければならない[58]。次のような仮説を提示することができるであろう。低所得層の消費者は，機密性（confidentiality）を要求するが，これらの人々こそ，よく知っている債権者との取引を好み，自分たちの払える利率で返済でき，もし返済が困難になった場合には十分弾力的であることを認めてくれる債権者との取引を求めるのである。また，多くの人々は，集金者や債権者の事務所で毎週返済したいと望んでいる。

8.4.1 信用組合

信用組合は，月当たり1％の金利（APRでは約12.7％）を超えない利率で，会員の貯蓄を利用した貸付を行う金融協同組合である。月1％というのは魅力的な販売のスローガンであり，顧客は貯蓄を続けなければならない（またその貯蓄を引き出せない）ので，たとえ隠れたコストがあるとしても，貸金業者以外の選択肢をもたない消費者にとっては，このことはあまり大きな懸念にはならないであろう。低所得層の消費者をターゲットにした地域に基盤をもつ信用組合にとっての問題の一つは，組合を支えるインフラを発展させることと，組合を運営する地域会員を教育することである。地方当局の資金援助を受けるケースもいくつか見られるが，組合が長期的に維持可能かどうかは不明である。低所得者地域における大きな問題点は，ローンを提供するために十分な資金を確保できるように，貯蓄できる十分なお金をもった消費者を探すことである。こうした信用組合が設立できるならば，これは，低所得層の消費者ニーズを満たせるのであろうか。組合は地域に根ざしたものなので，その地域に事務所を設置することになろう。しかし，多くの組合がボランティア職員に依存しているので，営業時間は制約され，ほとんどの

---

58. 債務者が債権者選択を行うにあたってどのような要因が影響するかについて調査するための実証研究を筆者は行っている。Howells *et al*., 前掲脚注15を参照。

組合は個別集金を行う能力がない。週ごとの返済期間を設定し，返済額の水準を会員が支払える水準に設定することが信用組合にとって問題になるとは思えない[59]。組合を運営する人が地域の会員であることが多いので，居住者に組合会員になり組合に加入することを奨励するような気安さがあるに違いない。しかし，もし近所の人と金融の問題について話し合わなければならないなら，機密性がないことを恐れる人もいるかも知れない。要するに，信用組合は，貧困な消費者にとって積極的な選択肢の追加となり得る。しかし，信用組合には，設立を行い長期的に運営し続けることに対する実務的な実現可能性の問題や，会員が資金を借りることができるようになる前には最初に貯蓄実績が必要になることなどからくる限界もある。信用組合が，低所得地域の相対的に裕福な人や動機づけの大きな会員を助け，貧困な人々をさらに孤立させる可能性もある[60]。

8.4.2 生活保護助成基金

生活保護助成基金（Social Fund）は，生活保護を受ける人々に対して無利子のローンを提供することを目的の一つとする政府の制度である。社会的貸付機関としての生活保護助成基金に関する基本的な欠点は，これがローンの追加的な利用を提供するために設立されたのではなく，むしろ，事前に認められたニーズに見合った，現金での貸付金制度を導入することで，社会保障支出を制限しようとする試みということであったことである。この制度はあまり人気がない。ローンの提供について裁量権をもつ，生活保護助成基金の役人の慈悲を請うような真似はしたくないという理由も一部にはある。また，ローンは無利子であるが，源泉徴収される返済金額は，受給金額に対してか

---

59. 前掲脚注56のBerthoud and Hintonのp. 102では，これはどちらかといえば，相対的に小規模である低所得の会員によって持ち出される貸付金額の大きさに起因しており，返済率に関連して低所得の会員の嗜好が大きく反映されているわけではないことが示唆されている。
60. しかしながら，信用組合の恩恵はその提供する低コストのローンに限らない。より大きな重要性をもつのは，それが生みだす地域精神であろう。すなわち，経営に携わる地域会員に教える経営の技術，それから生じる信頼，また，貯蓄をするように教育し，組合が培っている資金管理に関する教育が重要である。

なり大きな比率であり，申込者は，毎週ごとの資金繰りを操作する柔軟性がほとんど与えられていない。貧困者向けの補助金付きローンには一定の役割があるかも知れないが，これは基本的な給付水準に対して追加的なものでなければならない。ローンの金利が市場金利と同じであっても，返済スケジュールが容易な方がよりよいかも知れない。同様に，ローンの提供は，給付を行う政府機関とは別の機関によって運営される方がより望ましいかも知れない。そうすれば，貧困者は，こうしたローンを給付金担当の役人の裁量による施しではなく，彼らが目を向けるべき債権者についてのもう一つの選択肢として見ることになるであろう。

9．消費者向け法律家の仕事

　裕福な人々から貧困な人々への再分配的支払を伴う政策の採用が政治的に望まれていないならば，貧困者を助けるために法律家ができることはほとんどないように見える。しかし，消費者法の目的の一つは，すべての人々，特に貧困な人々が，利用可能な資源を最善に利用することを保証することでなければならない。消費者信用は，貧困な消費者が消費者集団から孤立させられ厳しい条件を強いられるような自由市場哲学から被害を蒙ることが，おそらく最も明白な領域であろう。消費者保護運動家はより透明で競争的な市場の育成を奨励し，貧困な消費者でも利用可能な最善の取引が実現可能になるよう，教育を受けられるように活動しなければならない。社会的貸付機関が未発達なところでは，貧困な人々のニーズが満たされるようにしなければならない。消費者保護に携る法律家に固有の仕事は，市場の法的枠組みが未完成であること，また，競争的自由市場をもつことが完全に実行可能であり，それには社会正義による支えや，債権者がわれわれの社会の欠点に対して敏感になることが必要であることを示すことである。

第 12 章

金融サービス市場における人種・ジェンダーの平等性

イアイン・ラムゼイ＆トニ・ウィリアムズ

　市場が差別を止められないことは多い。実際のところ，市場は解決をもたらすよりも問題そのものであることもある。市場は差別が繰り返されることを保証する。反差別政策としての市場に熱狂的な期待をかけることは，せいぜい希望的観測にすぎない[1]。

1．はじめに

　20世紀の終わりに際し，金融サービスの消費者市場は社会政策上の重要な焦点になってきた。北欧諸国では福祉国家制度が大規模な再構築の途上にある。その要素の一つとして，社会的供給（social provisioning）の再民営化がある。民間保険，年金，銀行ローンが，20世紀半ばの公的な長期金融制度（publicly funded institute）や社会保険制度の代役を果たしつつある。発展途上国の多くでは，国際通貨基金（IMF）のような国際資本の保護者により要求された厳格な法案によって，基本的な社会福祉制度の創設さえ妨げられてきた。

　国境を越えた銀行合併の結果として，次第に金融資本の規模が大きくなり，異なる業態の金融サービス提供者の間に存在した伝統的規制の「壁」の崩壊が生じるなど，金融機関も変化の時代にある。これらの金融サービスにおける展開は，金融市場の重要な役割と関連している。技術革新によって，世界の金融市場を結び瞬時に巨額の資本を移転することが可能になり，資本取引における利益機会を世界中で探すことが容易になった。金融市場は，グロー

---

1. C. Sunstein, *Free Markets and Social Justice* (OUP, 1997), p. 151.

バルな取引市場のなかで可能な限り高いリターンを求めて利益を生みだそうとする場所である。この収益蓄積プロセスの高速化によって，国際的金融市場を「現実的資本主義者の集合体，すべての収益蓄積の母」として描写する人もある[2]。また，この市場では，ここ数十年の間にリスク管理手法が開発され洗練されてきたにもかかわらず，国際的暴落の可能性はつねに存在する。また，銀行のような金融資本の構成単位（unit）はこの市場の論理に従うため，こうした金融資本は現代の新しい情報資本主義[3]のなかで支配的な金融機関のようにみえるにもかかわらず，これらの金融機関もまた，これらの市場の圧力には隷属的なのである。

「情報資本主義」では，多くの個人は生産者あるいは消費者としての価値が低いものとして扱われ，社会的不公平と社会的排除の問題の徴候がみられる[4]。こうした問題は，伝統的金融サービスに関する消費者市場のセグメンテーションが加速することに反映されている。この不公平な扱いにはいくつかの次元がある。まず，洗練されたテクノロジーを用いた消費者の区分・分類が次第に行われるようになってきている。こうしたプロセスを通じて，リレーション・バンキング市場におけるサービス提供者間の競争の中で，高所得の消費者は競争の利益を享受している。反対に，セグメンテーションの底辺の消費者は，まるで捨てられた商品のように取り扱われ，主流の貸し手から信用を供与されたり標準的サービスを提供されることが困難になっている。これらのマーケット・セグメンテーションは，市場の特異な規制にも反映されている。上中流階級の消費者向けサービス，例えば証券市場や銀行預金保護などへの規制には，質屋や手形割引（cheque cashing）や所得税割戻しサービスなどの規制に比べてより多くの資源が費やされている。後者のサー

---

2. M. Castells, *The Information Age : Economy Society and Culture Volume III : End of Millennium* (Blackwell, 1997), p. 343.
3. Castells（同上）から引用。
4. Castells, *The Information Age : Economy, Society and Culture* Vol. I : *The Rise of the Network Society* (Blackwell, 1996) 第2章および注参照。英国については，例えば，Commission for Social Justice (1994), *Social Justice : Strategy for National Renewal*, p. 28, Joseph Rowntree Foundation (1995) *Income and Wealth*, vol. 1, vol. 11, chapter 5 など参照。

ビスはすべて，米国においては成長中の「非主流銀行（フリンジバンキング）部門」[5]に属する。金融サービスが階層化することの分配上の影響は，低所得地域で銀行その他の金融機関が閉鎖・閉店した場合に大きい。金融サービスや支払システム，信用へのアクセスは社会生活の多くの局面において必要であるので，これらのサービスから排除されることは，社会的生活からの排除であり，社会に十分に参加する能力が奪われることを意味する。信用と資本へのアクセスから排除された地域は急速に衰える。このため，ここでの消費者利益を，現代社会における広義の市民権の問題に関するものとしてみることが適当である。それゆえに，民主主義的参加や説明責任，平等などの公共的な領域に関連した評価は，信用市場の評価や消費者金融サービスの提供とも関係がある。

　自営業者は高水準の成長を続けてきたが，その多くは女性である。零細な自営業者は，金融機関に強く依存していることが多い。こうした自営業者たちは，銀行や他の貸し手との取引にあたって排他的な政策や取引慣行に直面するかも知れず，少なくとも，消費者として交渉上不利な立場にある。

　ここまでみてきた通り，信用と資本へのアクセスはポスト福祉国家（post-welfare state）の中で，重要な公共問題であることがわかる。この章では，金融サービスへのアクセスの中での人種やジェンダー（性）に関連した公平性に対する市場の規定について探る。われわれは，例えば住宅抵当貸付や保険のような，持ち家に関連したサービス市場について議論し，人権に関する立法，地域再投資戦略，信用・資本へのアクセスにおける制度上の変化を含む，差別的慣行に対するさまざまな反応について概説する。また，サービス市場の制度的構造の中で，女性や特定の人種を搾取し冷遇するような力を法律が取りこんでいることについて論じる。これは契約の自由という判例法主義の伝統的解釈の中に織り込まれており，この力の持続性は軽視すべきでない。ジェンダーと人種の不公平にはともに，経済的あるいは文化的な次元があり，救済策は排除や抑圧へのこれら原因の双方に対して向けられなければならないことを認識することが重要である。もし銀行家が貧困や人々の福祉

---

5. John P. Caskey, *Fringe Banking ; Check Cashing Outlets, Pawnshops, and the Poor* (Russell Sage Foundation, 1994).

に関するメディアの固定観念を信じるなら，この固定観念は金融サービスの枠組みのなかで，これらのグループにとって信用排除をもたらす他の要因を強化してしまうことを論じる必要がある。

　人種やジェンダーの不公平をつくりだし再生産するかも知れない，微妙だが根強い力が社会制度のなかに存在することについて，多くの人々が次第に気づいてきたことは最近50年の重要な展開の一つである。20世紀中ごろの市民権闘争と女性運動は，明示的な形で多くの排除と差別を除くことにつながったかも知れないが，社会的あるいは経済的に完全な公平性は，達成困難な目標であることがわかってきた。女性や差別されている人種の人々は，いまだにひどい状態や隠れた暴力のもとにあったり，力へのアクセスから事実上ほとんど排除されたままであったりする。こうした人々から成る地域や，その地域内の人々の生活は依然として，社会から取り残されたままである。市民社会の中にはこれらの人々が完全に参加することに対する些細な障壁が存続しているのである。

　私的および公的権力における表面的な差別的体制の除去が人種・ジェンダーの公平性をもたらさなかったという認識は，問題の本質やいかに前進すべきかに関する熱い議論を引き起こした。現状維持派は，現行制度は一般的に予想されていたとおりに機能していると主張する。これらの人々は，差別をしないという原則は，望ましい改革の限界を表しており，あるいは達成可能な改革の限界さえ意味すると主張する。もし女性や特定人種が公式には平等原則によって保護されているにもかかわらず不利益を感じ続けるのであれば，落ち度はこれらの人々の選択，態度，選好にあるにちがいないというのである。

　批判者は，人権主導から得られる利益に限界があることは，差別や排除の歴史に取り組むことなしに形式的な公平性を促進しようとする戦略の弱点を示していると主張する。彼らはまた，もしも制度的慣行に社会的あるいは経済的排除の歴史的パターンが織り込まれているのであれば，参加への現在の法的障壁を取り除くだけでは不十分であると論じる。こうした状況のもとでは，本質的な不公平の頂点に公式な公平性を積み重ねることは，おそらく排除的な力を解消するよりは，それを隠すことにつながるであろう。人種や

ジェンダーの不公平は，ある意味で，資本主義社会における自由体制の伝統的市民権の外にあるものともいえる。これらを根絶するには，支配的制度をより先見的・体系的に崩壊させることが必要になる。

2．契約からの自由：排除と搾取

　サービス市場の制度的構造は，これらのサービス供給を律するさまざまな法的制度によって構成される。北米の多くの地域では，当該市場が強い公的規制下にある場合にでさえ，財産と契約のコモン・ローが市場の中心的存在として構築されている。コモン・ロー上の規範は基本原則の集合であり，その位置づけは，そこから出発することが正当化されなければならない出発点であり，また，代替的規制体系をみることのできる解釈的なレンズとして働く，というものである。これらの規範は非常に弾力的である。コモン・ローのみによって構成される市場はほとんどないにもかかわらず，コモン・ローの価値とその規定は市場の現代的理解を支配しつづけている。

　　この理論の適用可能性は，時期によっては限定される場合がある。第一に，排除がある。家族法や労働法や反トラストなどの法の全範囲……これらはかつて統一的契約理論の一部とみなされていたが，次第にその理論と同化できない特定の分野の集合として扱うべきものとみられるようになってきた。次に，例外がある。法の実体と社会慣行……これらは契約の中心的な部分にある例外的な原則の集合に相当する。最後に，制止がある。長期契約取引にあるような問題……これらは，明確な明示的規範によらず，しばしば，支配的ルールから場当たり的に逸脱したアイデアによって処理される。これらの排除，例外，抑圧を足し合わせたもの……伝統的契約理論……は，指摘あるいは認知された権威がその現実の力を大きく上回る帝国のように見える。実際，少なくともある重要な意味で，この理論は支配的でありつづけている。この理論に比べると，他のすべての思考モデルは劣ったものと位置づけざるを得ない。この知的優位性は重要な実務的帰結をもたらすことになる[6]。

　　6．Roberto Mangabeira Unger, 'The Critical Legal Studies Movement' (1983) 95 *Harvard Law Review* 563, 617.

コモン・ロー上の財産および契約制度は，経済主体に，例えば自分たちの財産にアクセスすることの認可や拒絶といった決定のように，自分の支配できる財産についての決定権や，市場で利用できる条件決定についての力を与える。コモン・ローの原理は，財産の支配，アクセスについての決定を行う権威，権威づけられた決定への干渉に対する禁止をめぐって独自の様式をもっている。この実質的な力の様式は，契約の自由というイデオロギーによって代表され，生みだされている。これは一般的に，自分の選択についての説明責任なしに自分たちの支配する財産に自由にアクセスすること，消費者が受け入れるかどうかを判断する基準となる，財やサービスの利用を可能にする条件決定について自由な意思決定を行うことを，私的主体に認めるものである。ここでの文脈では，国家の干渉は契約へのアクセスや契約の実質的内容についての司法上の統制を含むものである。一般的に国家の干渉は許されてはいないが，一定の状況下では，自分たち自身で自分を守れないとみなされた消費者には，司法による，過酷な契約条件からの保護が利用できることがある。

　批判的な法学者や経済学者は，契約の自由というイデオロギーに対して継続的に攻撃を展開し，その矛盾点を示してきた。契約の自由は，根本的にあまりにも漠然としたままであったかも知れないが，排除を正当化するほど力を衰えさせてはいない。「契約からの自由」はコモン・ローの理想的基盤である。「契約からの自由」では人種や性，あるいは他の特性に基づいて，消費者と取引することを恣意的に拒否することを認めることが制度化されている[7]。競合する平等という目標を保証するために，コモン・ローでは介入手段としての人権法制が構築されている。古典的法律の中で，契約の自由の基本的側面であるのは，この自由である。しかしながら，自由と平等の対比は，契約からの自由や消費者の契約の自由という二つの自由の葛藤で置き換えた

---

7. Neil G. Williams, 'Offer, Acceptance, and Improper Considerations: a Common Law Model for the Prohibition of Racial Discrimination in the Contracting Process' (1994) 62 *George Washington Law Review* 183；注 'The Anti-discrimination Principle in the Common Law' (1989) 102 *Harvard Law Review* 1993.

ほうがよいかも知れない。個人が人生計画を展開する能力は，一部のグループによる，ありがちな「契約からの自由」の行使によって，厳しく制約されるかも知れない。「契約からの自由」の側面の多くは，司法や立法によって認められた許可に表されており，それゆえ，不公平な条件の利用に関する司法上の明示的な禁止と同様に，政府の行動にも大いに関係している。

3．信用と資本へのアクセスにおける人種差別への答え：人権法

　司法におけるさまざまな人権法では，これらの法が民間主体による人種や性，他の差別対象となる特性に関連した排除的決定を一般的に禁じる限り，ある程度，コモン・ローを修正しなければならない。伝統的人権モデルは，平等な取り扱いという理想を認めている。個人が違いを変えられないような，本来どうでもよい特性の違いのみを理由に，同様の状態にある個人2人を供給者が市場で差別するのは誤っている。人権法における大きな展開は，「異質インパクト（disparate impact）」の認識であった。これは，平等取り扱いモデル（equal treatment model）より進んだものであり，明らかに中立的な排除基準が，人権法制のもとで守られたグループに不相応に不利な影響を与える可能性があることを認識したものであった。異質インパクトの考え方は，米国の雇用差別から生じたものであるが[8]，この考え方は，信用供与申請における持ち家持続度のような指標の利用が，マイノリティグループに対して差別的であるかも知れない事実について，注意を喚起した。なぜなら，マイノリティグループの人々は，経済的な向上をめざしてしばしば引越しする必要に迫られる場合があるからである。

　カナダのオンタリオでは，地主が潜在的なテナント（賃借人）や借り手をスクリーニングする手法として，賃貸料が収入の30％以下であるかどうかという基準を採用しているという問題に対して，異質インパクト分析を用いた異議申立てが人権委員会（Human Rights Commission）に持ちこまれた[9]。

8.　*Griggs v Duke Power Co.* 401 US 424 (1971) 参照。
9.　*In the Matter of a Hearing before the Ontario Human Rights Board of Inquiry Board* File Nos. 92-0213/4/6 *Bramelea Ltd and Shelter Corporation ats.*

この申し立てでは人権規約のもと保護されるグループ，例えば生活保護を受けている人々，シングルマザー，難民，若年者，黒人などの消費者に対して異質インパクトをもつか否かという議論が行われた。この例を通じた議論では，信用に対するアクセスの不公平さへの対応として，この形式によって人権戦略をたてる可能性とその限界が明らかにされた。

地主と金融関係者たちは，賃貸料／所得レシオは単なる貸倒れリスクに対する合理的反応に過ぎず，こうしたスクリーニングを禁止することは，もっと不公平なスクリーニングの形式をもたらす可能性があり，価格の上昇や，限界的テナントがさらに排除されることによって，テナントたちがより悪い状態に陥る可能性があると論じた。また，もっと主観的な，個々の潜在的テナントの評価に比べて，相対的に客観的な所得基準の方が好ましいとも論じられた。これは，消費者保護における分配上の測度に対する標準的な新古典派の反応といえよう。しかし，このケースでは現実の賃貸市場がこうした様式で運営されているかどうか証拠は明らかではない。所得基準がしばしば排除をもたらす恣意的基準となっており，低所得の消費者は怠惰で信用できないという固定観念に基づいた裁量的意思決定を正当化しているということについては，ある程度の証拠がある。訴訟の被告を含む地主たちは，所得の30％以上を賃貸料として支払っているテナントに対しても賃貸を行ってきた。金融関係者はこれらの主張に対して強く反論しているが，これは（契約からの自由によって）相手をうまくあしらえる裁量的支配権を失うことへの恐れを表しているのかも知れない。この例は，文化的イメージと排除を結びつけることについて，また明確な客観的基準がどの程度，特定グループに対する文化的な先入観を強化するかについての注意を喚起するものである[10]。この点から考えると，問題は「不可避的な市場の力」対「市場の力に対抗する再分配への試み」という単純なものではない。むしろ，制度的構造と賃貸住宅市場の運営についてのもっと複雑で経験的な問いであった。この市場は抽象的な新古典派モデルとは大きく異なるため，経済的予測は，市場の特殊

Kearney et al. を参照。

10. Harris v Capital Growth Investors X1V (1991) 805 P. 2d. 873 の中のこれらの問題の議論を参照。

な実証的環境の文脈の中で行われなければならない。また，市場に関する抽象的モデルに基づいて，賃貸料／所得比率を用いた市場への影響について正確な予測ができるかどうかについては議論の余地がある。実証的にいうならば，この問題についての配分的・再分配的な選択の影響は不透明である。

　この例は，グループに関連したミスリーディングな文化的イメージに対して，どの程度まで厳密な経済分析が仮定できるのか，注目を集めるような有益な効果を持っていたかも知れない。しかし，貸付差別に対する人権アプローチには限界がある。特に，取引を行う民間関係者に人々が強く依存している場合にはなおさらである。異質インパクトに関するまともな議論を展開するためには，異質インパクトについての結論を支持する統計データの利用可能性が重要である。異なるグループに対する貸付慣行について公表されたデータがない限り，こうした分析結果を得ることは困難となるであろう。米国においては，金融機関に対して人種ごとに住宅借入データの集計を要求する住宅抵当貸付情報公開法（Home Mortgage Disclosure Act）の存在によって，住宅抵当貸付における差別を強く監視し強制的行動を行うことが可能になっている。しかし，このタイプの情報なしにこうした行動を行うのは困難である。加えて，人権アプローチは人権法制の中で認められたグループのみを保護するため，経済的差別の問題に間接的に取り組むのみである。こうしたアプローチは，人権法制で特定された以外のグループを恣意的に排除することを認めてしまうコモン・ロー上の排除の中心的問題をむしろ大きくしてしまうかもしれない。通常の個人が（伝統的な市場の失敗を超えて）市場で直面するあらゆる不利益は，単に市場の結果として，あたかもこれが特に，識別可能で政治的な問題以前の制度的枠組みと関連しているかのように説明されうる。加えて，これら厳しい差別から排除されているグループは，保護を得るために特定の利害グループに属しなければならないとか，他のグループの間で連合を形成するチャンスが減ったと感じるかも知れない。最後に，これらの事例の象徴的影響は重要かも知れないが，これらによって貸付および貯蓄市場の制度的構造に大きな，あるいは根本的な変化がもたらされるとは考えにくい。しかし，決定的に分配上の影響を持つのはこれらの制度であるかも知れないのである。

4. 融資・保険契約差し止め地域指定

融資・保険契約差し止め地域指定（Redlining：以下，レッドラインニング）をめぐる争いは，消費者向けサービスの主要な市場の中で，排除の慣習を破る先見的戦略が必要となる好例である。レッドラインニングとは，関連する客観的特性にかかわらず，居住地を理由にして，財やサービスが提供できなくなるような方法や，好ましい条件以下でしか入手できなくなるような過程を指す[11]。レッドラインニングが最も注目を集める米国においては，レッドラインニング問題は，住宅建設に関連した貸付および保険サービスの市場に強い関連がある。これらのサービスへのアクセスを拒絶されてきた消費者は，主にアフリカ系アメリカ人である。レッドラインニング問題は都市政策の問題とみられがちであるが，排除の原因や，その有望な解決策は，消費者サービス市場の運営の中にある。

レッドラインニングは，アメリカの住宅建設市場に現在も残る人種的排除慣行である。これらの慣行は長い歴史をもち，長年，これは政府の制度によって助長されてきた。例えば，1930年代の連邦住宅局（Federal Housing Administration, FHA）の政策マニュアルでは明らかに，マイノリティ人種は連邦補助金事業の受益者というよりはその脅威とみなされていたことを示している。

> 相容れない人種的および社会的グループが存在するかどうか，またそれらのグループによって地域が侵害される可能性を予測するため，居住地をとりまく領域を調査するべきである。もしも隣人が安定を保っていれば，不動産は同じ社会あるいは人種階級によって占有され続けることになるにちがいない。社会的または人種的な占有の変化は一般的に不安定化の一因になり，不動産の価値を低下させる[12]。

---

11. Gregory D. Squires (ed.), *From Redlining to Reinvestment : Community Response to Urban Disinterment* (Temple University Press, 1992) に所収のGregory D. Squires, 'Community Reinvestment : an Emerging Social Movement'. また，Robert D. Ballard, J. Eugene Grigsby III and Charles Lee, *Residential Apartheid : The American Legacy* (CAAS Publications, 1994) 全般を参照。

この住宅市場へのアプローチは，20世紀半ばの数十年間，FHAでは一般的なものであったために，当局はニュルンベルグ法から抜粋したと思われる人種政策を採用してきたと説明する評論家もあった。創設以来，FHAは全白人の地域の擁護者として自らを位置づけてきた[13]。

しかし，1960年代末期までに，連邦のさまざまな提案によって米国住宅市場の中での政府の新たな役割が形成されてきた。連邦当局は少なくとも表面的には，差別是正と公正な住宅供給の主要な後援者となった。1968年に導入された連邦公正住宅供給法（Federal Fair Housing Act）[14]は，住宅市場における差別を禁じた。禁止対象となったのは肌の色や血統を含むさまざまな基準に基づく差別である。これは貸付市場において人種や他の形での差別を禁止した信用機会平等法（Equal Credit Opportunity Act）[15]と，金融機関に貸出活動についての詳細な年次報告書を提出することを求める1975年住宅抵当貸付情報公開法（後に1990年金融機関改革・再建・強化法（FIRREA）によって強化される）によって補強された。

この立法措置の多くは，住宅に関連した金融サービス市場の基本ルール改正を志向している。差別をしないことについての基本的規範は，禁止された根拠によって融資者が意思決定を行うことを阻もうとしている一方，情報公開要件は金融機関の意思決定過程の透明性を高めようと試みている。これら市場からの排除に関する融資者の裁量を減らすことによって，マイノリティの参加機会は改善するに違いない。

しかし，レッドラインニングが続いている事実は，消費者サービス市場からの差別的排除問題への解決には，これら型どおりの改革よりも多くのものが必要となることを示している。特定の特性に頼ることを禁止する試みが何

---

12. 連邦住宅局引受マニュアル（1938）Washington DC: US Govt Printing Office937. 脚注11の前掲，Squires, 'Community Reinvestment: an Emerging Social Movement' より引用。
13. Kenneth T. Jackson, *The Crabgrass Frontier: The Suburbanization of the United States* (Oxford University Press, 1985), P. 215, Charles Adamsから引用。
14. 42 USC 3601-3619.
15. USC 1691 ff.

度か行われたが，その都度，潜在的な借り手を分類し得点化する，より洗練された手法が登場してきた。これらの方法は故意であろうとなかろうと，マイノリティの消費者にとってさらに不利な状況を定着させるかも知れない。一つの手法の間接的な排除インパクトが暴露され注意が払われると，別のものがそれの代わりとして登場する。問題の一部はこれらの市場の中での人種的排除という遺産であり，結局これは，借入れ申し込みの中での持ち家持続度指標の利用という上述の例で明らかにされたように，明らかに客観的要因が人種的影響を背景とした文化的価値観によって色づけられることになる。

5．地域再投資とそれを超えて

 マイノリティの消費者サービス市場へのアクセス機会をもっと効果的に改善する戦略は，変化をもたらす特定の現実的行動を供給者にとらせることかも知れない。たとえば地域再投資法[16]は銀行に対してマイノリティ居住区における支店設置（もしくは閉鎖しないこと）を求めている。この法律は，銀行が「低中所得者を含む地域全体の信用ニーズを満たし，健全で安全な運営」を満たすことを求めている。この法律の米国銀行業における重要性は次第に高まっている。もしもこの法律の求める水準に対する達成成績が悪いならば合併が阻止される可能性があるため，この法律は，銀行の低所得地域へのかかわりを求めることを通じて，地域グループに重要な借入利用の機会を与えている。また，連邦準備理事会（Federal Reserve Board, FRB）は，銀行が低所得地域のニーズを満たしているかどうかについてのパフォーマンス評価測度を開発しており，そのデータは公衆に公開されている。この法律は，低所得地域への貸付を増やし，合併の過程に大きな民主的説明責任を付け加えることになった。一つの問題点は，銀行が全国展開して大きくなったときの地域（community）の定義の問題である。大恐慌以来，米銀は地域を基盤とするものであったが，立法上，全国銀行についての制限を放棄したことは，地域の定義を複雑にし，英国のような国々にこの法を移植する試みにも影響

16． 12 USC 2901-2906.

を与えている。地域再投資法に加えて，広告，雇用，貸出政策を伴う先見的な法律が，公正住宅供給法（Fair Housing Act）の行政上の強行規程により施行された。これらの規程を履行するための最近の同意判決（consent decrees）は，特定の市場およびその市場内の特定供給者に対する詳細な規制が変化への道であるかもしれないという可能性を示した[17]。

これらの改革は銀行文化と同様，貸付政策の基本ルールに影響する可能性があり潜在的に大きな可能性をもつ。Peter Swires は，銀行の中で影響力をもつ立場にある人は，低所得地区（neighborhood）にほとんど接触してこなかったと論じている[18]。銀行業で成功する道は，伝統的に大口の企業ローンにかかわることであった。加えて，しばしば貸付決定において重要な裁量権を行使しなければならない貸付責任者の行動をモニターしようとすることには大きなエイジェンシー・コストがかかるかもしれない。こうした構造は銀行業ではどちらかといえば一般的なことであるため，銀行は，自分たちの不得意領域では同業他社も投資したいとは思っていないことを合理的に計算しているかも知れない。こうした要因が組み合わさって，低所得で不利な立場の地区への過少投資という帰結がもたらされるのかも知れない。このため，地域再投資法のような法律は，次第にこれらのものの見方を変えていき，低所得者を信用できないものとしてみる固定観念を減らすような経済的および文化的影響をもつかも知れない。銀行がいったん地域で設立されると，単純な利益最大化欲求は，地元地域の特性に対して貸付政策を適合させるような，大きな誘因をもたらすかも知れない。

しかしながら，このアプローチには潜在的に限界がある。米国における地域再投資法が早期展開したことは積極的差別是正措置（affirmative action）のモデルとしてしばしば概念的に説明される。このため，市場の収益性論理はもっと利益のある投資をさせることになるので，政府による強制がなけれ

---

17. 例えば *US v American Family Mutual Insurance Co. NAACP v American Family Insurance Co.* (US Dist. Ct.) Civ. Action No. 90-C-0759 (Wis) Consent Decree. *US v Chevy Chase Saving Bank and B. F. Saul Mortgage Company* Consent Decree (1993) 参照。
18. P. Squires, 'The Persistent Problem of Lending Discrimination: a Law and Economics Analysis' (1994-95) 73 *Texas Law Journal* 787 を参照。

ば銀行はこれらの地域に対して投資を行わない，と解釈される。この議論は，「市場の力」は銀行活動を単一の投資に向かわせるという仮定に立脚している面があり，それぞれが同様の収益レベルをもたらす可能性をもつような，潜在的選択肢のメニューがあるという考え方には立脚していない。この法律は，低所得者向け貸付の収益性を示すことによって，この概念を変えることに役立つかもしれないが，積極的差別是正措置のイデオロギーが低所得消費者が信用力が劣るという文化的固定観念を強めてしまうかも知れない。福祉国家モデルの自由主義モデルは，対象となる貧しい人々に事後的な支援を行う一方で，階級区分という烙印を押しそれを固定化するかも知れない。地域再投資法という積極的差別是正措置モデルも低所得の借り手に対して同様の帰結をもたらす可能性がある。

　地域再投資法および他のプログラムの最近の展開に反映されているような，より進んだアプローチは，法のもと，銀行に義務を課す可能性をもつ，これまでに比べて多様性に富むアプローチによるものである。その中には，地域開発やコミュニティバンク，コミュニティベンチャーキャピタルファンドへの投資を目標とする民間金融機関への投資も含まれる。このアプローチの長所の一つは，銀行が地域に対してもつ豊富な知識を利用できるということである。このアプローチは，地域の金融機関に大きな自主性を与えている。これらの金融機関は，伝統的に抑圧されてきた領域に対する投資も一定の環境下で採算が取れることを実証している。特別なアプローチの一つとして，超小口貸出，超小型企業ファンドがあり，これらは多くの国々で活用され，バングラデシュのGrameen Bankのようなさまざまなモデルを生み出している。こうした金融機関は一般的に開業資金としての小口ローンを個人に提供している。カナダでは，女性田園企業ローンファンド（Women's Rural Enterprise Loan Fund）が，信用履歴や担保不足，小口の借入需要などを理由に金融機関がこれまでローン不適格ととみなしていた人々に対して，資本供給を行っている。5,000ドル単位の小口ローンに対する金融機関のこれまでの対応はクレジットカードを利用させるというものであったが，これは非常に割高な形態である。これらのローン・プログラムの多くは貸倒率が低く，貧しい人々への貸出は本来，伝統的通念によってしばしば連想されるような

リスクの高い事業ではない，ということを示している。Grameen Bank では，98％の返済率となっている[19]。これらのプログラムは，貸出・貯蓄の代替的な制度的モデルとしての潜在的可能性をもつ。これらは個人に力を与えるとともに，地域の知識をうまく利用している。多くの批判があったが，特に押し付けがましい福祉国家の権利が奪われる行政制度を背景とする，主流派の貸し手により差別を受けてきたフェミニストグループからの批判は大きかった。Grameen Bank のローンの 90％以上が女性向けである。それゆえ，これらの制度は「積極的福祉」[20]の新しいモデルの小さな部分を形成しているとみることもできる。積極的福祉では，目的は単に経済的再配分だけでなく，むしろ文化的排除および排斥の改善や自主性あるいは自信を高めることにもある。Grameen Bank からの借り手に占める投票者の比率などで測定した政治的関与は高いレベルにあり，信用へのアクセスと市民性の間には関係があるといえるだろう。実際，創立者の Muhammed Yunus は，信用は基本的なニーズであるので，これは人権とみなすべきだと論じている。「これは経済生活の初歩なのである」[21]。

6. 結　論

　この章では，消費者サービス市場における不公平の諸側面について「契約の自由」のようなイデオロギーが，既存の貸付制度の構造に挑戦するうえでどの程度まで制約となるかを示した。現存する構造が市場慣行の自然な展開を反映しているとする考え方が支配的であったため，制度の構造を形成するための努力についてはあまりにも関心が向けられてこなかった。もしこうした考え方が支持されるのであれば，現在の国際経済の中で制度を維持するのは困難であると考えられる。一方，比較制度研究においては，東欧諸国の共

---

19. 'Great Hopes from Loans Grow', *Financial Times*, （1998 年 8 月 14 日，10 頁）記事参照。
20. A. Giddens, *Beyond Right and Left* (Policy Press, 1994) 中の，積極的福祉概念に関する論点を参照。
21. 前掲脚注 19 を参照。

産主義から資本主義への移行過程が異なる可能性を示したように，しだいに制度的代替手段の多様性を認識するようになってきている。同じ時期に西側先進国でも最下層階級の拡大に伴い，Grameen Bank の展開が刺激されたのと同種の問題に直面したようである。金融サービスの領域では，すべての消費者のニーズに合わせるためには，金融サービスの提供の中でより大きな実験を行うことが必要となる。

補　論

英国の金融システム改革

茶野　努・伊藤　祐

　英国の新しい金融システムを規定することになる金融サービス市場法（Financial Services and Market Act 2000）が2000年6月に成立した。原著では金融サービス市場法が法案成立前という不確定なこともあったため，必ずしもこの新しい法律に関して十分に論じられていない点も残されており，また，誤った予測も行われていたので本論ではそれを補足，訂正したい。

1．1986年金融サービス法のもとでの金融システム

1.1　改革前の金融システムの概要

　改正前の英国の金融システムでは，1982年保険会社法，1986年住宅金融組合法，1986年金融サービス法，1987年銀行法，1992年友愛組合法などに

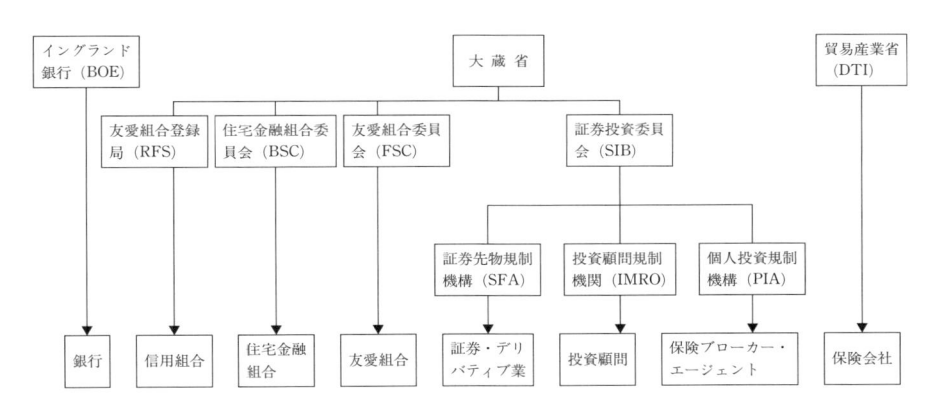

図1　改革前の英国金融システム

基づいて，九つの各種規制機関がそれぞれ所管内の金融機関を監督していた（図1を参照）。

改正前の金融システムの特徴としては，1986年金融サービス法によって，幅広い金融商品・サービスを包括的に「投資物件（investment）」およびそれに関わる「業務（activity）」として規制していた点があげられる。それよりもさらに以前，投資規制に関しては1958年不正投資防止法が存在したが，多くの業者が適用除外であったことや，投資商品間の規制が整合的でなかったことがあり，Gowerレポートに基づき投資概念を大幅に見直し規制を強化するために，1986年金融サービス法が導入された。

1986年金融サービス法では，株・債券などの有価証券，ユニット・トラスト（投資信託）はもちろん，生命保険（ただし，純保障性の生命保険は除く）や年金も規制対象商品となったが，既存の業態別規制はそのままであった。この結果，従来の業法による規制体系を残しつつ，金融サービス法の対象商品については同法の規制も受けるという重複的な規制体系になっていた。

もう一つの特徴は，英国の伝統を受け継いだ自主規制を主体とするもので，1986年金融サービス法により大蔵省から監督権限を委譲されていた証券投資委員会（Securities and Investment Board：SIB）のもと，さらに業務内容に応じて各種自主規制機関を設置するという複層的な規制体系を採用した点があげられる。1986年当初の関連する自主規制機関は，証券先物規制機構（SFA），投資顧問規制機関（IMRO），生命保険／ユニット・トラスト規制機関（LAUTRO）および保険ブローカー規制機構（FIMBRA）であったが，1990年代に入り後者の二機関は個人投資規制機構（PIA）に統合された。

以上のように，今次の改正前の英国の金融システムでは，各業法に基づき業態別に友愛組合登録局（RFS），住宅金融組合委員会（BSC），友愛組合委員会（FSC），それにイングランド銀行（BOE）の銀行検査監督局，貿易産業省の保険局が規制対象金融機関を監督することを基本として，より広義の投資概念の導入により，SIB傘下のSFA，IMRO，PIAという三つの自主規制機関が「投資物件」に関しては重複的・複層的な規制を行う点にその特徴があったといえる。

たとえば，生命保険業は1982年保険会社法のもとで貿易産業省（DTI）

の健全性を主とする全般的な規制・監督を受けるとともに，生命保険の販売・勧誘に関してはSIB傘下のPIAの規制を受けた。銀行，住宅金融組合もそれぞれイングランド銀行，住宅金融組合委員会の規制・監督を受けつつ，1986年金融サービス法の対象となる業務を営む場合には，その内容に応じて自主規制機関の会員となればその規制を受けた。1998年初めの時点で，八つの機関（HSBC，ハリファックス，アービー・ナショナルなど）は各々別々の規制当局から五つの主要業務（預金受入，保険，証券，資産管理，個人顧客への投資商品販売・助言）の認可を受けていた。13の機関は四つの認可を，さらに50の機関は三つの認可を受けていた。

1.2　改革前の金融システムの問題点

　投資家保護を主たる目的に制定された1986年金融サービス法であったが，1993年には年金の不正販売事件が社会問題となり，その他にもマックスウェル事件（年金基金の不正流用）やベアリング証券の破綻など金融監督システムを揺るがす大事件が相次ぎ，金融サービスに対する規制が有効に機能していないとの議論が起こった。

　論点の第一は，規制体系が複雑であり，費用非効率的であるとの意見である。すなわち，業務内容に応じて複数の規制機関の監督を受けることによって，規制の重複や規制内容の不整合が見られた。とくに，1986年金融サービス法が規制対象とする領域は，大蔵省・SIB・自主規制機関という三層構造になっているために，非効率かつ有効性に乏しいとの批判が強かった。

　第二は，自主規制機関としての限界である。自主規制機関の運営は，業界関係者が行うので規制が業界寄りになるとの消費者の不満は解消できない一方で，各規制機関の委員会では消費者の意見が強く反映し，政府による影響も強いとの業界側の意見も見られた。このように，自主規制が本来的にもつ規制主体としての問題点が存在した。

　第三は，金融革新によって旧来の業態区分が曖昧になり，業態・国境を超えた金融コングロマリットが形成される時代に，業態別の規制体系を維持するのは適切でないとの意見があった。

　このような金融システムにおける監督および規制体系を効率的かつ効果的

なものに改めるべく,今次の改革が模索されることになった。

2. 2000年金融サービス市場法の制定

2.1 法案成立までの経緯

　1997年5月の総選挙でブレア首相率いる労働党政権が発足して,選挙公約であった金融・証券市場に対する規制や監督システムの見直しが始まる。ブラウン蔵相による議会演説のなかで,イングランド銀行に金融政策の独立性を与える一方,銀行監督権限を分離する方針が示された。また,新たに設立する規制機関には,貿易産業省による保険の監督権限や自主規制によってきたロイズ保険組合の監督権限も集中されることが明示された。

　これを受けて,SIB はイングランド銀行など関係機関と協議を開始し,1997年7月には「金融監督システムの改革（Reform of the Financial Regulatory System）」を公表,同年10月に,SIB は金融サービス機構（Financial Services Authority：FSA）に改組された。以降,新法の制定を待たずに,実質的な各種規制機関の統合が段階的に進められることになる。

　1998年1月には,準備過程として貿易産業省の保険局が大蔵省へと移管され,6月には改正イングランド銀行法が施行されて銀行の監督権限がFSA に移管された。同月には,SIB 傘下の三つの自主規制機関である SFA,IMRO,PIA の職員が FSA に移籍し,FSA がこれら自主規制機関に業務提供を行うという形態で実質的な統合も図られた。

　1998年7月には,大蔵省は金融サービス市場法草案を公表し,その後多くの業界関係者から集約した意見をもとに草案の修正を行い,1999年6月には金融サービス市場法案として議会に提出した（この間,1999年1月には大蔵省保険局,住宅金融組合委員会等の規制機関の FSA への実質的統合も行われている）。

　法案提出後も大蔵省から関連する諮問書が出され,業界関係者からの意見聴取が続けられたほか,議会での議論の結果として多くの修正が加えられた（たとえば,上場審査権限がロンドン証券取引所から FSA に移管されるな

表1 2000年金融サービス市場法の構成

編	項目，条番号	主 な 条 項
第1編	規制機関（1〜18条）	FSAの義務と規制の目的，実務家パネル及び消費者パネルの設置，大蔵省によるFSAの業務見直し
第2編	規制業務及び禁止行為（19〜30条）	一般的禁止事項，金融営業活動，規制業務，罰則規定，違反行為に基づく契約の執行性
第3編	認可及び適用免除（31〜39条）	認可される者，認可の終了，適用免除
第4編	規制業務の遂行許可（40〜55条）	許可申請，許可，許可の変更及び取消し，特別許可，許可交付の手続き
第5編	規制業務の遂行（56〜71条）	禁止命令，認可制度，行為規範，制定法上の義務違反
第6編	公式上場（72〜103条）	上場審査機関，上場手続き，上場明細書，目論見書，スポンサー，虚偽情報による損害への賠償，罰則規定
第7編	業務譲渡に関する制限（104〜117条）	業務譲渡に関する制限，英国外への業務譲渡
第8編	市場での違反行為への制裁（118〜131条）	市場における不正行為，規範，制裁を適用する権限
第9編	聴聞会及び不服申立（132〜137条）	金融サービス市場不服申立審判所，法的援助
第10編	規制及びガイダンス（138〜164条）	規則制定権限，ガイダンス，競争法に関わる審査
第11編	情報収集及び調査（165〜177条）	情報収集権，調査官の任命，海外規制機関に対する支援，調査の実効，違反行為
第12編	認可業者に対する支配力の行使（178〜192条）	支配権の通知，支配権の取得・強化・削減，支配力の取得又は強化の手続き，不正に取得された株式
第13編	参入業者：FSAの介入（193〜204条）	解釈，介入権限の行使，公正取引庁長官の権限
第14編	懲戒措置（205〜211条）	公の弾劾，制裁金，ポリシーステートメント
第15編	金融サービス補償制度（212〜224条）	制度管理者，制度の規定，年次報告，情報及び文書
第16編	オンブズマン制度（225〜234条）	制度，申立に対する裁定，情報，制度の基金

第17編	集合投資スキーム (235〜284条)	解釈，営業に関する制限，公認投資信託制度，オープン・エンド型投資会社，公認海外スキーム，調査
第18編	公認投資取引所と清算会社 (285〜313条)	適用免除，競争法上の審査，競争法の適用除外，解釈
第19編	ロイズ保険組合 (314〜324条)	総則，ロイズ組合，ロイズの保険引受けに同法律を適用する権限，元引受けメンバー
第20編	専門職団体による金融サービス提供 (325〜333条)	FSAの義務，専門職団体の指定，一般的禁止の免除，諮問
第21編	相互組合（334〜339条）	友愛組合，住宅金融組合，勤労者共済組合及び信用組合
第22編	監査人及びアクチュアリー (340〜346条)	任命，情報，資格の剥奪，義務違反
第23編	公式記録，情報開示及び協力 (347〜354条)	公式記録，情報開示，他の機関との協力
第24編	倒産（355〜379条）	解釈，任意整理，管理命令，裁判所による清算，破産
第25編	差止及び原状回復命令 (380〜386条)	差止命令，原状回復命令，FSAによる原状回復命令
第26編	通知（387〜396条）	警告通知，決定通知，手続きの終了，公告
第27編	違反行為（397〜403条）	種々の違反行為，法人等の違反行為，訴訟手続き開始
第28編	雑則（404〜416条）	過去の業務の見直し制度，第三国，国際的義務
第29編	解釈（417〜425条）	定義
第30編	補則（426〜433条）	経過規定，施行

ど新たな条項も追加された）。最終的には2000年6月に30編433条からなる2000年金融サービス市場法（Financial Services and Market Act 2000）が成立した（表1を参照）。

2.2 金融サービス市場法の構成と内容

2.2.1 金融サービス機構の位置づけと目的および権限

FSAは，改革前のSIBが改称・改組した組織であり，SIB同様に保証有

限会社（Limited company by guarantee）という形式をとっている。しかし，SIBは民間の自主規制機関とされたのに対して，2000年金融サービス市場法では，FSAを公的な金融規制機関と明確に位置づけている。1986年金融サービス法における「法的な枠組みのなかでの自主規制」あるいは「政府の監督に従ったうえでの自主規制」という間接的規制から，公的規制機関による直接的規制へと転換が図られた。

また，先述のとおり，改正前の業態別の各種規制機関（すなわち，SIB傘下のSFA, IMRO, PIAという三つの自主規制機関，友愛組合登録局，住宅金融組合委員会，友愛組合委員会，それにイングランド銀行の銀行検査監督局，貿易産業省保険局以上九つの機関）がFSAに統合され，多元的規制からFSAによる一元的規制へと移行した。この結果，従来の監督法である1982年保険会社法，1986年住宅金融組合法，1986年金融サービス法，1987年銀行法，1992年友愛組合法，およびこれらに付随する規則や規制も改廃する必要が生じることになった。

2000年金融サービス市場法による英国の金融システム改革は，法的基盤をもつ自主規制による間接的・多元的な規制体系から，制定法に基づくFSAによる直接的・一元的な規制体系への変革というように位置づけられるであろう。

FSAの規制の目的としては，2000年金融サービス市場法によって
① 市場に対する信認の向上
② 一般大衆の金融・資本市場に対する認識の促進
③ 消費者保護
④ 金融犯罪の減少
という四つの目的が規定されている。これ以外に，英国の金融セクターの競争力強化を規制目的に加えるべきとの意見もあったものの，他の規制目標が軽視される可能性や上記の規制目標が達成されれば競争力は自動的に高まるとの判断から，規制目的には加えられなかった。

また，英国では，成人の20％は銀行に当座預金をもてないとの報告もあるなど，金融サービスを受けることのできない社会的弱者の問題が深刻である。社会的弱者にも金融サービスの利用可能性を保証すべきとの意見も見ら

れたが，これも規制目的には採用されなかった。

　FSAは，これらの規制目的を達成するために，健全性規制（Prudential regulation）および市場行為（Market conduct regulation）全般について規制や規則を作成すること，業務および商品の認可，監視，教育・訓練，懲罰・救済などの様々な面においても監督を行うことになる。実際の運営にあたっては，以下の点に留意することが求められている。

　①　最も効率的かつ経済的な方法による資源の利用
　②　認可業者の経営者責任
　③　認可業者および業務遂行に課す負担や制約と便益との均衡
　④　金融サービス業の革新の促進
　⑤　金融サービス市場の国際性に配慮した，英国の競争力の維持
　⑥　認可業者間の競争に対する過度の阻害や歪曲

2.2.2　規制対象範囲と認可

　2000年金融サービス市場法の規制対象業務は，「投資物件」に関連する「業務」という形で規定され，これは1986年金融サービス法と同様の考え方である。2000年金融サービス市場法の対象業務は，1986年金融サービス法と比べれば，商品面では，預金，損害保険および純保障性の生命保険，ロイズ保険組合のシンジケート参加権などが加えられており，これは金融サービス業を統一的に規制するための措置といえる（表2を参照）。したがって，対象商品の拡充は，1986年金融サービス法制定の際に問題となった，金融・保険商品が「投資物件」に該当するかどうかという機能性に関する議論の結果として生じたのではない点に留意すべきである。

　2000年金融サービス市場法を業務という面から1986年金融サービス法と比較すれば，預金の受入れのほか，カストディ業務も含まれる。また，インターネットなどコンピュータ・システムを利用した投資指図が規制対象となっている（以上，表3参照）。個人投資家によるオンライン取引の増大によって，システム・トラブルや業者による説明義務の不履行，あるいは越境取引にともなう問題から消費者を保護することが重要な問題となってきている。この点に関して，1986年金融サービス法では，投資広告と不招請の勧

表2 金融サービス市場の規制対象商品

1986年金融サービス法の規制対象商品	2000年金融サービス市場法の規制対象商品
株式等	株式等
社債	社債
政府および公共証券	政府および公共証券
新株引受権証券	新株引受権証券
証券に代わる証書	証券に代わる証書
集合投資スキームのユニット	集合投資スキームのユニット
オプション	オプション
先物	先物
差金契約	差金契約
長期保険契約*	保険契約
	ロイズ保険組合のシンジケート参加権
	預金
	土地担保融資
投資に関する権利	投資に関する権利

*純保障性の生命保険,損害保険は含まない。

表3 金融サービス市場の規制対象業務

1986年金融サービス法の規制対象業務	2000年金融サービス市場法の規制対象業務
投資物件の取引	投資物件の取引
投資物件の取引の取りまとめ	投資物件の取引の取りまとめ
	預金受入
	資産の保護預かりおよび事務管理
投資物件の管理	投資物件の管理
投資助言	投資助言
集合投資スキームの設立	集合投資スキームの設立
	コンピュータシステムを利用した投資指示の送信

誘[1]とは区別されて規制されてきた。すなわち,1986年金融サービス法では,投資広告は,認可業者の委託を受けた者のみが行うことができ,これに違反した場合刑事責任や民事責任が科せられた。また,不招請の勧誘は原則禁止され,この違反者には民事責任が科せられた。これに対して,2000年金融サービス市場法では,投資広告と不招請の勧誘は「金融営業活動」として統

---

1. 顧客の依頼によらない戸別訪問,電話等による一方的な勧誘。

一的に規制される。インターネット等による取引技術の進歩は、両者の区別を曖昧化したからである。認可業者またはその委託を受けた者を除いて、投資行為の勧誘、もしくは投資行動を促す意図のある情報を提供、伝達することは禁止されており、これに違反すれば刑事責任が科せられる。また、これに違反して締結された契約は、顧客に対する法的拘束力をもたず、当該契約に基づき譲渡した金銭等の返還命令および損失補償および損害賠償請求権を有する。

2000年金融サービス市場法は、「認可 (authorization)」を取得していない者は規制対象業務を営むことができないと規定しており、これも1986年金融サービス法と同様の構成となっている。認可を受けずに規制対象業務を行えば、刑事罰の対象となる。改正前の監督システムでは業務内容に応じて各規制機関から個別に認可を得る必要があったが、各種規制機関の統合によって認可制度も統一されている。しかし、業務内容ごとに各業者は「許可 (permission)」が与えられた業務を営めるのであって、FSAからの一つの認可で全業務が営めるわけではない（新規業務を拡大する場合には、新たに認可を必要とする）。認可の条件は、十分な経営資源を有すること、適合性の要件を満たしていることとされる。

2.2.3 金融サービス機構のコーポレート・ガバナンス

FSAは金融サービス業を横断的に規制し、強大かつ広範な権限を有することになる。したがって、規制機関として適切に行動することを保証するためには、FSAの透明性を確保し説明責任を明確化することが極めて重要である。

草案当初より、FSAの理事長や取締役の大蔵省による任免、大蔵省への年次報告書の提出、大蔵省がFSAの規制に対して調査権限をもつなど、大蔵省によるFSAへの統制が行われることになっていた。これに加えて、FSAが規制目的を公正に達成すべく行動しているかを監視するという目的で、実務者パネルと消費者パネルを設置することが規定された。消費者パネルは消費者保護や一般大衆の理解の促進といった観点から、実務者パネルは規制の費用・便益の均衡が図られているかという観点から独自の見解を表明

することで，FSAのコーポレート・ガバナンスの強化を図ることが期待されている。

また，大蔵省に対する説明責任を明確化するために，大蔵省が第三者を任命し，FSAの効率性を検証する報告書を作成させることとした。FSAによる説明義務をより実効性のあるものにするために，年次報告書の作成後三ヵ月以内に公聴会を開催することも規定されている。

さらに，FSAとの紛争解決機関としては「金融サービス市場不服申立審判所（Financial Services and Markets Appeals Tribunal）」が設置される。金融サービス市場不服申立審判所は法務省傘下の行政組織であるコート・サービスの一部として，FSAからは完全に独立した組織として運営される。

認可の否認・取消や介入，懲戒権限の行使，市場における違反行為に関する権限行使などについて，FSAが下した決定を不服とする者は，金融サービス市場不服申立審判所に不服審査を申し立てることができる。とくに，市場における違反行為などで個人に民事罰が課せられた場合，不服審査に要する費用を負担できないことに配慮して，FSAが費用の一部を扶助する仕組みを準備した。

3．新しい金融システムにおける消費者保護

3.1 消費者に対する啓蒙活動

1990年初頭における年金の不正販売等が2000年金融サービス市場法の誘因となったことからも伺えるように，同法律制定の大きな目的が，金融サービス市場における消費者保護にあったことは論を待たないであろう。

消費者保護に関しては，補償制度やオンブズマン制度など紛争発生後の事後的制度の充実が重要であるとともに，消費者教育や情報開示の促進など，消費者が市場で情報に基づき適切に行動できるための事前的処置を十全に講じておく必要もある。その点に関して，FSAは，

① 預金者等の保護および公正な取扱いのために，規制対象企業の財務健全性，公平な取引行為，業務遂行能力について高度な基準を設定し，監

視・執行すること。
② 消費者が，サービス，商品およびリスクについて明確で適切な情報を獲得することを確実にすること。
③ 消費者の判断については消費者の責任を認める一方，消費者が引き受けるべきであると合理的に期待できないようなリスクに消費者が晒されないこと。

を説いている。すなわち，規制・規則や実務規範を規制対象企業に遵守させるとともに，消費者への情報開示によって合理的な範囲で消費者に自己責任を問うことの重要性を指摘している。

具体的な方策としては，まず，消費者相談所（Public Esquires Office：PEO）の開設やウェブ・サイトの利用があげられる。PEOは消費者が直接FSAに問い合わせを行える機関である。PEOは電話や文書での問い合わせや苦情に対処するが，多くの問い合わせが金融機関の認可状況の確認や苦情処理手続きの説明，FSAが規制している金融機関とそうでない金融機関に関する情報提供，あるいは金融サービスや金融商品に関する消費者の権利および責任の説明等広範にわたる。また，一般大衆の金融・資本市場に関する認識の促進が規制の目的になって以降，FSAは各種ガイドブックとファクトシートを既に発行してきた。

また，英国では，とくに公衆の金融リテラシーが低い（金融知識，金融商品に対する判断力の欠如）という要因がある。簡単な掛け算，分数計算などを含む基礎的数学能力に関する，1996年の先進7ヵ国の国際調査では英国が最低であった。また，成人の半数は乗除算ができず，パーセンテージや複利計算の概念が理解できないとのOffice for National Statisticsの調査結果もある。したがって，このような消費者への啓蒙活動の必要性から，大人や学生を対象とした金融に関する教育プログラムの開講，タウン・ミーティングなどを実施している。また，金融システムについての公衆の理解促進という政策決定に関して，FSAに情報を提供しアドバイスを行う「消費者教育フォーラム」も設立された。

さらに，金融情報に関しては，供給者・需要者間の情報の非対称性が大きい。このため，「買主注意せよ」の原則を単純に適用できないことも想定さ

れる。しかしながら，このような情報の非対称性は商品の比較購入の可能性を高めることによって，ある程度緩和が可能である。FSAの認知促進策には，投資信託や個人年金，養老保険などについて，運用手数料や最低投資資金額，リスクなどをランキングして比較可能にするような金融商品の比較表を作成するという試みもある。

3.2 オンブズマン制度

オンブズマン制度は，業者・顧客間の苦情を迅速かつ簡便に解決するために設けられた裁判所外での紛争処理制度である。顧客は，まず最初に業者に対して苦情を申し立てて，業者内部の苦情処理手続き過程を経る必要があるが，苦情が当事者間で解決されなかった場合，顧客はオンブズマンに苦情案件を持ち込むことができる。この際，認可業者は，オンブズマンによる調査への協力が義務づけられる。顧客の主張に沿った裁定が下されれば，業者はその裁定に従わなければならず，一方で，顧客はオンブズマンの裁定に従う義務はなく，裁定に不満があれば裁判所に提訴できる。

今次の改正以前には，金融サービスに関するオンブズマン制度として，銀行オンブズマン（Banking Ombudsman），住宅金融組合オンブズマン（Building Societies Ombudsman），FSA苦情サービス（FSA Complaints Service），保険オンブズマン（Insurance Ombudsman），投資オンブズマン（Investment Ombudsman），個人保険仲裁サービス（Personal Insurance Arbitration Service），PIAオンブズマン（PIA Ombudsman），SFA苦情・仲裁サービス（SFA Complaints and Arbitration Service）という八つの制度が存在した。2000年金融サービス市場法では，これら既存のオンブズマン制度に代えて単一の「金融サービス・オンブズマン制度（Financial Services Ombudsman Scheme）」が設立されることになった。

新しい金融サービス・オンブズマン制度は，FSAが設立する有限会社が事務局となって運営が行われ，FSAはオンブズマンの裁定には介入できない。金融サービス・オンブズマン制度の運営費用は，規制対象である認可業者により拠出される。

各種オンブズマン制度の並立によって，消費者が苦情を申し立てる際に多

くの混乱が見られたので，オンブズマン制度の窓口一元（ワンストップ・ショップ）化は消費者利益の向上に適ったものといえる。また，改正以前の制度には任意加入の制度も存在したが，新制度ではすべての認可業者が強制加入となる点でも消費者利益の強化が図られることとなった。さらに，認可業者が規制対象業務外の業務を行った場合や，消費者が非認可業者と取引をした場合にも紛争は生じ得る。このような場合は，本来司法制度のもとで手続きを進められるべきと考えられるが，消費者がオンブズマン制度の迅速かつ柔軟な解決処理の利点を享受できるように，オンブズマン制度の管轄権を拡大できるように規定している。

3.3 補償制度

今次の改正以前には，補償制度も業態ごとに，住宅組合投資家保護制度（Building Society Investor Protection Scheme），預金保護制度（Deposit Protection Scheme），友愛組合保護制度（Friendly Societies Protection Scheme），投資家補償制度（Investor Compensation Scheme），保険契約者保護制度（Policyholder Protection Scheme）という五つの制度に分かれていた。

2000年金融サービス市場法では，これらを統一して単一の補償制度である「金融サービス補償制度（Financial Services Compensation Scheme）」が設立された。補償制度の運営に関してはFSAとは独立の機関が行い，この運営機関はFSAに対して運営状況等について年次報告書を提出して報告する義務を負っている。

補償制度の統一とはいっても，金融商品の特性の相違を考慮に入れて複数の基金が設けられ，資格要件や補償限度額など各基金が異なる体系とすることができると規定されている。すなわち，全体の補償制度を，預金，保険，その他補償制度の三つのサブ・スキームに分け，各補償制度は独立したものとして運営される。認可業者は業務内容に応じて一つ以上のサブ・スキームに属さなければならない。新しい補償制度のもとでは，特定の債務不履行による補償支払い費用は，当該業者が属する拠出グループ[2]によって負担され，

---

2. サブ・スキームのなかで，現在の市場構造から類似の業務として括られたグループ。

表4 補償制度の改正内容

	改 正 前	改 革 後
預　金	・18,000 ポンドまで 　（20,000 ポンドまでの預金の 90%） ・ポンド建てと EEA 加盟諸国通貨建ての預金が適用対象 ・全預金者が適用対象	・31,700 ポンドまで 　（20,000 ポンドまでは 100%，20,000 ポンド超 33,000 ポンドまでは 90%） ・すべての通貨建ての預金が適用対象 ・大企業は適用対象外
証　券	・48,000 ポンドまで 　（30,000 ポンドまでは全額，30,000 ポンド超 50,000 ポンドまでは 90%）	・48,000 ポンドまで 　（30,000 ポンドまでは全額，30,000 ポンド超 50,000 ポンドまでは 90%）
生命保険	・保険証券の価値の少なくとも 90%，上限額はなし	・保険証券の価値の少なくとも 90%，上限額はなし
損害保険	・強制保険は 100%，上限額なし ・非強制保険は 90%，上限額なし	・強制保険は 100%，上限額なし ・非強制保険は 2,000 ポンドまでは 100%，2,000 ポンドを超える部分については 90%，上限額なし

（出所）FSA 'Draft Rules' をもとに作成。

サブ・スキーム間の内部補助は行わないことになっている。

　補償制度の改革で提案されている主要な点は，預金の補償限度が 18,000 ポンドから 31,700 ポンドへと引き上げられること，損害保険のうち非強制保険に関しては，一律 90％補償であったものを 2,000 ポンドまでは 100％補償とするなど補償内容が拡充される点である。また，預金者保護では大企業が適用対象除外に，証券投資に関しても大企業や金融機関，中央政府・地方政府，破綻した金融機関の関係者が適用対象除外になるなど，脆弱な個人消費者の保護を強化するという目的が鮮明に示されている（以上は，表4を参照）。すなわち，「プロ」と「アマ」の間では，情報へのアクセスやその処理能力の相違等から補償に差が設けられている。さらに，英国の補償制度は，一定限度額以下については 100％補償とするものの，限度額を超えるものについては補償割合を 100％とはしないような形での「共同保険方式」を用いており，利用者によるモラル・ハザードを防止するということにも配慮した

制度となっている点に注意する必要がある。

4．結　論

　わが国でも，金融商品の同質化が進展する等金融サービス業の構造変化が予想されるなかで，従来型の縦割り法制を組み替え，幅広い金融サービスに対して整合的に対応しうる法的枠組み「金融サービス法」の必要性が説かれている。平成13年4月からは，その嚆矢として「金融商品の販売等に関する法律」が施行されている。この法律は，金融商品販売業者の顧客への説明義務，説明しないことにより生じた損害の賠償責任を民法の特例として定める等の措置を講じたものである。

　しかし，英国のオンブズマン制度のような簡便な裁判所外紛争解決手段が導入されたわけではなく，また，比較情報の開示や消費者教育などは十分とは言えない状況である。このように，金融サービス業における消費者保護は一歩前進をしたとはいえ，未だ必ずしも十分とは言えない。わが国における「金融サービス法」に関する議論では，既存業界を横断的に規制するという点がより強調され，金融サービスにおける消費者保護をいかに図るべきかという論点がやや弱い感じを受ける。今後わが国でも，「金融サービス法」制定に向けて消費者保護という観点に立った一層の研究，調査および考察が期待される所以である。

参考文献

落合大輔・林宏美（2000），「成立した英国の金融サービス・市場法」，『資本市場クォータリー』，Vol. 4. No. 2.
小西修（1999），「英国の金融サービス市場法と生保会社」，『生保経営』，Vol. 67. No. 4.
小林襄治（2000），「金融サービス市場法の成立」，『証券経済研究』，第28号。
斉藤美彦（2000），「英国金融サービス・市場法について」，『金融』，11月号。

法律に関する表

ヨーロッパ共同体条約

ヨーロッパ経済共同体条約（EEC）（ローマ条約）（1957年）
 39条 …………………………………… 27
 40条 …………………………………… 27
 86条 …………………………………… 27
 100条 ………………………………… 29
 100条 a 項 …………………………… 32
 100条 a 項(4) ………………………… 33
 129条 a 項 …………………………… 32
 129条 a 項(3) ………………………… 33
 189条 b 項 …………………………… 32
単一ヨーロッパ議定書（1986年）………… 30
ヨーロッパ連合条約（マーストリヒト条約）（1992年）………………………… 32
 3条 b 項 ……………………………… 32

ヨーロッパ共同体指令

EC指令 87/102（消費者信用指令）[1987] OJL 42/48 ………………………………… 36
 2条(1)項(a) …………………………… 42
EC指令 89/299（自己資本指令）[1989] OJL 1224/16 ………………………………… 35
EC指令 89/646（第二次銀行指令）[1989] OJL 386/1 ……………………………… 34, 37
 レギュレーション 4 …………………… 35
 レギュレーション 8 …………………… 35
 4条 ……………………………………… 35
 4条1項 ………………………………… 35
 7条 ……………………………………… 35
 10条 …………………………………… 35
 21条5項 ……………………………… 36
EC指令 89/647（ソルベンシー比率指令）[1989] OJL 386/14 ……………………… 35
EC指令 90/88 [1990] OJL 61/14 ……… 41
EC指令 92/96（直販生命保険に関する第三次指令）[1992] OJL 360/1 ………… 34
EC指令 93/6（資本適正性指令）[1993] OJ L 141/1 ……………………………… 35
EC指令 93/13（消費者契約の不公正条項に関する指令）[1993] OJL 95 …………………………………… 109, 137, 243
 Rec 19 ………………………………… 254
 1条2項 ………………………………… 122
EC指令 93/22（投資サービス指令）[1993] OJ L 141/27 ……………………………… 34
 3条 ……………………………………… 35
 3条3項 ………………………………… 35
 6条 ……………………………………… 35
 8条 ……………………………………… 35
 11条 …………………………………… 36
EC指令 94/19（預金保証）[1994] OJL 135/5 ……………………………… 145, 150
 4条 …………………………………… 154
 4条(2)項 ……………………………… 155
 7条(3)項 ……………………………… 154
EC指令 97/5（国境を越える銀行口座振替に関する指令）[1997] OJ L 43/25 … 40
 3条 …………………………………… 40
 4条 …………………………………… 40
 6条 …………………………………… 41
EC指令 97/7（通信販売契約に関する指令）[1997] OJ L 144/19 ……………… 43

連合王国の制定法

外国犯罪人引渡しに関する法（1873年）
 5条 …………………………………… 98
会社法（1985年）……………………… 174
銀行帳簿証拠法（1879年）……………… 98
 7条 …………………………………… 98
銀行法（1987年）…………………… 98, 174
 59条(1)項 …………………………… 141
金融サービス法（1986年）
 3条 …………………………… 167, 169
 4条 …………………………………… 169
 5条(1)項 ……………………………… 169
 6条 …………………………………… 169
 43条 ………………………………… 169
 47条(1)項 ……………………………… 9
 47条(2)項 …………………………… 10
 59条 ………………………………… 173
 64条 ………………………………… 213
 115条 ………………………………… 168
 付属規程1　第1部 ……………… 6, 167

付属規程1　第2部 …………… 168
付属規程1　第3部 …………… 169
警察刑事証拠法（1984年）
　9条 ……………………………… 88
刑事裁判法（1988年）
　第4部 …………………………… 98
　93条D項 ……………………… 101
刑事裁判法（1993年） ………… 98, 99
財産権（種々の規定）法（1994年） … 112
財産の不実表示に関する法（1991年）
　………………………………… 7, 9
住宅金融組合法（1986年）
　………………… 59, 60, 63, 98, 174
　第4部 …………………………… 59
　83条 ………………………… 60, 63
　83条(1)項 ……………………… 64
　83条(2)項 ……………………… 64
　83条(3)項(b) …………………… 65
　83条(12)項 ……………………… 63
　83条A項 …………………… 60, 61
　84条 …………………………… 60
　85条 …………………………… 60
　付属規程12 …………………… 60
　付属規程12　第2部 …………… 63
　付属規程13 …………………… 60
　付属規程14 …………………… 60
住宅金融組合法（1997年）
　………………………… 59, 61, 63, 64
　34条〜35条 …………………… 59
消費者信用法（1974年）… 10, 12, 14,
　15, 17, 105, 111, 112, 114, 115, 119,
　122, 126, 130, 137, 139, 145, 286
　8条 …………………………… 122
　21条 …………………………… 10
　25条(2)項 …………………… 114
　25条(2)項d ……………… 112, 114
　45条 ………………………… 285
　49条(1)項 ……………………… 10
　59条 …………………………… 12
　61条(1)項(a) ………………… 112
　82条 ………………………… 137
　82条(1)項 …………………… 112
　83条 ………………………… 112
　93条 ………………………… 112
　94条 ………………………… 114
　101条 ………………………… 114
　127条(3)項 …………………… 112

137条 …………………………… 115
137条(1)項 ……………… 10, 14, 15
138条 …………………………… 115
138条(1)項(a) ………………… 115
138条(2)項(a) ………………… 116
138条(2)項(c) ………………… 116
138条(4)項(c) ………………… 285
139条 …………………………… 115
140条 …………………………… 115
173条(1)項 …………………… 130
176条(1)項 …………………… 112
消費者保護法（1987年）
　第2部 ………………………… 7, 9
　第3部 ………………………… 4, 9
　20条(6)項 ……………………… 3
商品表示法（1968年） ………… 3, 9
　14条 …………………………… 4
食品安全法（1990年） …………… 9
仲裁法（1979年） ……………… 74
テロリズム防止（暫定）法（1989年）
　17条(2)項 …………………… 101
　18条A項 …………………… 101
道路交通法（1988年） ………… 233
不公正契約条項法（1977年）… 64, 119,
　253, 256
　12条 …………………………… 2
不正投資防止法（1958年） …… 165
法律の解釈に関する法律（1978年）
　7条 …………………………… 112
保険会社法（1982年） ………… 239
保険契約者法（1975年） ……… 174
保険ブローカー（登録）法（1977年）
　………………………… 212, 226
麻薬不正取引法（1994年）
　52条 ………………………… 101
　53条 ………………………… 101

**連合王国の命令
（Statutory Instrument）**
金融機関（預金者保護）規制（1995年）
（SI 1995 No 1442）
　レギュレーション48 ………… 152
消費者契約の不公正条項規制（1994年）
　…… 20, 54, 64, 109, 114, 117,
　118, 122, 123, 124, 128, 130, 214,
　221, 243, 246, 253, 254, 258
　レギュレーション1 …………… 109

法律に関する表　*331*

レギュレーション2 ……………… 254
レギュレーション2(1) ……………… 131
レギュレーション3 ………… 119, 254
レギュレーション3(2) ……………… 254
レギュレーション4 ……………… 120
レギュレーション4(1) ……………… 254
レギュレーション4(2) ……………… 114
レギュレーション4(4)… 120, 121, 126
レギュレーション5 ……………… 119
レギュレーション6 …… 111, 128, 254
レギュレーション ……………… 255
付属規定2 ……………… 256
付属規定3 ……………… 119
付属規定3　1項(c) ……………… 137
付属規定3　1項(d) ……………… 129
付属規定3　1項(e) ……………… 122
付属規定3　1項(f) ……………… 129
付属規定3　1項(g) ……… 127, 129
付属規定3　1項(j) … 120, 124-126, 129, 130, 133, 137
付属規定3　1項(k) ……… 120, 124, 125, 127, 129, 130
付属規定3　1項(l) ……… 111, 129
付属規定3　2項(a) ……… 120, 127, 129, 135
付属規定3　2項(b) ……… 120, 124, 127, 130-139
付属規定3　2項(c) ……… 124, 129
消費者信用（通知）規制（1989年）（SI 1998 No 1126) ……………… 113
消費者信用（契約）規制（1983年）（SI 1983 No 1553) ……… 111, 113, 127
レギュレーション2(1) ……………… 113
レギュレーション3(1) ……………… 113
レギュレーション6(1) ……………… 112
付属規定1 ……………… 112
付属規定1　8項 ……………… 112
付属規定1　9項(c) ……………… 112
付属規定1　13項 ……………… 112
付属規定1　18項 ……………… 112
付属規定1　19項 ……… 112, 118
付属規定3　7項 ……………… 112
付属規定6　5項 ……………… 112
付属規定6　6項 ……………… 112
消費者信用（契約変更通知）規制（1977年）（SI 1977 No 328) ……… 112, 131
レギュレーション2 ……………… 112

レギュレーション3 ……………… 112
消費者信用（通知）規制（1989年）（SI 1989 No 1125) ……………… 113
レギュレーション2(1) ……………… 113
レギュレーション2(2) ……………… 113
付属規定1　第2部7(c)項 ……… 113
付属規定1　第3部7(3)項 ……… 113
付属規定2　第3部12項 ……… 113
付属規定2　第3部14項 ……… 113
制限的取引行行政命令（1976年）（SI 1976 No 98) ……………… 163
マネー・ロンダリング規制（1993年）（SI 1993 No 1933)
レギュレーション5 ……………… 100
レギュレーション11(1) ……………… 100

オーストラリアの成文法
生命保険（派生的改正及び廃止）法（1995年） ……………… 226
取引実務慣行法（1974年）
53条 ……………… 191
年金（苦情解決）法（1993年） ……… 196
保険契約規制（1985年）
レギュレーション5, 9, 13, 17, 21, 25 ……………… 233
保険契約法（1984年）… 21, 226, 228, 230, 235, 236, 238
13条 ……………… 230
14条 ……………… 229
15条(1)項 ……………… 226
22条 ……………… 228
24条 ……………… 229
28条 ……………… 228
35条 ……………… 233, 234
37条 ……………… 234
38条(1)項 ……………… 230
38条(2)項 ……………… 230
43条(1)項 ……………… 230
44条 ……………… 235
45条 ……………… 231
46条 ……………… 231
47条 ……………… 231
53条 ……………… 231
54条 ……………… 231
58条 ……………… 230
63条 ……………… 231
65条 ……………… 235

67 条 ………………………… 235
68 条 ………………………… 235
保険第二号改正法（1994 年）………… 238
保険（エージェント／ブローカー）法
　（1984 年）…… 22, 225-227, 236, 237
　9 条 ………………………… 227
　11 条 ………………………… 226
　16 条 ………………………… 226
　17 条 ………………………… 226
　18 条 ………………………… 226
　19 条 ………………………… 226

カナダ，オンタリオ州の成文法
RSO, 1980 c. 218, s 265 ……………… 253

チリの成文法
Decrees 3500 and 3501 ……………… 185

デンマークの成文法
保険契約法（1930 年）
　16 条(2)項 ……………………… 253

フィンランドの成文法
保険契約法（1994 年）
　24, 25 節 ……………………… 253

フランスの成文法
保険法典
　113-18, 113-19 条 ………………… 253

ドイツ連邦共和国の成文法
普通取引約款の規制に関する法律（1976
　年）………………………………… 120

スイスの成文法
銀行及び貯蓄銀行に関する連邦法（1934
　年）
　47 条(b)項 ………………………… 87

アメリカ合衆国の成文法
金融機関改革・再建・強化法 ………… 309
従業員退職所得保障法 ………………… 199
信用機会平等法 ………………………… 309
住宅抵当貸付情報公開法 ……… 307, 309
地域再投資法 ………………… 310, 311
連邦公正住宅供給法 …………………… 309
連邦社会保険拠出金法 ………………… 189

判例に関する表

ヨーロッパ共同体の判例

Alpine Investments BV (Case C-384/93) [1995] ECR ··· 36
Commission v Germany (Case 205/84) [1986] ECR 35 ····································· 36
Marleasing SA v La Commercial Internacional de Alimentacion SA (Case C-106/89)
    [1990] ECR I-4135 ; [1992] 1 CMLR 305 ··· 122
Van Wesemael (Joined Cases 117/78 and 11/78) [1979] ECR 35 ······························· 36

連合王国の判例

Bank of Tokyo v Karoon [1987] All ER 468·· 95
Barclays Bank v O'Brien [1993] 4 All ER 417 ··· 286
Barclays Bank v Taylor [1989] 3 All ER 563 ··· 99
CCE v Pools Finance [1952] 1 All ER 775 ·· 214
*Container Transport International Inc. v Oceans Mutual Underwriting Associations
    (Bermuda) Ltd* [1994] Lloyds Rep. 476 ··· 250
Economides v Commercial Union Assurance Co. plc. [1997] 3 All ER 639 ··· 222, 252
Good Luck, The [1992] 2 AC 223 ·· 247
Halifax Building Society and Others v Edell and Others [1992] 1 All ER 389 ······ 66
Inland Revenue Commissioners v Desoutter Bros [1946] 1 All ER 58················· 4
Inland Revenue Commissioners v Rolls Royce Ltd [1994] 2 All ER 340 ·············· 4
Interfoto Picture Library Ltd v Stiletto Visual Programmes Ltd [1989] QB 163 ; [1989]
    QB 433 (CA)·· 111, 245
Kennedy and another v Smith and Ansvar Insurance Co. 1976 SLT 110 ··········· 248
Lister v Fortb Dry Dock Co. Ltd [1989] 1 All ER 1134 ·································· 122
Lombard Tricity Finance v Paton [1989] 1 All ER 918 ···················· 111, 113, 114
May & Butcher Ltd v R [1934] 2 KB 17··· 111
McNealy v Pennine Insurance Co [1978] Lloyds Rep 18································· 213
Newbolme Bros. v Road Transport & General Insurance Co. [1929] 2 KB 356 ··· 214
Osman v Moss [1970] 1 Lloyds Rep 313 ·· 213
Pan Atlantic Insurance Co. Ltd v Pine Top Insurance Co. Ltd [1994] 3 All ER 581:
    [1995] 1 AC 501 ·· 21, 222, 250, 251
    Patonについては, *Lombard Tricity Finance v Paton*を参照。
Price, Re [1905] 2 Ch. 55 ··· 5
R v Insurance Ombudsman Bureau, ex parte Aegon Life Assurance Ltd, The Times, 7
    January 1994 ·· 78
Rozanes v Bowen (1928) 32 Lloyds Rep 98 ·· 249
Smith v Chadwick (1884) 9 App. Cas. 187·· 251
Spring v Guardian Assurance plc. [1995] 2 AC 996 ···································· 216
Spring v Royal Insurance Co. (UK) Ltd [1997] CLC 70 ································ 225
*St Pauls Fire and Marine Insurance Co. (UK) Ltd v McConnell Powell Constructor
    Ltd* [1995] 2 Lloyds Rep. 116 ·· 251
Stockton v Mason [1978] 2 Lloyd's Rep 430··· 227
Stone v Reliance Mutual Insurance Society [1972] 1 Lloyds Rep 469 ··············· 214

Sutherland v The Royal Bank of Scotland (Scottish Court Session, 4 December 1995, unreported) ·· 52
Thornton v Shoe Lane Parking [1971] 2 QB 163 ··· 111
Tournier v National Provincial and Union Bank of England [1924] 1 KB 461
·· 87, 89-93, 96, 99-101, 104
Winter v Irish Life Assurance plc. [1995] 2 Lloyd's Rep 274 ···························· 227

オーストラリアの判例
Australian Associated Motor Insurers Ltd v Ellis (1990) 54 SASR 61 ········ 230, 232
C. E. Heath Casualty & General Insurance Ltd v Grey (1993) 32 NSWLR 25 ······ 230
Estate of Bottom v Prudential Assurance Co. Ltd (1992) 7 ANZ Ins Cas 61-129 ··· 227
Ferrcom Pty Ltd v Commercial Union Assurance Co. of Australia Ltd (1993) 7 ANZ Ins Cases 61-156 ··· 231, 232
Gutterridge v Commonwealth of Australia 25 June 1993 (unreported) ·················· 230
Moss v Sun Alliance Australia Ltd (1990) 6 ANZ Ins Cases 60-967 ······················ 229
Napter v Hunter [1993] AC 713 ··· 235

カナダの判例
Harris v Capital Growth Investors X1V (1991) 805 P. 2 d. 873 ··························· 306

アメリカ合衆国の判例
Griggs v Duku Power Co. 401 US 424 (1971) ··· 305
NAACP v American Family Insurance Co. (US Dist. Ct.) Civ. Action No. 90-C-0759 (Wis) ··· 311
US v Chevy Chase Saving Bank and B. F. Saul Mortgage Company Consent Decree (1993) unreported ·· 311

索　引

あ行

アイルランド共和国
　年金 …………………………… 185
　　規制 ………………………… 187
　　公衆の教育 ………………… 202
イングランド銀行
　　シティと― ………………… 162
　　―の国営化 ………………… 162
欧州連合
　金融サービス
　　域内市場（の創設）……… 33，35
　　概要 ……………………… 33，34
　　加盟国の規制権限 ………… 36
　　「購入の自由」……………… 38
　　国境を越えたサービス（提供の自由）
　　　……………………………… 34
　　国境を越える預金口座振替 … 39，40
　　消費者信用 ……………… 41，42
　　通信販売 …………………… 43
　消費者政策 ………… 29-33，39-44
　　新しいアプローチ ………… 30
　　柔軟な法 …………………… 30
　　初期 ………………………… 29
　　補完（原理）……………… 31，32
　　多数決による決定 ………… 31
　　単一ヨーロッパ議定書 …… 30
　　ハーモナイゼーション …… 29，30
　　　最低限の― ……………… 34
　　貿易障壁（の撤廃）………… 29
　　補完（原理）……………… 31，32
　　マーストリヒト条約と― … 31，32
　　預金保証 ……………… 151-156
オーストラリア
　年金
　　概要 …………………… 184-186
　　規制 ………………………… 187
　　公衆の教育 …………… 202-204
　　商品設計 ………………… 194，195
　　情報開示要件 …………… 198，200
　　販売 …………………… 190-192
　　補償制度 ………………… 196，197

保険
　自主規制 ……………………… 238
　法改正
　　改革への反応 ………… 236-239
　　開示 ……… 228，229，236，237
　　概要 ………………………… 226
　　規定されない契約（における保護）
　　　……………………………… 234
　　契約条項の禁止 ………… 230，231
　　更新の通知 ……………… 230，236
　　最大信義 …………………… 229
　　消費者保護 …… 226-228，236，237
　　請求権代位 ………………… 235
　　　エクセス条項と― ……… 235
　　請求取消し権（への一般的制限）
　　　…………………………… 231-233
　　成立の問題 ………………… 230
　　代理人 ………… 226-228，236，237
　　仲介人 ………… 226，227，236，238
　　標準保障 ………… 233，234，237
　　比例塡補条項 …………… 235，236
　　不実表示 ………………… 228，229
オランダ
　年金
　　オンブズマン ……………… 197
　　公衆の教育 ………………… 202
　　商品設計 …………………… 194
　　販売 ………………………… 192
温情主義
　意味 …………………………… 14
　消費者保護と― …………… 14，15
オンブズマン
　（「銀行オンブズマン制度」「住宅金融組合オンブズマン制度」「投資オンブズマン制度」の項も参照）
　金融サービス機構と― …… 79，80
　権限の重複 …………………… 47
　年金 …………………………… 197
　法的規制の欠如 ……………… 47
　―に関する問題 …………… 46-48
　―の増大 ……………………… 45

か行

カナダ
　年金
　　開示要件 …………………………… 200
　　公衆の教育 ………………… 201，202
　　商品設計 …………………………… 195
　　販売 ………………………………… 192
　　補償制度 ………………… 196，197
完全市場
　消費者保護と— ……………………………… 8
　—の特徴 ………………………… 8-10
貸金業者（「消費者信用」の項を参照）
借入（「消費者信用」の項を参照）
Gower 委員会 ……………………… 165
規制
　（「自主規制」の項も参照）
　—の形式 ………………………………… 9
協調組合主義的な規制システム
　…………………………………… 161，162
　消滅の理由 ………………………… 162
銀行オンブズマン制度 …………… 48-59
　（「オンブズマン」の項も参照）
　オンブズマン
　　機能 …………………… 49，54-56
　　銀行実務規範と— ……………… 52-57
　　権限 ………………………………… 50
　　原則 ………………………………… 53
　　執行可能な救済能力 …… 50，53
　　任命 ………………………………… 49
　　年次報告書 ………… 49，56，106
　　紛争解決過程 ……………………… 58
　銀行の機密保持（の不履行）… 106-108
　金利に関する経営方針と— ………… 51
　苦情（の種類） ………………… 51，106
　小規模企業と— ……………………… 51
　制度的構造 ………………………… 49
　「先例的事件の手続き」 …………… 52
　取締役
　　機能 ………………………………… 49
　　構成 ………………………………… 49
　　—の権限範囲 ……………………… 50
　　—の周知 ………………… 54，55
　　—の設立理由 ………… 48，49
　　—の自主規制的特質 ……………… 50
　　批判 ………………………………… 57

評議会
　権限 …………………………………… 49
　構成 …………………………………… 49
　役割 …………………………………… 49
　法律的基盤 …………………………… 49
　「幻の引き出し」紛争 ……………… 54
　例外 ………………………………… 51，52
銀行契約（の一方的変更）（「契約の一方
　的変更」の項も参照）
銀行の機密保持
　概要 ……………………… 85-89，94-96
　銀行・顧客関係（に関するコモン・ロー
　　上の義務）…………………………… 98
　銀行の機密保持 ……………………… 88-90
　検討委員会 …… 91-93，102，103，106
　コモン・ロー上の義務 ………… 89-91
　実務規範 ……… 94-97，105，107，108
　信用調査機関（への開示）…… 92，94
　守秘義務の適用される情報 … 103，104
　守秘義務の範囲 …………… 103，104
　スイス ………………………………… 87
　適格性の条件 ………………………… 81
　　銀行の利益 …………… 92，93，102
　　マーケティング・サービスと—
　　　……………………………… 95-97
　　公衆への開示義務 …………… 93，101
　　顧客の明示的あるいは暗黙的な同意
　　　…………………… 92，93，102，103
　　法律による強制 ………… 93，98
　　同一グループ企業（への開示）… 95-97
　　Tournier …………… 89-93，102，107
　　—のための理由 ……………………… 87
　　「ブラック情報」 …………… 104，105
　　不履行の補償 ……………………… 106
　　マネー・ロンダリング規制と—
　　　………………… 92，98，99-101，107
金融サービス
　定義 ………………………………… 5-7
　—における消費者保護 ……………… 6-10
　—の消費者，定義 ……………………… 4
金融サービス機構（FSA）… 18，174-176
　オンブズマン制度 ………………… 79-82
　権限 ……………………………………… 176
　保険業界と— ………………… 211，217
金融サービスにおける差別
　異質インパクトの分析 ……… 305，306
　概要 …………………………… 299-302

貸付差別 ·································· 305-307
　　契約の自由と— ················ 303，304
　　コモン・ローと— ················ 303，304
　　地主 ·· 305，306
　　人権法と— ··························· 305，306
　　地域再投資のアプローチ ······ 310，311
　　融資・保険契約差し止め地域指定 ··· 308
金利
　　銀行オンブズマン制度と— ············ 51
　　戸別訪問貸金業者 ··············· 270，275
　　上限規制 ······························ 290，291
　　—の一方的変更 ········ 110-112，119，
　　　131-137
　　—の開示 ···················· 12，42，283
Crowther委員会··· 12，13，15，273，276
刑法 ·· 17
ケイマン諸島
　　銀行の機密保持 ·································· 89
　　年金（商品設計） ···························· 195
契約の一方的変更
　　銀行契約 ································· 110-119
　　解約権 ································· 129-139
　　「契約で特段定められた」場合 ··· 128
　　行使の制限
　　　　規制 ································· 116
　　　　市場の力 ······················· 114
　　　　適正な実務規範 ·················· 116
　　　　法外な与信取引 ········ 115，116
　　　　免許 ································· 114
　　消費者が「自由に契約を解約できる」
　　　場合 ································· 129-139
　　通知と— ····························· 112
　　—に関する「有効な理由」
　　　····························· 126-128，132
　　—の金利 ··· 110，111，118，131-137
　　—の，あるいは契約における条項
　　　··································· 110
　　—の通知 ············· 112，119，122，
　　　129，137，138
　　不公正条項規制と— ··········· 119-139
　　　例外規定 ························· 128-139
　　　不適用の場合 ························· 123
　　文書の要件 ································· 113
　　保険契約 ································· 230
公認専門職団体（RPBs） ········· 168，170
　　（「証券投資委員会」の項も参照）
個人投資規制機構（PIA），オンブズマン

　　制度 ································· 71，72
戸別訪問貸金業者（「消費者信用」の項を
　　参照）

さ行

詐欺（保険詐欺） ································· 210
自営業者（の成長） ···························· 301
自主規制 ······················· 18，165，166
　　オンブズマン（「オンブズマン」の項を
　　　参照）
　　銀行オンブズマン制度 ············ 49-51
　　保険業界（「保険」の項を参照）
Jack報告書 ································· 49
自由市場
　　市場の失敗と— ································· 8
　　消費者保護と— ······················· 6，7
　　—の支持 ······························· 6，7
住宅金融組合オンブズマン制度
　　（「オンブズマン」の項も参照）
　　オンブズマン
　　　解任 ································· 62
　　　権限（の範囲） ···················· 65-67
　　　裁定（への認識） ········ 59，60，62
　　　職務上の地位 ··················· 62，63
　　　スタッフ ································· 62
　　　手続き ································· 68-70
　　　独立性と公平性 ·················· 59-63
　　　任命 ································· 61，62
　　　苦情（の理由） ···················· 63，64
　　　締結前の苦情 ·················· 66
　　住宅金融組合オンブズマン有限会社
　　　································· 60，61
　　住宅金融組合評議会
　　　会員 ································· 61，62
　　　機能 ································· 61
　　　中立委員 ································· 61
　　　任命 ································· 61
　　　報酬 ································· 61
　　内部苦情手続き（の浪費） ······ 67，68
　　—の公表 ································· 67
　　—の周知 ································· 67
　　批判 ································· 65-70
　　—への態度 ························· 58-61
　　法律的基盤 ········ 59，61，63，64，70
住宅ローン（養老保険と—） ······ 207-209

証券投資委員会
　（「1986 年金融サービス法」の項も参照）
　公認専門職団体（RPBs）と― ‥‥ 168，170
　投資会社（の規制） ‥‥‥‥‥‥‥‥‥ 168
　―に関する問題 ‥‥‥‥‥‥‥‥ 169-173
　―の設立 ‥‥‥‥‥‥‥‥‥‥‥‥‥ 167
　保険業界と― ‥‥‥‥‥‥‥‥‥‥‥ 211
証券取引委員会（SIB）
　自主規制機関（SROs）と―
　　‥‥‥‥‥‥‥‥‥‥‥‥ 168-170，172
　　　自己評価調査（SARs） ‥‥‥‥ 171
　罰則 ‥‥‥‥‥‥‥‥‥‥‥‥‥ 171-173
　補償 ‥‥‥‥‥‥‥‥‥‥‥‥‥‥‥ 172
　役割と責任 ‥‥‥‥‥ 167，168，170-173
証券取引所
　イングランド銀行と― ‥‥‥‥ 162，163
　協調組合主義的な規制システム
　　‥‥‥‥‥‥‥‥‥‥‥‥‥‥ 161-163
　Goodson-Parkinson 合意 ‥‥‥‥‥‥ 163
　Gower 委員会 ‥‥‥‥‥‥‥‥‥‥‥ 165
　―の改革 ‥‥‥‥‥‥‥‥‥‥‥‥‥ 164
　反競争的実務慣行 ‥‥‥‥‥‥‥‥‥ 163
　「ビッグ・バン」 ‥‥‥‥‥‥‥ 163，164
消費者
　定義 ‥‥‥‥‥‥‥‥‥‥‥‥‥‥ 2-4
　―としての市民 ‥‥‥‥‥‥‥‥‥‥ 3
　―としての投資家 ‥‥‥‥‥‥‥‥ 4-6
　―の金融サービス ‥‥‥‥‥‥‥‥‥ 4
消費者主義 ‥‥‥‥‥‥‥‥‥‥‥‥‥ 3
消費者信用
　欧州共同体と― ‥‥‥‥‥‥‥‥‥‥ 41
　競争と― ‥‥‥‥‥‥‥‥‥‥ 278，282
　金利
　　戸別訪問貸金業者 ‥‥‥‥‥ 270，271
　　上限規制 ‥‥‥‥‥‥‥‥‥ 290，291
　　―の開示 ‥‥‥‥‥‥‥‥ 12，42，284
　Crowther 委員会
　　‥‥‥‥‥‥‥‥ 12，13，15，273，276
　契約
　　一方的変更（「銀行契約」の項も参照）
　　解約権 ‥‥‥‥‥‥‥‥‥‥‥‥‥ 15
　　「クーリング・オフ期間」 ‥‥‥‥‥ 15
　　事前取決めの破棄 ‥‥‥‥‥‥‥‥ 15
　　法外な与信取引の再交渉
　　　‥‥‥‥‥‥‥‥ 14，15，115，116
　戸別訪問貸金業者 ‥‥‥‥‥‥ 270，271
　　温情主義的視点 ‥‥‥‥‥‥ 273-275
　　借入の理由 ‥‥‥‥‥‥‥‥‥‥‥ 273
　　金利 ‥‥‥‥‥‥‥‥‥‥‥ 271-275
　　―としての社会的に有害性 ‥‥‥‥ 276
　市場の再編 ‥‥‥‥‥‥‥‥‥ 278，279
　社会的貸付機関 ‥‥‥‥‥‥‥‥‥‥ 281
　消費者に関する情報 ‥‥ 12，41，42，283
　消費者保護 ‥‥‥‥‥‥‥‥ 10，15，42
　慎重貸付原則 ‥‥‥‥‥‥‥‥‥‥‥ 286
　信用組合 ‥‥‥‥‥‥‥‥‥‥ 281，294
　生活保護助成基金 ‥‥‥‥‥‥ 295，296
　代替的金融機関 ‥‥‥‥‥ 280，283，292
　―の規制 ‥‥‥‥‥‥‥‥‥‥‥‥ 9，10
消費者に関する情報 ‥‥‥‥‥‥‥‥ 10-13
　消費者信用 ‥‥‥‥ 12，41，42，283，284
　情報開示規制 ‥‥‥‥‥‥‥‥‥‥ 11-13
　「情報資本主義」 ‥‥‥‥‥‥‥‥‥‥ 300
　預金保証と― ‥‥‥‥‥ 144-147，152，153
消費者法（の執行） ‥‥‥‥‥‥‥ 17，18
シンガポール
　年金
　　オンブズマン ‥‥‥‥‥‥‥‥‥‥ 197
　　公衆の教育 ‥‥‥‥‥‥‥‥‥‥‥ 205
　　国民プロビデント基金 ‥‥‥‥‥‥ 184
　　手数料水準の制限 ‥‥‥‥‥‥‥‥ 192
　　販売 ‥‥‥‥‥‥‥‥‥‥‥‥‥‥ 190
人種差別（「金融サービスにおける差別」
　の項を参照）
ジンバブエ，年金 ‥‥‥‥‥‥‥‥‥‥ 191
スイス，銀行の機密保持 ‥‥‥‥‥‥‥ 87
性差別（「金融サービスにおける差別」の
　項を参照）
生命保険 ‥‥‥‥‥‥‥‥‥‥‥ 209，210
　（「保険」の項も参照）
1986 年金融サービス法
　規制構造 ‥‥‥‥‥‥‥‥‥‥ 166，167
　証券投資委員会（SIB） ‥‥‥‥‥‥ 170
　投資会社（の規制） ‥‥‥‥‥ 168，169
　―に関する問題 ‥‥‥‥‥‥‥‥ 169-173
　範囲 ‥‥‥‥‥‥‥‥‥‥‥‥ 167，168
　保険業界と― ‥‥‥‥‥‥‥‥ 211，212
　目的 ‥‥‥‥‥‥‥‥‥‥‥‥‥‥‥ 166

た行

退職プラン（「年金」の項を参照）
チリ
　年金
　　改革 ‥‥‥‥‥‥‥‥‥‥‥‥‥‥ 185

索　引　*339*

規制 ……………………………… 187
公衆の教育 ………………… 202，205
販売 ………………………… 192，193
通信販売（欧州連合における）………… 43
低所得層の消費者
概要 ……………………………… 266
市場と― ………………… 266，267
信用市場と― …………… 267-269
競争と― ……… 277-279，282
金利
戸別訪問貸金業者 ……… 270，271
上限規制 ……………… 290，291
―の開示 ……………… 283，284
戸別訪問貸金業者 ………… 268，270
温情主義的視点 ……………… 273
借入れの理由 ……… 273，274
金利 …………………… 271-275
―としての社会的な有害性 …… 276
市場の再編 …………………… 278
社会的貸付機関 ……………… 281
慎重貸付原則 ………… 285，286
信用組合 ……………… 281，294
生活保護助成基金 ……… 295，296
代替的金融機関 …… 280，283，284，292
―に対する業者の態度 ……………… 267
デンマーク
年金
オンブズマン ……………………… 197
規制 ……………………………… 187
公衆の教育 ………………… 202，205
商品設計 ……………………… 195
販売 ……………………………… 192
電話販売，消費者保護 ………………… 43
投資
―として繰延べられる消費 ………… 5
定義 ………………………… 4，5
投資オンブズマン制度 ………… 70-77
（「オンブズマン」の項も参照）
委員会
権限 ……………………………… 71
オンブズマン
苦情解決過程 ………… 72，73
独立性 ………………… 71，77
役割 …………………… 76，77
会員資格の強制 ……………… 71
裁定 ……………………………… 74

自主規制的基盤 ……………………… 71
調停過程 …………………… 72-74
PIA オンブズマン制度と― ……… 72
法律的基盤 ………………… 70，71
補償 ……………………………… 75
投資家
定義 ……………………………… 5
―としての消費者 ………………… 5
投資会社（の規制） …………… 168，169

な行

年金
アイルランド共和国 …… 185，187，202
オーストラリア … 185，187，191，194，196，199，202，203
オランダ ………… 192，195，197，202
オンブズマン ……………………… 197
概要 …………………………… 183-186
確定給付制度 ……………………… 186
確定拠出制度 ……………………… 186
カナダ … 192，195，196，200，202
企業年金制度 ……………………… 208
規制 …………………………… 186-189
強制拠出制度 ……………………… 185
公衆の教育 ………………… 201-206
国民プロビデント基金 …………… 184
商品設計 ………………… 194，195
シンガポール … 184，190，192，197，205
ジンバブエ ………………………… 191
チリ … 185，187，188，192，202，205
手数料水準の制限 …………… 192，193
手数料等の開示 ……………… 198-200
デンマーク … 187，192，197，202，205
乗り換え ………………………… 193
ハンガリー ……………………… 188
販売 …………………………… 189-193
不正販売 ………………… 172，191，192
紛争解決 …………………… 196-198
米国 … 189，190，192，195，200，203
ポーランド ……………………… 188
補償制度 ………………… 196，197
マレーシア ……………… 184，190
南アフリカ …… 186，188，191，197，200，205

は行

ハンガリー（の年金） ………………… 188
「ビッグ・バン」 ……………………… 163
貧困な消費者（「低所得層の消費者」の項を参照）
不公平性（「差別」「低所得層の消費者」の項を参照）
分配の公平性（消費者保護と） …… 13, 14
米国
　年金 …………………………… 189, 190
　　公衆の教育 ………………… 203, 204
　　商品設計 ……………………………… 195
　　情報開示要件 ………………………… 200
　　販売 …………………… 189, 190, 192
　　補償 …………………………………… 197
法外な与信取引（の再交渉）
　……………………… 10, 14, 15, 115, 116
ポーランド，年金 ……………………… 188
保険
　オンブズマン ………… 215, 223, 224, 243, 260-262
　開示 …………… 228, 229, 236, 237, 249-253, 258, 259
　規制 …………………………………… 211
　規定されていない契約（における保護）
　………………………………………… 215
　苦情の調査 …………………………… 217
　契約
　　印刷物の大きさ …………………… 246
　　概要 ………………………………… 243
　　価格の条項 ………………………… 245
　　原則
　　　開示に関する原則 ………… 249-253
　　　解釈の原則 …………………… 245
　　裁量を与える条項 ………………… 246
　　手続きに関する条項 ……………… 246
　　不公正条項
　　　コモン・ローと― ………… 244-253
　　　法律上のアプローチ ……… 253-256
　　　平易な文言と― ………………… 245
　　　リスク条項 ……………… 244, 255
　　　煩わしい，または通常でない条項の強調 ……………………… 245, 246
　　ワランティ ……… 247-249, 255, 256
　　　「ワランティの継続」 …… 248, 249
　契約条項（上記「契約」の項を参照）

更新通知 ……………………… 230, 236
個人投資規制機構（PIA） …… 215, 217
最大信義 ……………………… 229, 249
詐欺 …………………………………… 210
自主規制
　オーストラリア ……………………… 238
　概要 …………………………………… 256
　実務の指針 …………………………… 257
　　情報開示義務 ……………………… 257
　　ワランティ ……………… 257, 258
　保険オンブズマン … 215, 223, 243, 260-262
　証券投資委員会（SIB）と― ……… 211
情報技術の発展（の影響） ………… 224
請求権代位 …………………………… 235
請求取消し権 ………………………… 231
生命保険 ……………………… 209, 210
1986年金融サービス法と― … 211, 212
専属代理人 ……… 211, 213, 214, 216
代理人 ……………………… 227, 237
　採用と訓練 ………………… 216, 237
　専属代理人 …… 211, 213, 214, 216
仲介人 ……………… 226, 227, 237
　採用と訓練 ………………… 216, 236
投資顧問規制機関（IMRO） ……… 211
　―の失敗 ………………… 214, 215
独立金融アドバイザー ……… 210-213
罰則 …………………………………… 215
―の範囲 ……………………… 207-210
標準保障 ……………… 233, 234, 237
比例塡補条項 ………………………… 235
不実表示 ……………………… 228, 229
不正販売 ……………………………… 210
法改正
　オーストラリア（「オーストラリア」の項を参照）
　―の必要性 ………………… 223-225
Maxwell事件（の影響） …… 214, 215
養老保険契約 ………………… 207-209

ま行

マネー・ロンダリング規制（銀行の機密保持と―） …………… 92, 98-100, 107
マレーシア
　年金
　　国民プロビデント基金 …………… 184
　　販売 ………………………………… 190

手数料水準の制限 …………………192
Molony 報告書 ………………………………3
南アフリカ
　　年金 ……………………………………186
　　公衆の教育 ……………………………205
　　情報開示要件 …………………………200
　　販売 ……………………………………191
　　補償 ……………………………………197

や行

郵便注文（における消費者保護）………43
融資・保険契約差し止め地域指定 ……308
養老保険契約（「保険」の項も参照）
ヨーロッパ共同体裁判所
　　消費者保護と— ………………………30

貿易障壁（の撤廃）……………………29
預金保険（の定義）………………………6
預金保証
　　欧州連合の政策 …151，152，154，155
　　共同保険 ……………………………151-153
　　消費者への情報 …………146，147，152
　　消費者保護 ……………………144，145
　　制度 ……………………141，142-144
　　　　定義 …………………………141
　　　　—の形式 ……………………142
　　　　—の目的 ……………………142
　　—の将来 ……………………………153
　　民間預金保険 ……………………142-144
　　モラル・ハザード(のリスク) …148-150

訳者紹介

茶野　努（ちゃの・つとむ）
1964年生まれ．
1987年　大阪大学経済学部卒業，住友生命保険相互会社入社
1999年　大阪大学で博士（国際公共政策）取得
1999年 4 月〜2001年 3 月　九州大学経済学部客員助教授
現　在　住友生命研究所主任研究員
主要著書
『国際競争時代の日本の生命保険業』（東洋経済新報社，1997年）
『現代経済の課題と分析』（共著，九州大学出版会，2000年）
『予定利率引下げ問題と生保業の将来』（東洋経済新報社，2002年）

伊藤　祐（いとう・たすく）
1964年生まれ．
1987年　大阪大学経済学部卒業，朝日投信委託（現・第一勧業アセット
　　　　マネジメント）入社
1991年　㈶生命保険文化センター研究員
1996年　京都大学大学院経済学研究科修士課程修了
1996年　久留米大学商学部講師
現　在　久留米大学商学部助教授
主要著書
『ライフサイクルと所得保障』（共著，ＮＴＴ出版，1994年）
『企業システムの探究——制度・組織・市場』（共著，同文舘，2001年）

金融サービスにおける消費者保護

2002年 5 月25日　初版発行

編　者　P. カートライト

訳　者　茶　野　　努
　　　　伊　藤　　祐

発行者　福　留　久　大

発行所　(財)九州大学出版会
　　　　〒812-0053　福岡市東区箱崎7-1-146
　　　　　　　　　　九州大学構内
　　　　電話　092-641-0515（直通）
　　　　振替　01710-6-3677
　　　　印刷・製本／九州電算㈱

Ⓒ 2002 Printed in Japan　　　　ISBN4-87378-728-9